一生的读书计划

〔美国〕克里夫顿·费迪曼　约翰·S. 梅杰 著
马骏娥 译

译林出版社

目　录

前　言

《一生的读书计划》首次出版于1960年，1978年再版，1986年又出了第三版，每版都做了很多的订正和增补。在前几个版本中，对贯穿一生的阅读，克里夫顿·费迪曼用独特的方式提炼和分享了自己的智慧。在出该书的第四版时，费迪曼生平第一次找合作者，我很荣幸能加入费迪曼先生的事业。下面我将介绍在准备这个版本时我们是如何分工的。

熟悉前几个版本的读者可能会注意到这一版的一些重大变化。变化首先发生在扉页——这本书变成了《一生的读书计划(最新珍藏版)》，重点强调这一版有实质性的修订和扩充。最突出的变化是推荐的阅读材料的来源范围已经扩展到整个世界的经典名著。十年前，导读中只涉及西方传统作品是可行的，但是应当承认，随着通信技术的发达，地球仿佛变得越来越小，这说明，对于一个受到良好教育和博览群书的人来说，要了解世界文学的时代已经来临。这一时刻比我们预期的来得更早。对于一个生活在20世纪90年代的美国人来说，“地球村”是现实存在的。喷气式飞机、通信卫星、各地同步直播的电视新闻和互联网，正在让世界变得越来越小，以至于在某种意义上，任何人的经验里都不再有陌生的东西。进一步说，美国一开始就是移民建立的国家，但是近些年来自世界各地的新事物让美国变得更先进。在这种情况下，作为一个民族，我们的文化根基比以往任何时候都要多元化。鉴于我们国家前所未有的多文化融合，鉴于尽可能广阔地撒网捕获世界文化财富，对每个人来说都十分有益，现在《一生的读书计划（最新珍藏版）》推荐的作品的作者包括紫式部夫人和奥斯汀女士，谷崎润一郎与福克纳，司马迁和修昔底德。我们认为这些增补内容会让本书的读者更好地享受阅读乐趣，更有成就感。

这一版中还包括伊斯兰教的经典《古兰经》、禅宗经典《六祖坛经》之类的作品。这就产生一个问题：为什么《圣经》没有被列入其中？理由非常简单。我们认为这本书的每个读者差不多都有一本《圣经》，而且至少有点阅读《圣经》的习惯。我们不想就《圣经》再多说什么，这看上去并不是一种冒昧的行为。

早期版本中出现的一些作家在这一版中被删掉了，因为这些作家没有像之前人们期望的那样经得起时间的考验。这其中包括乔治·桑塔亚纳、约翰·杜威和安德烈·马尔罗（后来移到20世纪作家增补列表中）。一些多卷本的大部头作品也被删去了，比如杜兰的《世界文明史》。由于本书扩充后加入了一些非西方的文学作品，我们很快认识到删去合集作品会更好，同时限制推荐作品的范围，即芝加哥大学罗伯特·赫琴斯所说的“原创性交流”作品——这些作品可以跨越时空直接与我们对话。除了有二十多个作家不是来自西方外，还有一些西方传统的作家在本书中第一次出现，如W.H.奥登、夏洛蒂·勃朗特、艾米莉·迪金森、安东尼·特罗洛普，还有伊迪丝·华顿。

还有一些科学家也初次出现在本书中，从伽利略到托马斯·库恩。出于某些原因，科学类书籍很难在本书中被充分收录。因为科学类作品经常包含技术性很强的内容，需要大量的专业知识才可理解，一般读者很难满足这一条件。另外，科学家很少会是个好作家，科学修养也不一定会催生适合的文学形式，很多科学作品很难引起普通读者的兴趣。而且书籍不是科学交流最适合的媒介，这也是一个事实。大部分科学发现都以短文的形式在学术会议上发表，或者刊登在学术杂志上，今天更为普遍的做法是以“待发表”的形式在互联网上发布。当然这些模式中也有例外，我们这里选取了其中最有趣的。

这一版《一生的读书计划（最新珍藏版）》的另一处改变在于材料的安排。在更早的版本中，作品是按照体裁划分的，例如故事、话剧或者诗，同时根据原著语言归入不同的分类。随着非西方作品的增加，这种分类方法造成了更多的混乱，而不是为读者提供更多的帮助。在这一版中，不管种类还是原著语言，所有作品统统按照作家出生日期的先后顺序排列。〔时间标注采取文化中立的形式，“公元前”（B.C.E.）和“公元”（C.E.）取代了西方和基督教特定的B.C.和A.D.。〕我们把正文分为五个部分，只是为了顾及大跨度的时间范围。这些划分没有普遍意义上的全球重要性——平安时代的日本和中世纪欧洲在任何意义上都不能画等号。不过，这可能有助于读者在作品中寻找异同，这些作品来自许多不同的地区，但大致在同一时间产生。我们也希望将这本书划分成较小的部分，令人纵观全书时不至于那么望而却步。

早期版本中的一种做法被保留下来，即用作家之间交叉引证的方式进行评论。我们采取了括号里标注数字的方式。举例来说，费迪曼这样谈到修昔底德：“他是第一位全面把握强权政治内核的历史学家。霍布斯（43）、马基雅维利（34）和马克思（82）都是他的后继者，当然每个人有自己的方式。”这些交叉引证不是让你立刻去找提到的那些作家，也不是从一个作家到另一个作家费力地继续自己的阅读。这些引证的目的是引起你的注意，停下来思考一下，进而聆听这些原创性的作家之间跨越数年乃至数百年的伟大交流。当然不是通常意义上那样的交流，而是一种共鸣，思想相似的会相互吸引，这就是为什么在关于孔子的文章中会提到柏拉图。

在《一生的读书计划（最新珍藏版）》主要部分之后，我增添了一个“延展阅读”的新章节。这份附带简单评论的书目，选取了额外增加的20世纪一百位作家的作品。如果对正文中推介作品较长篇幅的推荐和讨论在很大程度上让你满意，引起了你的兴趣，那么很可能你会在“延展阅读”推荐的作家中找到适合自己口味的书。之前版本中关于“延展阅读”的参考书目和建议，现在被一起放在“参考书目”中，我对此进行了必要的校订和更新。

这一版的大部分条目都是继承第三版而来，或多或少有所改动。本版中新增加了一些西方的作家，克里夫顿·费迪曼为他们写了评介。全部非西方的作家和一些新增的西方作家则由我来写文章介绍。克里夫顿先生和我对文学的主张和判断非常一致，否则我们很难共同完成这项工作。尽管如此，我们还是决定，在每篇文章后面署上自己的姓名。这本书的部分价值在于它源自作者固执己见的自由，无论在风格上还是在判断上，我们都无意寻求一种虚假的一致性。

所有这些改变只有一个目的，那就是让《一生的读书计划（最新珍藏版）》对新一代的读者有效而实用。

约翰·S. 梅杰

给读者的话

这里讨论的这些书，你可能要花五十年才能读完，当然读者可以用少得多的时间去完成，重点是它们将会成为我们整个人生重要的组成部分。有很多书碰巧比最新的畅销书更具娱乐性，但是在娱乐的层面阅读并不是从中获益的最好方式。它们能提供更为深广的东西，类似为爱情、婚姻、抚养孩子、创业和成家所能带来的东西。这些书能为人们带来丰富的体验，成为其内在成长之源，所以我们才说“一生”的读书计划。这些书是你一生的伴侣，一旦成为你的一部分，就将在一生的时间里影响你、帮助你、伴随你。这些书我们应该细细品读，就像结交朋友不能匆忙行事一样。这份书目不能读完了事，而应是相伴自己一生的宝库。

我们的目的非常简单。《一生的读书计划（最新珍藏版）》被设计为用那些最伟大作家的所思、所想和所感来充实我们的精神境界，这一过程是缓慢、渐进和主动的。即使分享了这些思考、感受和意象，我们也还有很多事情要学习：我们都会无知地死去。但至少我们不会那么若有所失，那么迷惑。我们将把自己从当前的时代中解脱出来。对自己在时空中的位置，我们会懂得一些——虽然不是很多，但终归懂一些。我们会知道自己怎么出现在人类历史中，同时也知道如何从生活中无意识地获得观念。同样重要的是，我们将体会到更高层次的感受和思想。

关于本书的价值，我不想多言，因为它不是魔法，不会让你我自动变成“有教养的人”，它不会替我们解释人生中的种种奥秘，也不会使人“幸福”——这种功效属于牙膏、摩托车与除臭剂之类的东西，却不属于柏拉图、狄更斯和海明威之类。但这个“计划”会像爱情和其他能激发你深层潜能的事情一样，使你内在的生活更有意义，也更有趣。

像其他人一样，在漫长的一生中我一直在读这些书，时断时续。我发现一件事情：说它们能扩大视野很容易，但向年轻读者证明这一点又很困难。最好说它们像电影胶片的显影液，能够让你发现自己已知的事情，而在此之前你对于自己的所知并不知情。它们不仅是自我提高的工具，也是自我发现的工具。这个观点不是我的，你可以从柏拉图那里找到它。像很多事情一样，这个问题也是柏拉图首先思考的。苏格拉底自称精神的助产士，一本伟大的书经常也是一名精神助产士，为蜷缩在大脑黑暗深处的婴儿接生。

这本书的读者是谁呢？不是受过高等教育的人或博览群书的人（很多时候这并不是一回事）。他们从中得不到新知识，目录中的内容对于他们来说已经很熟悉了。事实上，他们可能会增添更多书目，并对我们的选择提出合理的质疑。

这本书适合十八岁到八十岁以上的人，主要是想看看自己在接下来的生命历程中能掌握什么的人。但同时，我们暂且估计，这些人最多听说过书目中十分之一的作家。这本书的读者至少要大概了解书中提及的作家。本书也适合一些大学毕业生，他们在上本科时接触过书中的部分作家，但过耳即忘。这意味着对大学毕业生中的他或她——他们人数庞大——来说，绝大部分作家他们连名字也没听过。本书还适合高中毕业生，他们本应从大学教育中获益，却没有这种机会。数量庞大且正在增长的中年男女也是本书的对象，他们思维正常，却被迷茫和不适的感觉包围：单纯解决日常问题不是生活的全部，在某些地方还存在着其他情感与思想的世界，召唤他们去探索。本书还适合那些收入不高而又充满热情的年轻人（因为这些作品中有很多不需要多少钱就能得到），对他们来说，工作竞争和家务虽然不可或缺，但还不足以唤起他们的热情。这本书也适合退休的老年人，他们发现种玫瑰和看电视并没有耗尽自己的精力。如果某些教师（某些情况下甚至包括大学老师）想要扩展自己的知识面，加深自己的感性认识，让他们神圣职业的精神回馈得更深、更广，那么这本书也适合他们。

克里夫顿·费迪曼

（以上是之前版本“写在前面的话”的缩编。我在新版本的编写工作中得到了难得的助手安妮·马库斯的极大帮助。）

第一部分

1.佚名

约公元前2000年

《吉尔伽美什》（约公元前700年由辛里奇·乌尼尼记录）

《吉尔伽美什》无疑是世界上现存最古老的叙事诗之一，同时也是西方文学的一部奠基作品。这部著作一直没有被大众读者所了解，因为它失传了，直到 19 世纪才重新被发现。(因此从古希腊到维多利亚时期，这部史诗没有在西方文学领域占有重要位置。) 还有一个原因是，在很长一段时间里都没有出现将大众读者需求铭记于心的译者。现在终于有几部翻译极好并且很贴近原著的译作问世，我们也再没有理由对这部对人心灵深入窥探的古老而杰出的作品继续陌生下去。

这部史诗涉及了大量的神话，这些神话故事都与著名的吉尔伽美什有关，约公元前 2700 年，他是美索不达米亚平原苏美尔城邦国家乌鲁克的国王。这部史诗的最早版本是用苏美尔文写成的，史诗的部分文章可以追溯到公元前 2000 年。目前已知的最完整的版本是一个叫辛里奇·乌尼尼的书吏大约在公元前 700 年所记录，这部作品被他写在泥板上，后来被亚述巴尼拔国王收藏在图书馆里。19 世纪时，记载着这部史诗的最完整版本和它的其他版本的泥板被考古学家在伊拉克及周边国家发现并逐渐挖掘出来。学者们花费了很多年去整理和核对该著作,关于一些松散的结尾在学术圈内依然存在争议。很显然,古老的版本比现存的版本要长很多,诗歌的形式显示出强烈的口头文学色彩,有的部分比较简明,有的部分套话连篇,带有很强的叙事色彩。

我们现在所看到的这部史诗,一开始描述了吉尔伽美什国王的力与美以及他的政治权力,但很快又转入描述乌鲁克国的人民如何害怕和憎恨吉尔伽美什的傲慢自大和独断专权。为了让吉尔伽美什变得谦逊,天上诸神令女神阿卢卢创造了恩奇都,让这个浑身是毛的沙漠野人去做吉尔伽美什的对手和另一个自我。吉尔伽美什派一个神庙的公妓沙玛特到荒野中去勾引恩奇都并设法驯服他。沙玛特驯服了恩奇都并把他带回了乌鲁克。恩奇都到来后,吉尔伽美什与之激烈地扭打在一起,但后来两人发现无法征服对方,于是结拜成了兄弟,并且决定去冒一次险,即找到并杀死可怕的怪兽芬巴巴。两人杀死芬巴巴后,嫉妒女神伊什妲尔派出神牛去摧毁乌鲁克城。吉尔伽美什和恩奇都联手杀死了神牛,同时恩奇都也付出了自己的生命。恩奇都的死给吉尔伽美什造成了很大的伤害,伤心的吉尔伽美什踏上了去往冥界的旅途,追求不老不死。地府的看门人乌特那庇什提牟告诉他将会有一场席卷世界的大洪水,给他上了关于死亡的一课,然后让他回乌鲁克城。

很显然,对于在犹太教、基督教或者伊斯兰教传统中长大的人来说,史诗《吉尔伽美什》有很多与希伯来《圣经》相对应的内容:文雅英俊的吉尔伽美什和长毛野人恩奇都会让人想起雅各布和以扫;恩奇都和沙玛特像参孙和大利拉;神牛造成的破坏让人想起犹太人在旷野里因为铸造金牛犊而导致的混乱(摩西破坏金牛犊与吉尔伽美什杀死神牛很相像);乌特那庇什提牟描述的洪水听起来像诺亚经历的洪水,等等。起初,人们可能认为《吉尔伽美什》的主题是在模仿《圣经》,但是事实正好相反,《吉尔伽美什》是《圣经》的先驱。不管读者对《圣经》本身的启示有何种看法，很明显，希伯来《圣经》的好几个关键的主题都来自《吉尔伽美什》，在《圣经》开始编写前的一千年，这些象征符号已经在美索不达米亚流行。

除了这些重要内容以外，《吉尔伽美什》作为一个故事，包含了爱情、友谊、冒险、危险和悲情，还有一个骄傲的人面对死亡时的谦逊。这部史诗现在有许多优秀的英文译本，我特别推荐丹尼·P. 杰克逊的译本和大卫·费里的译本。

约翰·S. 梅杰

2.荷马

约公元前800年

《伊利亚特》

《伊利亚特》和《奥德赛》是古希腊最长的两部叙事诗，合称为《荷马史诗》。这两部史诗是西方文明史中最早也是最伟大的史诗作品。当提到妖女塞壬、阿喀琉斯之踵，或者把一个可爱的女人比作特洛伊的海伦，我们已经在有意无意地借用《伊利亚特》，这些都出自三千年前的史诗中。

我们都不知道荷马的确切生存年代，可能是公元前800至公元前700年间，或者更早。事实上，我们甚至都不知道是否确有其人。我们不知道这些故事是否是一个叫荷马的人所写，或者像一个古老的笑话提到的，这个“荷马”另有其人。它也可能是由某一个团体所写，英国作家塞缪尔·巴特勒甚至认为《奥德赛》出自一个女人之手。这些问题留给学者们去讨论吧，史诗是属于我们的。

据说在那个时候，这两部史诗是让人听的，不是供人们阅读的。由荷马——不管他是男的还是女的，还是一群人——向听众诵读。

《伊利亚特》叙述了特洛伊战争第十年（也是最后一年）中五十天内的活动，特洛伊战争发生在几个部落之间，我们将这些人统称为希腊人。围攻最终导致特洛伊城的“高城”被占据并烧毁，而这个“高城”确实存在。如果想搞明白特洛伊是怎么被攻破的，可以阅读维吉尔的《埃涅阿斯记》(20)。

《伊利亚特》很可能是对于人类战争这一愚蠢行为讲述得最为精彩的一部著作了，故事中人类一方的中心人物是阿喀琉斯，故事的主线是阿喀琉斯的愤怒、郁闷、狂暴，并最终维护其高尚品质的过程。他是西方文学史上描绘的第一位英雄，每当我们谈到英雄主义，阿喀琉斯就会出现在我们的脑海深处。

你可以通过缩小镜去看《伊利亚特》，它就变成一个小规模的战争场面，小小的嫉妒和背叛是这场战争的标志。打仗的不过是一些早已消失的刚刚脱离木棒和石头时代的半开化野蛮人。《伊利亚特》里的战争和我们当今时代利用高科技而进行的互相残杀相比，实在是微不足道。

奇怪的是，当你真正读《伊利亚特》时，你的缩小镜就会变成放大镜。战争的规模不重要了，而人和众神的关系范围却扩大了。《伊利亚特》中最关键的是人的高贵品质。高贵品质是和宏大气魄联系到一起的美德——没有渺小的高贵品质。艾森豪威尔将军的《欧洲十字军》是一本非常实用的书，书中描述了历史上规模最大的陆军和海军的辉煌战绩。《伊利亚特》一书只不过是记录了一场没有历史价值的区域性战争，但《欧洲十字军》与之相比却没有宏大的气魄。不过我们没有理由去责备艾森豪威尔，因为他不是荷马。

世界上从没有另一个荷马，如果读《伊利亚特》和《奥德赛》对于我们没有其他意义的话，它至少让我们去反思艺术和科学之间的差别。科学在不断进步，但是艺术却止步不前。所有富有想象力的艺术家，只要他们足够伟大，都可以成为我们的同代人。我们应当用这样的思维方式去解读它们。

克里夫顿·费迪曼

3.荷马

约公元前800年

《奥德赛》

《奥德赛》是《伊利亚特》的续篇，讲述的是特洛伊城被侵略后希腊英雄们的故事，其中特别追踪了一个英雄——奥德修斯的命运。奥德修斯（拉丁名为尤利西斯）是古希腊伊萨卡岛的国王。故事描述了他在特洛伊战争结束后返航的经历，以及他的儿子忒勒马科斯寻父的旅程，这个主题在后来的好多小说中都被反复借用，比如乔伊斯的《尤利西斯》（110）；故事也向我们展现了他不在宫中的这十余年间，众多求婚者嚣张地向他的妻子珀涅罗珀求婚，以及当奥德修斯回到宫中后是如何复仇的。即使从未读过这本书的人对这个故事也非常了解。像《圣经》一样，与其说它是一本书，倒不如说它是我们心中一个不可或缺的组成部分。

读完《伊利亚特》，再翻开《奥德赛》，你会感觉进入了一个不同的世界，如果说《伊利亚特》是武器叮当作响的战歌，《奥德赛》则是感情之海或高或低的吟唱。

当然这两者还有根本的差别。《伊利亚特》是悲剧，它所宣扬的主题在此后的西方文学史中不断重复，并一直占据着我们的思想。那就是，伟大的人类在面对似乎被注定的命运所主宰的世界时自身的局限性。但是《奥德赛》不是悲剧，它强调的不是局限性而是可能性，它所宣扬的主题不是面对死亡必备的勇气，而是战胜困难所需的智慧。《奥德赛》宣扬了人类另一个永恒的主题：智慧的力量，这个主题也很容易在我们现代人中引起共鸣。虽然奥德修斯很勇敢，但他的英雄主义来自他的头脑，他不像阿喀琉斯那样满怀激情，他的情感更接近我们普通人。

《奥德赛》的描述口吻与这一平实的人性主题也是相通的，虽然其中也穿插了不少神话，但它给我们的印象是一部现实主义小说；事实上，它是一部最早的现实主义小说，也是一部最早且最好的冒险小说。

今天当我们再去读这部小说的时候，可把它视为一部冒险叙事诗，诗中叙述发生在一个头脑永不停歇的非凡人物身上的故事。读《奥德赛》要比《伊利亚特》轻松，我们阅读时也应该放松心情。

克里夫顿·费迪曼

*4.*孔子

公元前551—前479年

《论语》

对于现代大多数西方人来说，孔子是个说着幸运饼干式格言的东方老绅士——这种刻板印象正是读懂《论语》的最大障碍。在西方，孔子被称作“Confucius”，当然他自己并没有用过这个名字，这是17世纪基督信徒授予他的名字，在那个时期的欧洲，每位值得尊敬的哲学家都需要一个拉丁名（“Confucius”是“孔夫子”的拉丁语形式写法，意思是孔大师）。

他姓孔名丘，出生在一个古老而又备受尊重的贵族家庭，这个阶层在中世纪的西方被称为骑士。孔子自幼修习射箭及战车驾驶，是这方面的专家，动作娴熟优美。他所在的时代正是社会和政治变动的时期，东周开始衰微，君主渐失实控能力，国家瓦解成互相敌视的诸侯国。孔子的军事技能已过时，在当时大规模步兵部队和新式武器盛行的时代已无用武之地〔不是荷马（2）所描述的规模〕。

孔子需要另谋职业，他像当时很多和他处境相同的人一样，试图成为一名自由的政治游说家，用他的历史知识及对之前有记载之先例的了解，帮助当权者在当时危机四伏的动荡年代存活下来。他最大的愿望就是做一个诸侯国的总理，去实施他的仁政。他在鲁国做过短暂的司寇，但是最终未能说服统治者采用他的思想。在多少代亚洲人眼里，孔子始终是一位德高望重的老师，一位圣人。在历史上他也是一位非常有影响力的哲学家，但按照他自己的标准，他是个失败者。过世后，他仍深受弟子们的爱戴，但是他生前对自己却很失望。

孔子认为一个好的政府和社会和谐应该适当地遵从自然等级，君君臣臣，父父子子，孩子应该尊重父母并听从父母的教导，父母对孩子有监护及教育的义务，其他的社会关系也可以照此模式推演：君和臣，夫和妻，长和幼，甚至朋友和朋友。孔子对人的本质持一种积极的观点，但相信只有通过教育这种积极方式才可得以发展。和苏格拉底一样〔就像柏拉图（12）描绘的那样〕，孔子也认为，认识到自己的无知是学习的基础。

孔子虽然一直守护儒家思想，但他极其反对世袭特权，这也许是孔子对中国历史甚至世界做出的最大贡献。他的理想是培养“君子”，他给这个词加了一层特殊的意义：在孔子的意识里，任何一个在行动、教育、举止方面配得上这一标准的人都是君子，贵族的愚人后代根本算不上是君子。孔子也反对成文法典，他认为成文法典只会让人们学会欺骗和逃避，他提倡“礼俗”，其包含礼仪、礼节、仪式和习惯性法规。

即使孔子撰写了作品，它们也并没有流传下来。《论语》是在孔子去世后由其弟子们编写的，收录了他的言论和授课内容等，后由几代人不断地增添内容。《论语》没有连贯的叙事线索，有些文章甚至令人费解，还有些教诲属于不言自明的道理，甚至有些老套，但其“不言自明”正是由于这些道理在长达二十五个世纪里一再被证明是正确的。有些读者因孔子的保守观念而不快，尤其是他对父权制度盲目拥护，贬低妇女的地位。但是读者回过头想想，这种批评对上古时代的每位哲学家都适用。

《论语》篇幅不长，其中记录了一个高尚者的思想，值得反复阅读。

约翰·S. 梅杰

*5.*埃斯库罗斯

约公元前525—前456年

《奥瑞斯忒亚》

（古希腊悲剧和我们熟悉的戏剧有很大的区别，所以建议读者开始要读一些权威作品，或参考希腊文学史的相关章节，或认真阅读译本中附带的注释和内容简介。当然，读者也可以查阅一下与推荐剧目中主要人物相关的神话故事。

经典希腊戏剧是用韵文写成的，通常使用的是正式体裁，并在一年一度的雅典酒神节上演出。这就说明在当时戏剧是宗教活动的一部分，作为公民的一项义务，绝大多数市民都要观看。这些戏剧主要以三部曲的形式演出，也就是后来以戏剧形式演出的短剧。各路作家为了取得桂冠而相互竞争。埃斯库罗斯的《奥瑞斯忒亚》是唯一一部完整存世的三部曲作品。

现在看来，我们想象不出在古希腊强烈阳光下，这些剧目上演的情形。其形式包括音乐、舞蹈、合唱，当然台词是以一种朗诵或者吟唱的方式表达，与我们的传统方式大为不同。对于戏剧的故事内容，所有人都事先了解，但是对于表演中的两个特点我们并不熟悉，一是合唱，起到了对演员行为的评价作用；另一为信使，将具有暴力性质的内容作为幕后故事讲述出来。希腊戏剧源于宗教，因此也有宗教色彩，其语言和行动与我们所说的“现实主义”概念不同。）

埃斯库罗斯被大家认为是最早从事希腊悲剧创作的代表人物，因此也就被认为是整个西方悲剧的鼻祖。他一生中经历了雅典民主发展的全盛时期，参与了马拉松战役，也有可能参与了萨拉米斯战役，为巩固希腊民主做出了贡献。他生于雅典附近的埃琉西斯，绝大多数时间生活在雅典及周边地区，死于西西里的革拉城。对于他的死，有一个听起来不大可能的说法：由于一只鹰从天上扔下一只乌龟，正巧砸在了他的秃头上，导致他的死亡。他一生中写了九十部戏剧，只有七部悲剧流传下来。

其作品中最出色的三部曲因其主人公奥瑞斯忒亚而得名。家族血仇和赎罪故事是希腊神话中常见的主题，埃斯库罗斯写的这三部曲也是该主题。《阿伽门农》是一部关于谋杀的戏剧，讲述了英雄阿伽门农归来后被不忠妻子克吕泰墨斯特拉杀害的故事。《奠酒人》则是一部讲述复仇的戏剧，讲的是阿伽门农的儿子奥瑞斯忒亚向他的母亲克吕泰墨斯特拉复仇的故事。最后一部《复仇女神》讲述的是一个涤罪的故事，奥瑞斯忒亚被复仇三女神折磨，最终在雅典法庭上被法官和女神雅典娜赦免。整个三部曲探讨了命运、继承和骄傲之间的种种纠葛，这三者形成了一个悲剧结，最后在上天的干预下被解开。

荷马（2，3）的语言高贵典雅，埃斯库罗斯的语言则是伟大的。我们不能够用阅读现代作品的方法阅读他的作品。他的语言比较晦涩难懂，出色地表现出种种罪行与罪恶斗争的深刻含义，而这一主题作为世界虚构文学的组成部分之一流传至今，后来被奥尼尔（115）和福克纳（118）采用。与当代最伟大的剧作家的风格相比，埃斯库罗斯的风格与《圣经·约伯记》作者的风格更相似，只有用这种解读方式才能读懂作者。

克里夫顿·费迪曼

6.索福克勒斯

公元前496—前406年

《俄狄浦斯王》《俄狄浦斯王在克洛诺斯》《安提戈涅》

索福克勒斯出生于希腊郊外的一个上流社会家庭。他身居高位，并总能在戏剧竞赛中获胜。他把埃斯库罗斯（5）的一些较原始的戏剧技巧都有所发展。他很快乐地度过了一生，而且寿命很长。他一生写了一百二十多部作品，是伯里克利时代为世界文学增添光彩的伟人之一。在他的一百二十多部作品里，我们只能看到七部，但这七部足以让他步入历史上最伟大的剧作家之列。

初读希腊戏剧的读者可能会将古希腊三大悲剧戏剧家视为同类作家，但是埃斯库罗斯是一位执迷于神祇和神谕的戏剧神学家；索福克勒斯则可以称得上是一位戏剧艺术家，他更关注于人的苦难；而欧里庇得斯（7）堪称为戏剧批评家，他的作品以传说作为载体，传播自己在那个充满怀疑和失望的时代的种种观点。

本书推荐的这三部作品都是关于同一个家族，即俄狄浦斯王的故事。但这三部作品并非三部曲。它们写成的先后顺序为《安提戈涅》《俄狄浦斯王》《俄狄浦斯王在克洛诺斯》（最后一部作品写成于索福克勒斯晚年时期，那个时候他依旧精力旺盛，作品于公元前 401 年出版）。不过读者可以按照戏剧中所提示的人物的行动顺序来阅读，为《俄狄浦斯王》《俄狄浦斯王在克洛诺斯》《安提戈涅》。三部作品统称为《俄狄浦斯环》

或者《底比斯戏剧》。

亚里士多德（13）在其作品《诗学》中告诉我们，索福克勒斯笔下的形象是人物“应有”的样子，而欧里庇得斯笔下的形象是人物“本来”的样子。也许亚里士多德还应该讨论一下埃斯库罗斯，后者笔下的形象是人物被巨大的情感驱使成半人半神的样子。合唱中的优美唱词是索福克勒斯最令人称道的地方。

亚里士多德认为《俄狄浦斯王》的情节和结构十分出色，是一部理想中的完美戏剧。今天我们也许应该看到这部作品其他的长处。但毋庸置疑的是，在现存的希腊悲剧中，《俄狄浦斯王》最有影响力，被赋予了最多的新解释，也受到了最广泛的研究。弗洛伊德（98）受到这部戏剧的主题——弑父娶母——的影响，提出了“俄狄浦斯情结”这个概念。（马克斯·比尔博姆把俄狄浦斯的家庭称为“神经紧张的一家”。）

读过《俄狄浦斯王》的读者，可能会提出两个直到今天依然会被提及的深刻疑问：首先，人类到底是自由的，还是受束缚的？其次，假设智慧是悲剧之源，那么智慧在何种程度上有益于人类？从技术层面来看，对戏剧化反讽手法炉火纯青的运用是戏剧效果的主要来源。所谓戏剧化反讽手法是指观众明白剧中的一切，而主人公却不知。

《俄狄浦斯王在克洛诺斯》令人十分难以解读，即使读者拥有丰富的知识。这部戏剧的长处不在于情节，与《俄狄浦斯王》不同，它的情节并不严密。也许用神秘剧类型的观点来看这部戏剧更为合适。它探究了一个人因为过多的负罪感和知识而变得疯狂，最终神灵和雅典市民承认了他的一生，为他的一生下了新的定义。就像亚瑟王一样，俄狄浦斯王成为人类之上的英雄，却不得善终。

《安提戈涅》是三部戏剧中心理活动最复杂的一部，它的主题被视为传统与道德行为的冲突。换句话说，是个人与国家之间的种种冲突。和许多希腊戏剧一样，狂妄自大是这部戏剧的题材（克瑞翁的骄傲在这部戏剧中有所描述），叙述了这种难以遏制的情感的破坏性后果。阅读过希罗多德作品（8）的读者会觉得似曾相识。首先要记住厚葬死者对古希腊人有重大意义，然后再开始阅读《安提戈涅》。同时还要记住，对于希腊人来说（至少对安提戈涅来说），丈夫和孩子尚可被替代，兄弟则绝对不可以。

在《俄狄浦斯王》中，索福克勒斯谈到了伟大事物的毁灭，但他受到“伟大”的影响，就像受到“毁灭”的影响一样。也许可以说，索福克勒斯看到了人类的悲剧命运，也看到了人类的伟大力量。二者的矛盾、对立造就了作家的种种特殊情感。

克里夫顿·费迪曼

7.欧里庇得斯

约公元前480—前406年

《阿尔克提斯》《美狄亚》《希波吕托斯》

《特洛伊妇女》《伊莱曲拉》《酒神的伴侣》

也许欧里庇得斯只比索福克勒斯（6）年轻十岁，但他从索福克勒斯那里继承的希腊世界是一个完全不同的世界。这个世界满是对知识的疑虑和内斗。这种变化在欧里庇得斯的作品中也有隐隐约约的反映。索福克勒斯作品中庄重安宁的悲剧性，在欧里庇得斯的著作中却缺席了。

欧里庇得斯生于著名的萨拉米斯海战的发生地萨拉米斯。他避世的一生看起来并不幸福。有一种说法称，他一个人在海边的洞窟中生活。欧里庇得斯可能写了九十多部作品，一共有十九部流传下来，如果《瑞索斯》真的出于他的手笔。这些作品十分流行，不过有人说相比索福克勒斯获奖多次——十八次——来说，欧里庇得斯只获过五次奖。

欧里庇得斯是雅典三大悲剧作家中最有意思的一个，这是因为他内心深处有着和我们最相近的想法。他继承了诡辩派的思想，又不乏苏格拉底式的反讽。就像现代人一样，欧里庇得斯也认为一切道德和宗教价值观都不可信。他人生的后半段处在伯罗奔尼撒的危机时代，所以对恐惧、悲观和政治混乱司空见惯。欧里庇得斯并没有出众的天赋，也没有一脉相承的思想脉络，不过我们仍然可以说，他的思维模式是理性的、充满怀疑的、具有悲剧色彩的——即使他并不遵循索福克勒斯的模式——若是他理解起当代的某些存在主义者或先锋派作者的观点也毫无困难。

尽管不是全部，但是欧里庇得斯的大部分作品都具有夸张的戏剧性，有的几乎非常像歌剧，不自然的巧合随处可见，且频频用“机械降神”来打开情节的死结。作品中的言语更像诡辩和演讲，而不是充满情感的对话。他的戏剧通常是复调的（例如《阿尔克提斯》的性质难以判定，是正剧还是喜剧？），离经叛道和偏激的观点屡见不鲜:《特洛伊妇女》剥夺了战争的荣耀光环，而《美狄亚》简直就是一本女权主义宣传册，而其他剧作中出现的诸多神灵不是欺骗者就是令人反感的形象。在女性描写上欧里庇得斯具有一种罕见的天赋，在女性心理描写方面，有关菲德拉和美狄亚的部分几乎是一个奇迹。最后，他表现出对个人的极大兴致：人类自身的缺陷和情感在欧里庇得斯心中更为重要，尽管他也关心人和超自然力的关系。他是一个心理学家，一个观念的传播者，是易卜生（89）和萧伯纳（99）的前辈。

为了让作品不陷于老生常谈，欧里庇得斯在叙述中有时并不连贯，记录着人类对无法找到的必然性的追寻。现实主义作品乃至极端平实的对话，曼妙绝伦的合唱与演讲，都可以出现在他的笔下。罗马史学家普鲁塔克告诉我们，一些在锡拉库扎被俘虏的雅典人因为可以饱含感情地背诵欧里庇得斯的一些篇章而获得自由。像乡下的无神论者一样，他也经常感到疑惑，但在其代表作同时也是最后的作品《酒神的伴侣》中，欧里庇得斯深刻揭示了一点:人类一直需要非理性乃至疯狂，他对此表示了某种奇异的同情。他的人格具有分裂性，这可能是其魅力的部分来源。欧里庇得斯所处的时代和我们的时代一样，总是有一些灵魂受伤的人。

我推荐读者阅读他的六部剧作。这六部剧作的排序依据是写作时间的先后，至少是演出时间的先后。不过像《赫拉克勒斯》《赫卡柏》《安德洛玛刻》这些作品也都值得去研读。

在阅读欧里庇得斯的作品时，要看看是不是能理解亚里士多德(13)为什么称其为“最富悲剧性的诗人”。

克里夫顿·费迪曼

8.希罗多德

约公元前484—约前425年

《历史》

我们只知道希罗多德出生于哈利卡那苏斯的一个普通人家。哈利卡那苏斯是小亚细亚的一座古老城市，本来是希腊殖民地，不过在希罗多德的大半生中都在波斯的统治之下。我们还知道的是他曾经游历过整个地中海区域，大抵是为写作《历史》收集资料。“历史”一词在希腊语中的意思为探询或者调查。希罗多德的著作在他生前就已经赫赫有名，死后其作品的影响力也经久不衰。

希罗多德明确提出了自己的写作目的：防止“对人类行为的记忆衰减”，防止“希腊人和巴比伦人各种伟大和奇特的行动丧失本来应有的光荣”。著作的后半部分实现了这个目的。这位史学界的先行者尽量客观而详细地为我们重现了波斯与希腊的战争。这些“行动”会在我们的记忆中唤起一连串光荣的名称，如马拉松、塞莫皮莱、萨拉米斯等，这场战争中的各大战役产生种种影响，这些影响决定了今天的我们属于西方文化，而不是亚洲文化的一部分。

《历史》可称得上是一部世界文化史，是当时已知世界的事实、传闻和神话的汇总，时间范围包括希罗多德之前的时代和他所生活的时代。

希罗多德将新闻学、地理学、民族志学、人类学、寓言、旅行故事、市井哲学及伦理学熔为一炉，他的方式有时启人疑窦，有时令人迷恋。他用散文描写真实的非虚构事件，尽管如此，比起现代历史学家，希罗多德更像荷马（2，3）；比起所谓的“科学”的历史，他的著作更近似艺术类。后世的罗马评论家昆体良评论希罗多德“使人愉悦、通俗易懂、结构松散”，这三个评价都很准确。

基于此，第一次阅读希罗多德作品的人不要抱有这样的希望：找到准确无误的、符合现代标准的有关希波战争的描写。起码在最开始，不要咬文嚼字而要大段通读。看希罗多德的作品要看各种故事、各种题外话、各种人物描写，还有各种令人惊奇的、有关数十个古代民族行为习惯的零散知识。读希罗多德作品的乐趣在于阅读希罗多德本人：他有时毫无戒心，有时多疑难近，但总是善良、幽默、充满好奇心而又彬彬有礼的，人物和事件的各种细节反倒不是最应当注意的。与其将全部注意力放在具体事实上，不如沉浸于希罗多德特有的宽广、丰富和活跃的叙事长河之中。希腊评论家朗吉努斯这样评论希罗多德：“带领读者一路走来，把耳听的虚言变成眼见的事实。”这种说法告诉我们，只要跟随着他一起看就可以了。

克里夫顿·费迪曼

9. 修昔底德

约公元前460—约前400年

《伯罗奔尼撒战争史》

修昔底德被麦考利称为“世界上曾经出现过的最伟大的史学家”。他的家族在雅典拥有重要的政治地位，修昔底德本人亲眼见证了伯里克利时代雅典的辉煌鼎盛。他自己也作为一名将军参加了自己记载的战争。公元前 424 年，因为解放安非波利斯的色雷斯镇失败，修昔底德失去了指挥权，后来又被流放，被赦免之前他度过了二十年的流放生涯。在他自己笔下的历史中，修昔底德用第三人称的口吻提及这一段重要的日子，语调冰冷、简单又客观。在这二十年中，他游遍斯巴达和其他地区，收集考证史料，这些史料最终变成了他的著述。有一种说法是，修昔底德大概在公元前 400 年遇刺身亡。

作为一部未完成的作品（截止于公元前 411 年），这本书已经足够完整，没有什么可挑剔的。这部作品记载了希腊伟大王国之间的战争及斯巴达主导的结盟。这场战争的后半部分是全书的重点，此时的修昔底德已经历尽沧桑，是一个成熟的人。这一段时间从公元前 431 年开始，结束于公元前 404 年，最终的结局是雅典人的失败，也就是世界上最具希望的文明的失败。可能我们再也无法达到雅典人在精神上的卓绝成就。修昔底德清楚地知道自己在写一个伟大的悲剧。在将天赋投入写作这件事上，他并不是全力以赴的。他了解自己才华的宝贵，修昔底德用冷静而自信的语调说自己的作品会是“一切时代的财富”。至少到今天确实如此。

除了生活在同一个时代，修昔底德和希罗多德（8）的相同之处很少。“科学史学家”是修昔底德竭尽全力要达到的目标，这和希罗多德的想法不一样。修昔底德相信解释历史的发展过程，只要有足够的史料加以合理安排，再运用人类的头脑，就不是不可能的。一切含糊不清的历史解读，比如希罗多德笔下时刻准备对波斯式的骄傲自大加以惩戒的复仇女神，都不在修昔底德的考虑范围之内。预言、神祇都不被他放在眼里，他不需要神灵。他开始对当权者推动重大历史事件背后的动机加以分析，并发现这些动机往往都不是受理想主义驱使的。深入的精神分析是他所擅长的，而且其优秀的理解能力也可以发挥作用，这让他思考并全面分析被纳入伯罗奔尼撒战争中各种人口学及经济学考量。

希罗多德自由奔放，而修昔底德则朴素明晰。他不是一个文化史学家，而是一个政治军事史学家。他性格多疑，缺少吸引力，而且是公认地难以理解。我们必须全神贯注才能读懂修昔底德的作品，而且读得越多，越有收获。他是第一位全面把握强权政治内核的历史学家。霍布斯（43）、马基雅维利（34）和马克思（82）都是他的后继者，当然每个人都有自己的思维方式。

修昔底德的著作十分严肃，对感性因素有一种贵族式的抗拒，不过严肃的读者依然会被吸引。在他笔下，诸多历史人物做了四十多次演说，至少《伯里克利葬礼上的演讲》这一篇，堪称伟大而充满戏剧性的独白。除此之外，修昔底德还有多种风格的代表作品，例如对雅典疫情的描写、米洛斯岛人的对话，以及预示雅典统治终结的西西里岛的恐怖远征等。

克里夫顿·费迪曼

10. 孙子

约公元前450—前380年[①]

《孙子兵法》

我们对孙子的一生知道得不多，只能确定中国历史上确有其人，并且他生活的年代比孔子（4）稍晚。孙子本名孙武（“子”放在姓氏之后，表示尊敬，即“大师”之意），周王朝末期，国家衰败，众多诸侯国并立，史称战国时代。一些简略的历史记录表明，作为将军和战略家的孙武在多个诸侯国都十分成功。他死于公元前 4 世纪早期或中期。身后，他的学生们根据记忆写下了老师讲授的内容。《孙子兵法》的内容和思想比起《论语》更为连贯统一，这成为一些学者的论据，他们的观点包括：这本书是在较短时间内完成的，写作者对孙子的观点十分熟悉。不管怎样，这本托名为孙子的书成为之后中国所有军事作品的典范。

在传统的中国，《孙子兵法》在历史传承中拥有极高的声誉，一直处于被仿效的地位。从某种角度看这是很奇怪的。中国社会观念始终淡化战争的作用，坚定地认为战争应处于非军事化政府的严密监管之下。前孔子时代就存在的这一观念，被孔子及其学派进一步强化。中国很少赞美和鼓励个人的军事能力，不过阅读《孙子兵法》时，这

① 一般认为，孙子的生卒年为约公元前 545 至前 470 年。此处似有谬误。——编者

种表面矛盾即得到解决。孙子当然是一位军事家，但更是一位哲人。他告诫人们“不战而屈人之兵”是最好的战争手段。现实主义者孙子知道战争的必然性，所以主张“狮子搏兔亦用全力”。教导将领调兵遣将赢得最大优势体现了孙子的军事才能，不过他不是一位战争狂人。孙子不像寻求光荣的年轻英雄，他成熟而客观，应该不会很喜欢阿喀琉斯（荷马，2）。

孙子认为军事家最重要的目标就是将麾下军队的能力最大化，就这么简单。军队强，就选好目标和理由一击必杀；军队弱，数量少，为了提高胜率就需要迂回、欺骗、伏击和使用疲劳战术。就像马基雅维利（34），他所认为的手段的合法性和道德与否不在孙子的思考范围之内，间谍、破坏、撒谎等手段无所不用其极。孙子认为应尽量避免战争，但如果一个国家必须开始作战，那么军事将领的最大贡献就是保证国家的生存。

孙子直截了当地论述了战力问题，不受约束地战斗，一直严密监控所有的细枝末节（在容易遇伏的地方灵活应变）及他自己明了的风格，所有这些使得《孙子兵法》在近期再度受到欢迎，成为商业经营手册。它和其他同类图书被摆上各种书架，供战略家、并购律师、人力资源经理及其他现代士兵们阅读。和中国古代君王们一样，这些人的职业生涯也是风险重重和充满不确定性的。

塞缪尔·B. 格里菲斯的《孙子兵法》译本是多年来的标准译本，现在依然十分可靠。我自己更喜欢最近罗杰·埃姆斯和拉尔夫·索耶的两种优秀译本，这两种译本都融合了最新的学术成果。

约翰·S. 梅杰

11.阿里斯托芬

约公元前448—前380年

《云》《鸟》《吕西斯特拉忒》

前文在涉及埃斯库罗斯（5）和其他希腊戏剧家时已经介绍过，酒神节悲剧三部曲之后，照惯例会上演一部喜剧。这并非轻视喜剧，认为喜剧只不过能让观剧的人轻松愉快地回家。相反，欢喜和悲伤被看成是人性中不能分离的两种情绪。因此在庄严肃穆的宗教场所展现这两种情绪是必要和合适的。与此同时，不得不承认，正是在酒神节仪式的作用下，人们才短暂地抛开各种彬彬有礼的行为和体统，节日里的喜剧演出暂时中止了一般社交原则发挥作用。用一个现在流行的批评词汇来说，喜剧过去是（现在同样也是）“离经叛道”的。阿里斯托芬的一些戏剧主题所隐含的意义尽管已经无法理解，但其中的幽默手法今天依然能够让我们解颐。至少我们也能想象出阿里斯托芬智慧锋芒所指在当时会引起人们多大的不快。

阿里斯托芬有十一部喜剧留存于后世，这也是早期希腊喜剧留存的主要作品。阿里斯托芬生前就是毫无争议的戏剧大师，并一直以此名世。不过这种情况到底是如何产生的，到今天我们也无法完全知晓。据说他是出色的希腊诗歌文体家，在戏仿方面也很成功，尤其在戏仿欧里庇得斯（7）和埃斯库罗斯（5）方面。翻译丢失了一些内容，不过即便不懂希腊文也可以体会阿里斯托芬的幽默。他的基本手法是设置一个荒诞的场面，用戏剧人物将这种荒诞极端化。今天的影视剧传承了这一手法。《云》讽刺了苏格拉底和同时代的其他哲学家，这些人被写成脑袋里空无一物的愚人，就像厕身其间的云雾。《鸟》讲的是鸟类决定避开人类的网和弓箭，在天空中建立自己的乌托邦。它们扇动着翅膀，让人间祭祀之火的烟雾无法到达奥林匹斯山，终于得以建立自己的国家。不过没过多久，自负、虚荣和愚蠢同样在鸟儿身上出现，就像在鸟儿想逃避的人类身上出现一样。如今，《吕西斯特拉忒》可能是阿里斯托芬最具知名度的喜剧，作家策划了雅典城妇女的罢工——在男人们停止战争策划之前不和他们上床。我们可以看出阿里斯托芬是个原则性很强的人，他与修昔底德（9）生活在同一年代，但他却有反对伯罗奔尼撒战争的勇气，而不顾及不受人欢迎甚至更大的危险。其实他会反对一切破坏自己热爱的希腊共和国人民的淳朴生活的行为。

不令人发笑的喜剧是失败的。不过所有和喜剧工作相关的人都不会否认，喜剧同样是非常严肃的。弗洛伊德（98）指出我们会直面无意识中困扰自己的社会禁忌，并将其变形。喜剧长期起到暴露人们种种恶行的作用。对此，有一个明显的证据：从中国皇帝到奥斯曼苏丹，再到勃艮第大公，宫廷小丑在所有统治者那里都地位崇高。阿里斯托芬的喜剧戳破人的自负，指斥时弊，反对侵略，指责好战者。他不是第一个知道喜剧的社会作用的作家，但他是我们所知的第一个喜剧作家，也是最伟大的喜剧作家之一。

约翰·S. 梅杰

12. 柏拉图

公元前427—前347年

《柏拉图选集》

说柏拉图本身是一个思想的世界比说他是一位作家更恰当。在西方文明中，柏拉图应当跻身于影响力最大的六位思想家之一。美国哲学家阿尔弗雷德·诺斯·怀特海曾经说过，所有的西方哲学都或多或少包括对柏拉图哲学的一系列诠释。这种夸大的说法并非一点道理没有。初级读者不要抱了解整个柏拉图世界的奢望,甚至都不要去尝试。文中介绍的书目只不过能让我们对柏拉图和他的老师苏格拉底有所了解而已。

作为一个富裕的雅典人，柏拉图用自己的一生见证了希腊共和国的兴衰荣辱。柏拉图人生的第一要事就是结识了苏格拉底〔参考博斯韦尔和约翰逊（59)〕。柏拉图拥有多方面的才能和兴趣，比如诗学和政治学；而苏格拉底引导他成为终生的思想者、多个领域的智者。

一系列的“对话录”就是柏拉图一生思考的结晶。这些“对话录”长短不一，有的优美，有的枯燥，几乎都闪烁着苏格拉底的思想之光。“苏格拉底方式”是那个时代的一种氛围。苏格拉底对一切发问，尤其是抽象的、重要的词汇被人们所赋予的意义，比如正义、爱和勇敢。这是一些真正的问题。真理只能经过智慧的竞争，通过“辩证法”的洗礼，才能得到。这种方法在“对话”中被证明和改进。这种方法不限于对人思维敏锐性的训练（排除极特殊情况），而是一种需要想象力的技术性工作，这种想象力需要人所有的诗性和戏剧性。阅读柏拉图和阅读莎士比亚（39）一样，都是在阅读一位艺术家。

柏拉图有三种观点应被牢记：第一，就像苏格拉底说的那样，“没有质疑的人生是不值得过的”，这一点是柏拉图所有著作的中心。第二，德行就是知识，拥有智慧就拥有高尚的道德。第三，什么样的知识是最有价值的？答案是“理念”的价值，柏拉图相信这种难以感知的价值是万事万物和各种行为的范本。人在通过感官最终认识世间万物的过程中，对行为和本质的理解会产生扭曲，所以这些事物只能说是神圣理念的失败反映。这种解释世界的方式被我们叫作唯心主义，而柏拉图就是唯心主义之父。

柏拉图的哲学没有统一的体系，随着他的年岁渐长，他对人的自我控制力的信心不那么强了，自己的哲学观点也发生了多方面的改变。出于这个原因，我建议不将《对话录》当作柏拉图哲学思想的系统论述，而是当作“哲学戏剧”，其中满是智慧、幽默、思维游戏，被叫作神话的“难忘的隐喻”，更别说书中还有一位史上最吸引人的人物——长相丑陋、极具魅力、看上去谦逊的苏格拉底。

从《申辩篇》开始读起也许是个不错的选择——苏格拉底为无神论和毒害青年的指控做自我辩护。众所周知，苏格拉底的辩护最后失败，在公元前399年被迫服毒自尽。不过这段自我辩护却在将近二千四百年的历史中一直享有盛名。

之后可以读《克力同篇》，在这一篇中，苏格拉底为我们阐述了他拒绝越狱的理由。之后是《普罗泰戈拉篇》，从诸多方面来说，这篇以出色的对话及苏格拉底运用其才华的杰出事例闻名。有的读者可能愿意读一下《美诺篇》，柏拉图在这一篇中关于记忆的论述赫赫有名。之后还有《会饮篇》，从人物的行为和篇章结构来看，就是一出不折不扣的戏剧。《会饮篇》讨论的是爱的各个方面，其中也有希腊人习以为常的同性之爱，它也谈论到关于“酗酒”的话题，除此之外还涉及诸多更为高尚的内容。

《会饮篇》之后可能要读一读《斐多篇》。读者可以大概地读一读，讨论不朽的部分，但是可以好好读读苏格拉底从容赴死的最后那几页。很多出色的评论家都认为这是短篇叙事文章的经典。最后是《理想国》——柏拉图最为宏大也最难理解的作品，读者应当多加思索。《理想国》中体现柏拉图极端保守的理想状态下的国家模型〔看看赫胥黎(117) 和奥威尔 (123)〕，成为以后乌托邦和反乌托邦的先例。

读柏拉图不仅可以了解一位哲人的思想，还可以直面过往但并不理解的那些东西。

克里夫顿·费迪曼

13. 亚里士多德

公元前384—前322年

《伦理学》《政治学》《诗学》

亚里士多德告诉我们教育总是伴随着痛苦，所以亚里士多德的教育如果不是令人痛苦的，至少也是艰难的。亚里士多德缺乏吸引力，这点和他的老师柏拉图（12）不一样。而且他的原著缺失，只流传下来一些可能出自他学生之手的笔记，这些作品并不能带给读者阅读的乐趣。所以要提醒读者，不要以为读亚里士多德会像读柏拉图一样令人兴趣盎然，不过读他的书依然能体会那种追随伟大哲人的快乐。

亚里士多德是被誉为“百科全书式”的人物，也许是有史以来最博学的人。他涉足的领域从海洋动物学到哲学。如果说亚里士多德的所有著作（不少今天只有文物价值）都能在一个独立的系统中相互关联，这是不正确的。不过他确实是一个系统研究者，在这个意义上，柏拉图的学说则难称得上系统。亚里士多德认为各种知识都可以分类和加以联系，这正是他一生的工作。“百科全书”这一极具价值的概念可以追溯到亚里士多德。

亚里士多德出身于中上流阶层，十七八岁时离开小城斯塔基拉——自己的出生地，来到雅典。之后的二十年，他在柏拉图学园学习。虽然著作中经常体现柏拉图的影响（通常是对其思想的发展和反驳），但我们却对两位伟大哲人的私人关系一无所知。

柏拉图去世后的五年，亚里士多德在小亚细亚和莱斯博斯岛旅行。在此期间，他可能进行了生物学研究，因为相比艺术和推测而言，他的思考更倾向于科学和研究。公元前343至公元前342年，他到马其顿为后来的亚历山大大帝做家庭教师。虽然有诸多说法，不过难以确定亚里士多德对自己这位学生产生了什么样的影响。建立一个世界性帝国——亚历山大大帝最伟大的想法，明显不是从亚里士多德那里学到的。

公元前335至公元前334年，亚里士多德回到雅典，开办自己的学府——吕克昂学园。他一边教育学生，一边写作和研究。公元前323年，他觉得自己还是离开雅典好，这可能是因为他涉嫌与马其顿党人有关。一年或者更久时间之后，他孤独地死在埃维厄岛的卡尔基斯。他死后其影响力虽然大幅缩水，但仍绵延不绝。

亚里士多德对逻辑学的开创之功不是我们在本书中能评述的，人们将三段论的创立归功于他，他在科学方法、生物学、宇宙学和美学方面的先驱作用也为后人所称道。分析希腊古典悲剧的《诗学》对文学评论的影响长久而深远。从广义来讲，与柏拉图的乌托邦相比，亚里士多德对生活的研究更为现实，他更为注重真正的自然和普通人的力量。

读一读《伦理学》和《政治学》就会更明白。

《伦理学》尝试回答的是这样的问题："什么是德行？"它包括对幸福的定义和实现幸福的各种条件的追问及探索。亚里士多德探寻人的德行，认为德行就是两个极端之间的平衡。"黄金平衡"是亚里士多德学派吸引人的一个口号。

伦理学是政治学的一部分，对亚里士多德（以及大多一般希腊公民）来说，一个人首先是社会动物和政治动物，否则就是失败者。《政治学》论述的正是人与人之间的关系。什么是最好的政府——

二千四百年间我们对这一问题的绝大部分思考，不论是理想的还是现实的，都可以在亚里士多德的书中找到相应的观点。并不是说亚里士多德已经给了我们关于政治的普遍“真理”，他对奴隶（以及女性）的观点就有时代局限性。但是他的很多观点在今天看来依然有生命力和价值：例如他对政府类型的划分，他将国家定义为一个发展变化而非强制性的系统，他认为国家除了纯粹的强制力之外还需要一个道德目标，等等。

严肃的读者（读亚里士多德的应多为此类读者）能够理解《伦理学》的全部内容。这本书要慢慢细读，第一、二、三、六和第十部分需要集中全部精力阅读。而《政治学》八部书当中，第一部和第三部是最容易理解的。

克里夫顿·费迪曼

14. 孟子

约公元前400—前320年[①]

《孟子》

作为儒家第二位伟大哲人，孟子的重要性和名气只在孔子（4）之下。孟子——他的中文名字是孟轲，是孔子弟子的弟子的弟子，在一个师徒如父子的社会里，他是儒家学派中孔子的嫡传弟子。作为孔子精神上的继承人，孟子所享有的名望和权威，有助于我们理解他为何当面侮辱国君而安然无恙。《孟子》有名的开篇记载了这一事件。

就像同一阶层的其他人一样，孟子也是靠四处游行向各国君主提供自己的建议维持生活。他去拜访梁惠王时，国君有礼貌地接待他，询问他不辞辛劳长途跋涉，肯定是要为梁国出力？孟子无礼的回答完全不符合儒家的作风："我只讨论仁义罢了（亦有仁义而已矣），"他喊道，"哪里要谈什么利益（王何必曰利）？"我们该如何理解这些话呢？

孔子恢复周王朝早期仁政的希望到了孟子的时代似乎已经全部破灭了：各诸侯国之间征战不断，弱肉强食，背信弃义者不受惩罚；王权被颠覆，国君被自己的臣下甚至儿子杀死；战功成为宫廷中升职的保证；严刑峻法开始取代旧时代贵族间不成文的约定。在这种环境之

① 一般认为，孟子的生卒年为约公元前372至前289年。此处似有谬误。——编者

下,孟子的毕生都在研究“人性:本善? ”的问题。如果答案是肯定的,应该怎样解释世间的种种丑恶?

孟子的答案是人的本性是善良的，但容易被改变——人很容易走上错误的道路。所以孟子像其他儒家学者一样强调教育，特别是道德教育的重要性。直到今天,对道德的重视依然在东亚地区受到尊崇。此外，孟子也强调国君的仁政对社会的公正清明的重要性。中国古老的“天子”政治理论，认为世间自身的仁的道德力和最高统治者的道德品质之间存在着强有力的联系,除了使后者成为天生的统治者之外,还拥有不可挑战的权威。开创王朝之人应当让自己的子孙延续仁义的统治，以此得到上天的庇佑。一旦统治者丧失仁政，那么上天会收回其权限，让另有仁义之人崛起而建立一个新的王朝。

孟子的问题是，人们如何得知统治者是否受命于天？就像爱带来爱一样，他的观点是如果统治者是道德的，那么他的德行就会照耀到整个世界,回应人类心中的善。人们将群集而来,接受他的统治;反之,人们就会连夜从这样一个暴君的统治下逃走。最极端的情况是，人们会奋起反抗，杀死暴君。杀掉一个邪恶的君主算弑君吗？孟子回答说不算，因为他已经不再拥有上天赋予的权力，在废黜之前就已经不能算是一个君王了。

这样孟子对梁惠王说的话就不难理解了：只有拥有建立在仁治和正义基础之上的统治才能，国君才能显示出上天赋予的权力。成功的仁治会带来各地人民的臣服，这对国君和他的王朝来说益处多多。不过正像孟子强调的，不顾过程只盯着结果，注定一无所获。

孟子的教化论成为两千年来中国历代王朝的道德基石。当然，没有一位统治者舍弃军队、法律、税收和警察，只靠孟子的“仁义”来维持统治。然而“民为贵”、人民拥护仁慈统治的观点却深深影响了中国的政治理论。

我注意到孔子学派强烈的社会和共有观点并非没有受到挑战，除了《论语》和《孟子》，读者还应该读一读道家基本典籍，例如《道德经》《庄子》。《道德经》在君主遵循“道”或宇宙力量的基础上，主张君主的绝对权力。《庄子》的观点更为激进，它的相对主义观点主张避世自保。

和其他中国早期哲学著作一样，《孟子》也不是由署名的作者写的，而是成于众手。不过这本书很容易读懂，且连贯性好，值得从头到尾阅读。这里还有一个重要的理由让美国人阅读这本书：孟子是影响美国大革命的先驱。17 世纪，欧洲耶稣会传教士从中国传回众多出色的报告，记录着中国帝王的仁政和中庸之道。他们希望展现中国人的高度文明和让他们皈依基督的义务。莱布尼茨、伏尔泰（53）和其他启蒙运动领袖满怀激情地阅读这些传教士的信件。伏尔泰借助理想化的中国批判同时代的欧洲统治者。通过他的作品和其他途径，孟子主张人们有权反对暴君的观点进入了 18 世纪晚期的政治氛围。在《独立宣言》（60）中，托马斯·杰斐逊并未指出乔治三世已经丧失了神授之权，但美国立国的政治文件和这位中国古代哲人学说之间的相似，绝不是一种巧合。

约翰·S. 梅杰

15. 相传为跋弥作

约公元前300年

《罗摩衍那》

和所有古代印度文学作品一样，《罗摩衍那》也十分神秘。我们拥有这首史诗性的叙述韵文本身，同时我们也知道它的数十种翻译文本对南亚和东南亚的文学、舞蹈和艺术的巨大影响。但这部杰作产生在何时何地，它的作者是谁，这些问题始终没有令人满意的答案。我们对此书的挂名作者跋弥一无所知。我们可以知道的只不过是这首诗成诗时间漫长，由众多的说书人和游荡的行吟诗人共同完成，他们逐渐将早期欧洲人侵略北部印度（约公元前1200年）时的各种历史事件和传说组成一个故事。最早在公元前300年，《罗摩衍那》便第一次被用梵语记录下来。由于语言较书面化，它有了一定的稳定性，不过在跨语言和文学形式时依然有所变动。《罗摩衍那》是最早的“输洛迦”体印度文学作品。“输洛迦”每段四行，每行八个音节（更确切地说是两个双行各十六个音节），押韵和韵律结构可以适当变化。“输洛迦”已成为经典梵文韵律诗歌的主要形式，可以参考迦梨陀娑（23）。

《罗摩衍那》作为一部长篇叙事诗，混合了罗曼蒂克的忠贞爱情、战争、历险、力量巨大的善恶势力。在故事的开始，伟大的罗摩王在一场射箭比赛中拉开只有他能拉开的湿婆神弓，得到了悉多的爱。〔这一主题令人想起《奥德赛》（3）中的射箭比赛，奥德修斯打败了珀涅罗珀的全部追求者。《摩诃婆罗多》(16) 中也有相似度极高的主题。〕很快，罗摩遭人背叛，失去王权，他和王后悉多、挚友拉科斯马那无奈之下只能在原野上居住。罗摩不在的时候，一只金鹿迷惑了应该保护悉多的拉科斯马那，将其带入森林。原来，这只鹿是奴役兰卡国的魔王罗波那用魔法变幻出来的，目标就是悉多。悉多严词拒绝了罗波那的引诱。魔王将悉多劫持到兰卡国。罗摩和拉科斯马那解救悉多是故事的最主要内容。最终在猴王哈努曼和猴子军队的帮助下，解救行动成功了。之后，罗摩重登王位。这个故事有一个悲剧性结尾：当悉多被罗摩带回王城，人们却拒绝接受她，怀疑她在被囚禁期间遭到玷污。悉多被迫再次回归森林，生下罗摩的孩子。虽然最后罗摩来寻找她，但悉多还是消失在地底。《罗摩衍那》有荷马史诗的规模，却拥有完全不同的感情，尽管《奥德赛》中也有奇异的国度和古怪的魔鬼。

从其中的罗曼蒂克和冒险因素来看，《罗摩衍那》是一个伟大的故事。它应当成为本书的重要部分的理由，是它对世界多数文学作品的巨大影响。这么说并不夸张。《罗摩衍那》是世界文学经典的一部分。希腊戏剧产生了希腊人耳熟能详的一批关于神和英雄的故事〔见关于埃斯库罗斯 (5) 的篇章〕。同样，《罗摩衍那》中的罗摩、悉多、拉科斯马那、哈努曼及其他人物的历险故事，以及重要性毫不逊色的《摩诃婆罗多》中的人物和情节，成为南亚与东南亚戏剧、叙事性舞蹈、皮影和简单民间传说故事的素材宝库。它们拥有令人难以置信的影响力。举例来说，中国小说《西游记》(36) 中调皮的英雄美猴王身上就有哈努曼的影子。一直以来，在上百万的印度人心中，罗摩与悉多是真实的历史存在，更是男神和女神。几年前，一位新国家主义的狂热的印度教信徒在几天内毁坏了位于阿约提亚——传说中罗摩的出生地——的一座清真寺。这是一个现实版的复仇故事。

《罗摩衍那》篇幅非常长，一些部分（如对诸多战争场面中战士的冗长描写）不适合今天的读者阅读。不过，一些节译本非常出色，让读者可以非常愉快地阅读，可参见参考书目中的专门建议。

约翰·S. 梅杰

16. 相传为毗耶娑作

公元前200年

《摩诃婆罗多》

与《罗摩衍那》(15) 一样,《摩诃婆罗多》也成形于公元前 1000 年,也是从早期征服印度的雅利安人的战争与阴谋的故事中发展而来。它有各种不同的韵文,包括一种押韵散文,不过仍以“输洛迦”体(见《罗摩衍那》)为主。《摩诃婆罗多》和其他几部作品争夺“世界最长诗歌”的荣誉,不过真正的冠军是吉尔吉斯民族史诗《玛纳斯》。公元前 200 年左右,《摩诃婆罗多》开始书面化。大概过了两百年,《薄伽梵歌》插入进来,此前《薄伽梵歌》是一部独立的书面作品,此后《薄伽梵歌》既可以独立存在,也可以包含在《摩诃婆罗多》之内,我们遵循前一种做法〔见下一条目(17)〕。

与《伊利亚特》(2) 一样,《摩诃婆罗多》也是一部战争史诗。故事借本书挂名作者毗耶娑的学生祭司毗耶婆帕耶那之口讲述。毗耶娑是否是真实的历史存在这一点无足轻重。在史诗中,他属于英雄的世系,作为一个文学角色,他亲历史诗中的事件,保证毗耶婆帕耶那叙述的真实。《摩诃婆罗多》的内容很长,非常复杂,下面只能作简略的介绍。这部作品是两组表兄弟的故事:一边是般度国王的七个儿子般度兄弟,一边是持国国王的一百个儿子俱卢兄弟。本应成为盟友的两家因为一系列不断加剧的侮辱与战争而相互疏离。（最有名的场景就是般度族最高贵的阿周那在一场射箭比赛中赢得德劳巴底公主的芳心，这令人想起《罗摩衍那》中的罗摩与悉多。）最后，被贪欲和愤怒的魔鬼控制的俱卢族人密谋通过骰子游戏骗取般度族的长子继承权，甚至骗走他们的公主。在最后一场事关重大的赌赛中，般度最强大、最恐怖的王子比姆发誓要“剖开俱卢族首领们的身体，吞掉他们的肠子”。战争成了他们唯一的选择。

战争由一系列漫长的故事组成，其中夹杂着各种与主题联系并不紧密的内容——这是一首非常长的诗歌。（一句印度谚语这样说：“在《摩诃婆罗多》里找不到的东西，在哪里也找不到。”）双方死伤惨重，不过与荷马一样，毗耶娑（或者写了《摩诃婆罗多》的那个人）对一般士兵的命运不感兴趣。诗歌将注意力始终集中在主要的贵族参战者身上，并描写他们的品质：阿周那就像特洛伊的赫克托耳一样高贵和高尚，只不过他代表的势力赢得了胜利；比姆如同埃阿斯一样强大，如同阿喀琉斯一样怒火冲天；德劳巴底像美狄亚〔见欧里庇得斯（7）〕一样无情地报复；持国国王像普里阿摩斯一样悲伤地哀悼自己的儿子。此外，还有许多打动人心的人物。

相比现实，《摩诃婆罗多》的戏剧性更明显。和《罗摩衍那》一样，这部作品最终成为各种戏剧无尽的素材宝库〔例如迦梨陀娑的《沙恭达罗》(23)〕。

你可以阅读全本英文的《摩诃婆罗多》，不过包括一些绝佳片段的节选本会让你阅读起来更快乐。这些节选本中最出色的部分是用散文形式表达的；大部分翻译者没有试图重现原诗的节奏，这是一个明智的决定，尽管有人对译本失去原作的特点感到遗憾。《摩诃婆罗多》最出色的现代版本是由让－克劳德·卡雷尔为彼得·布鲁克的演出公司所写的剧本，演出时间为九小时。无论是在舞台上还是在印刷品上，卡雷尔的英雄长剧都非常成功地令古老的印度史诗重新在我们的时代唱响。

约翰·S. 梅杰

17. 佚名

公元前200年

《薄伽梵歌》

《薄伽梵歌》是《摩诃婆罗多》(16) 中描写般度族与持国族战争的开始部分。实际上，今天《薄伽梵歌》也作为《摩诃婆罗多》的一部分被包含在这部大作中。但显而易见,《薄伽梵歌》是独立写作的，而且写作时间比《摩诃婆罗多》的其他部分晚。《摩诃婆罗多》是一部王朝战争的史诗,而《薄伽梵歌》完全是一部哲学作品。总的来说，《薄伽梵歌》中的哲学是理解《摩诃婆罗多》的关键。

两支军队在战场相遇之后，般度族最伟大的阿周那召唤黑天大神来帮助自己和他的兄弟。黑天大神拒绝站在任何一边，不过也没有袖手旁观。他说他和自己的军队将各支持一边。黑天让阿周那自己选择，后者睿智地选择黑天本人而不是他的庞大军队。黑天成了阿周那战车的御者。战斗开始时，阿周那丧失了勇气，他对黑天说，他不忍杀死自己的俱卢族叔叔和表兄弟。在这场不义的战争中，他宁可选择死也不愿意失去荣誉。

时间在战场上停止，黑天提醒阿周那要铭记自己的责任。在这场英雄和神的对话中，黑天提醒阿周那，世界本身就是虚幻的，即使在那些看上去确实存在的领域中，过去、现在和未来之间也没有什么本质的区别。阿周那的角色是要完成自己的“达摩”——命运为他安排的责任之路。在战争中，俱卢族人即将到来的死亡并不是因为他。“即使没有你，”黑天说，“那些列于敌营中的战士也将消失，我已经杀死了他们。正义是我的武器，弓箭手在我的一方。”阿周那请求黑天展示自己的全部力量。当他的要求被满足时，阿周那对黑天感到十分敬畏，接受了自己的命运——于是战争开始了。

《薄伽梵歌》篇幅不长，一两个小时就能读完，不过值得多读几遍。我认为读者会觉得这是一部让人莫名惊诧的气势雄浑的作品，很多西方人就是这么认为的。当英国东印度公司对印度的统治巩固下来之后，《薄伽梵歌》成为最早被译成英语的印度古典作品之一。爱默生（69）热爱它，梭罗（80）在瓦尔登湖边饶有趣味地阅读它。西方人对《薄伽梵歌》最有名也最出色的引用可能是下面这句。当罗伯特·奥本海默观察世界上第一次核试验时，他引用黑天的话：“现在我就是死神，我就是世界的毁灭者。”

《薄伽梵歌》有很多英文译本，我认为已去世的巴巴拉·斯塔勒·米勒的译本堪称典范。

约翰·S. 梅杰

18. 司马迁

约公元前145或前135—?

《史记》

中国从远早于孔子（4）的时代起，就在政府中设置史官，名为“太史公”。这些人的职责除了保存官方文献、记录君王行为的年谱，还要观察、记录和解释各种预兆，比如行为反常的鸟群和彗星划过天空，等等，因为这些可能代表上天因对君王统治的否定而做出的警告。鉴于需要精通记录、占星等各种特殊能力，太史公这一官职通常是父子相继的。公元前2世纪，两位太史公——父亲司马谈和更为出名的儿子司马迁，共同编写了一部最伟大的史学作品。

公元前221年，中国历史上第一个皇帝秦始皇一统中国。今天，数以千万的兵马俑被用来保护着他的坟墓，这已成为中国古代的一大奇观。秦始皇出于垄断知识、钳制思想、巩固统治的目的，下令焚毁所有的私人藏书（焚书坑儒）。这种做法在一定意义上是成功的。之后的起义结束了秦始皇的残暴统治，皇宫也被大火烧毁，几乎所有的历史文献都散落了。汉朝建立后，众多学人凭借记忆恢复被毁的书籍。同样，太史公司马谈的任务是编纂一部从古至今的通史（包括中国和相邻地区的历史）。司马谈在公元前110年去世，在他开创的基础上，其子司马迁继续工作，完成了《史记》的主要部分。

《史记》还有一个名字是《太史公书》，包括十二本纪——中华文明最初的奠基人，包括从远古时代的黄帝到公元前 2 世纪的帝王；十表——十个王朝的表格及谱系；八书——八篇主题论述，包括礼仪、音乐、天文历法、治水及农业等；三十世家——介绍先秦到战国时代中国著名家族；七十列传——七十篇介绍各行各业著名人物，包括政治家、军事家、盗贼、宠臣等个体或群体的传记。

即使只从涉及范围这个角度来看，《史记》也堪称伟大，加之在今天它依然保持的阅读趣味性更凸显了这种伟大。一方面，司马迁是一位优秀的中国古典散文作者；另一方面，他写作的严谨态度足以超越时空。与修昔底德（9）一样，司马迁也是科学历史的先驱。对于古代的年谱和史料，司马迁非常细致地从中选择准确可信的材料。战国遗存的旧国都成为司马迁的资料来源，而面对与他生存的年代相近的历史，汉朝国家史馆的资料是他主要的参考和引用来源。

司马迁撰写历史的殚精竭虑和严肃认真，没有被时间湮灭。20 世纪初，一些学者利用西方学术研究方式细致研究后，称“发现”司马迁记录下的商代诸王（约公元前 1500—前 1050 年）子虚乌有。然而，几年之后，考古发现站在了这位古代史学家一边：出土资料证明了司马迁对商代君王系统记录的正确性。司马迁能如此精准地对处于自己时代一千年之前的诸位国君的情况加以记录，这不能不让人感到惊奇。

《史记》完全展现了一种英雄式的道德力量。与司马迁同时代的皇帝汉武帝是中国历史上最伟大的君王之一，他雄才大略，崇尚武力，对中国的领土扩张有重大贡献。这位皇帝对任何忤逆他的意见都表现出极大的愤怒。司马迁就是受害者之一。李陵将军因为在北方战场上作战不利，被迫投降，司马迁在皇帝降罪时为李陵辩护，这一考虑不周的行为使他受到腐刑的惩罚。一般人宁愿自杀也不愿受到这样的屈辱，而司马迁在给友人的情深意切的信中说，他宁愿成为一个宦官活下去，是为了完成自己的著作。司马迁对中国历史的巨大功绩不仅在于写了《史记》，还在于《史记》成为之后二十四部断代史的典范，写前一王朝的历史成为每个王朝的神圣职责。甚至在1911年中国结束君主统治之后，当时的中华民国也是这样做的。中国的历史记录从公元前2世纪到21世纪一直延绵不绝，这在世界文明中是独一无二的。

对现代读者来说，伯顿·沃森的《中国伟大历史》绝对是《史记》的最佳译本。我推荐阅读沃森译本第一册，第六卷（秦始皇本纪）、第六十八卷（商君列传）、第八十七卷（李斯列传）；第二册，第三十卷（平准书）、第一百一十卷（匈奴列传）、第一百一十八卷（淮南衡山列传）、第一百二十一卷（儒林列传），第一百二十四卷（游侠列传）、第一百二十九卷（货殖列传）。我相信一旦开始阅读这本书，你就会想一直读下去。

约翰·S. 梅杰

19. 卢克莱修

公元前100—前50年[①]

《物性论》

我们对卢克莱修来说几乎是一无所知。传统上有种说法，他因为服用春药而变成疯子，最后自杀。这为卢克莱修的诗作《物性论》提供了一个暴烈的注释。《物性论》奇怪而伟大，强烈的感情贯穿其中，与这一注释并不矛盾。

今天，我们不再借助六步格诗歌解释现实和精神世界。而在古典时代，诗歌常常被视为宣传教化的工具。卢克莱修的诗就属于这种工具的一种。

卢克莱修的思想不像他的性格那样独树一帜。他自豪地宣称自己的观点来自希腊人伊壁鸠鲁（公元前341—前270年），事实也确实如此。伊壁鸠鲁的观点来自两位更早的希腊哲学家，德谟克里特（约公元前5世纪）和留基伯（约公元前500—约前440年）。现在我们经常用伊壁鸠鲁主义来代称享乐主义，实际上伊壁鸠鲁的哲学和享乐主义没有什么共同点。在伊壁鸠鲁的观念中，快乐（更准确地说是免遭痛苦）是最大的幸福，道德是感官的感受。不过，他所指的快乐之源是平凡的生活和高尚的思想。

---

① 一般认为，卢克莱修的生卒年为约公元前99至约前55年。此处似有谬误。——编者

伊壁鸠鲁否认人类受超自然力量的支配，他认为精巧的物质原子组合成了世界上的一切。这种唯物观点被卢克莱修系统地发展了，他用原子这一概念解释了从光学到道德的一切。卢克莱修让上帝的领域变得空空荡荡，诸多神祇不过是“心灵世界”中碌碌无为的生命。作为实际上的无神论者，卢克莱修用原子运动来解释它们构成了万物的起源。人的自由意志也被简单地解释为某种原子的“突然转向”，这令流行的宿命论无处容身。灵魂和肉体同时消亡是卢克莱修的观点，他劝告人类远离源自迷信的恐惧。可以说，《物性论》是一部宣传理性主义的先驱之作。

相比很多早期希腊哲学家对宇宙的解释，卢克莱修的“原子理论”不是那么离谱，不过和现代原子理论大相径庭，两者如此不同，以至于我们不能说他的理论是当代原子论的预言。此外，卢克莱修在人类学、社会学和进化论方面也提出了大量见解，就像欧里庇得斯(7)一样，卢克莱修即便生活在现代也不会有什么障碍。

我们可以想象得到，复杂而难以解读是卢克莱修诗歌的特征，因为将物理和宇宙学写成诗句本来就困难重重。卢克莱修成功了，也理应成功，这成功十分宝贵。他的诗歌很多地方含糊其词，然而坚持读下去是有收获的，经常能让人看到一些辩才无碍的华美辞章。事物的完整概念在头脑中早已经形成，继而用具体的、时而难以忘怀的形象进行表现，卢克莱修的这种天赋只有后世的但丁（30）能与之媲美。

维吉尔（20）有一句名言：“幸福就是人能够知道万物的起因。”很有可能这句话说的就是卢克莱修。卢克莱修对探寻万物的起因热情而执着，神话和迷信不能令他满意，再加上他偏执的性格，这一切让他正合现代人的胃口。不管细节上如何错误百出，只用物质和空间来构建宇宙这件事本身就足够伟大。

克里夫顿·费迪曼

*20.*维吉尔

公元前70—前19年

《埃涅阿斯记》

英国著名诗人丁尼生称维吉尔为“人类之口所能说出的最庄严诗篇的作者”，维吉尔的那些诗篇被他用来颂扬罗马崇高的气运，尽管维吉尔是高卢人不是罗马人。维吉尔生在高卢的曼图亚，当时高卢被称为阿尔卑斯山南侧。他一生波澜不惊，在罗马学习过，在自己的曼图亚的农庄里思考、写作，之后又移居到坎帕尼亚。维吉尔并不长寿，这可能是因为他身体状况不好，对此我们还能找到其他证据。伟大的奥古斯都皇帝资助了维吉尔，同时也资助了维吉尔的友人贺拉斯，后者也是一位诗人。

维吉尔用了整整十年来写自己的代表作《埃涅阿斯记》，这也正是他人生的最后十年。临终时，他以《埃涅阿斯记》没有写完为由，令人毁掉这一作品。令人惊奇的是奥古斯都阻止了他的这一做法，而当时领导国家的人别说阅读文学作品了，有的几乎是文盲。

如果说荷马（2，3）开辟的是欧洲文学，而维吉尔则创造了其中一类——国家主义文学。维吉尔时代的罗马，即奥古斯都时代的罗马正处在辉煌的顶点，创作《埃涅阿斯记》的一个特殊理由就是利用变形的传说来强调罗马的光荣和气运。比起《伊利亚特》，《埃涅阿斯记》并非那么不自然。不过作者写作时更主动地意识到自己正在尽义务——

宗教上和政治上的义务。《埃涅阿斯记》被看成“虔诚”之作。除了作者对宗教一丝不苟的遵循外，他对罗马无上权威的忠诚也是不容置疑的。也许《埃涅阿斯记》政治上的重点正是在于第六部中的著名段落，安科喀斯的灵魂对儿子描述罗马的光辉未来：“罗马人，这就是你们的战略；统治万国，强迫别人接受和平。对归降者宽容，对桀骜者征服。”

读者应当对这种国家主义有所注意，因为它（与沙文主义泾渭分明）是维吉尔思想的关键。不过，这没什么大不了的。今天的《埃涅阿斯记》只是一个故事，一条被创造出来的人物画廊，一部艺术作品。

这本书的故事已经成为我们的一部分，即使没有读过维吉尔的书，但当提到迪多，提到拉奥孔之死，提到哈耳庇埃，或者特洛伊木马时，我们都会想起他。《埃涅阿斯记》中的人物，尤其是悲伤的迪多和邪恶的图尔努斯，虽历经两千多年却依然富有活力。《埃涅阿斯记》的写作手法丰富而隐蔽。维吉尔对词汇的感觉精密而准确，他总是能选择最适合的词语，细心地将它们组合在一起，这种组合经常是奇异的，能产生一段富有力量的旋律。这种能力让维吉尔成为最常被人引用语句的诗人之一。从故事的人物和艺术性来看，《埃涅阿斯纪》是饱含作者泪水的作品，体现了维吉尔忧伤而不悲哀的独特人生态度。维吉尔称颂的罗马早已灰飞烟灭，但他作品中透露出的悲凉却始终打动着我们。

需要牢记的是，《伊利亚特》和《奥德赛》对维吉尔的影响是决定性的。实际上从某种角度来说，《埃涅阿斯记》的前六部就好似《奥德赛》，而最后六部像《伊利亚特》，而且其中大量引用荷马的词句。不过维吉尔与荷马的阔大很难比，阅读他的作品需要我们更专注；同时他的叙述也缺少荷马式的自然生命力，作为老师的荷马拥有直截了当的简明方式，而在维吉尔这里则变成了各种细致入微的处理。这种精细入微即使通过最好的译本，也丧失了大部分，尽管不是全部丧失。

克里夫顿·费迪曼

21.马可·奥勒留

121—180年

《沉思录》

马可·奥勒留·安托尼纽斯，从公元161年到去世，是罗马的统治者。他是西方历史上柏拉图（12）哲人王的杰出典范。他的统治远不够理想，充满了与日耳曼蛮族的战争、经济苦难、饥荒及对基督教的迫害。他被人铭记，并非因为他是一个英明的国王（尽管事实的确如此），而是因为奥勒留在人生的最后十年中，在每天的行军休息或战斗间隙，在遥远的多瑙河边，借着篝火的亮光，用希腊文写成了《沉思录》。这本原是写给他自己的书，现在幸运地成了我们所有人的财富。

亲切、忧郁和高尚这些词语标志着《沉思录》属于奥勒留。其中的道德观点来自当时盛行的斯多葛学派，这一学派的观点由希腊奴隶（后来获得自由）埃皮克提图（55—135年）进行了系统阐述。道德内容可以粗略地归为伊壁鸠鲁的两诫：忍耐与克制。斯多葛学派辗转流传变化，但总体来讲，它推崇一种对于环境宁静与坚定的接受。该学派追求自然的善的秩序。人类的全部责任在于找到如何与这种秩序和谐共处，然后身体力行。重点强调心灵的宁静（当代很多启发人心智的方法只不过是斯多葛主义的低级版本），为他人服务，以及身为一名都市人所应具备的全方位社会意识——这可以看成基督教充分发展的“兄弟之爱”理念的先驱。斯多葛学派以义务、冷静、意志为口号，具有清教徒的清心寡欲和宁静主义倾向，有时甚至消极避世。在艰难时代，这一学派经常大行其道，在两千多年的时间里，它的影响力一直没有消退。不管身处何时何地，这种观点似乎都能召集信徒，例如梭罗（80）。

在《沉思录》中，我们发现了这一观点的动人之处。这本书读起来很容易。读这本书令我们感觉像是在偷听一个苦苦追寻美德的男人的自言自语，他对于自己的责任有着坚定的认识，比起帝国，责任更多地来自斯多葛学派对美好人性的追求。此人不被情感触动，其宽容大度更多出自天性而非深思熟虑，面对好运或厄运都不为所动。在这本从头至尾都笼罩在忧郁中的作品里，奥勒留最令人感到悲哀的一句话是："在宫殿里也能够生活得幸福。"

这本书被称为马可·奥勒留的"金典"，很久以来，很多普通的男男女女都读过它。这些人并不把这本书看成经典，而是看成慰藉与启示之源。这本书属于少数可以直接快速帮助人生活得更好的书，令读者在面对人类的种种负担时获得更多的尊严与毅力。对亚里士多德（13）我们进行研究，对马可·奥勒留我们则放在心中。

克里夫顿·费迪曼

第二部分

22.圣 · 奥古斯丁

354—430年

《忏悔录》

自传通常被认为是各种文体中最简单的一种，因为，有什么比谈论自己的生活更简单呢？然而，这本《一生的读书计划》介绍了大量的诗歌和小说，自传却很少。在所有曾被书写的自传中，最具影响力的是奥古斯丁的《忏悔录》。

和马可·奥勒留（21）相比，奥古斯丁揭示了一种更深刻的思想，他心智上的深刻性只能被那些愿意花大量时间，在其广大深邃的作品丛林中流连的读者领略到。他的代表作是《上帝之城》，其作品的强度、对上帝的沉迷，关于罪恶与拯救的折磨，都能被至少读过《忏悔录》前九卷的读者感知。

奥古斯丁出生在北非，后来成为罗马人，是希波城的主教，他所处的教会是一个非常有影响力且历史悠久的教会。然而据奥古斯丁本人讲，他三十二岁的时候才信仰天主教，在他尽情享受了肉欲之欢之后（他曾与一个为他生了儿子的情妇在一起十三年），他对上帝的祈祷是："请赐予我贞节与自制，但不是现在。"他的人生发生重大改变是在接触了异教摩尼教，读了柏拉图（12）主义、怀疑论和新柏拉图主义之后。在《忏悔录》中，读者将会了解到他是如何在各方面，尤其是在其母亲莫妮卡的影响下，最终确定一生的职业的。书中第八卷第十二章中描述的他在花园中转变的一幕，是基督教史上最关键的时刻之一，也是神秘主义的一个重要例子。

在《忏悔录》中有很多关于神学、护教学及对《圣经》的解释，尤其是最后四卷中，都是有关记忆、时间、人性还有经文的详细解说。而且，这部书即便对非信仰者也极富影响力。奥古斯丁创作《忏悔录》最初的写作目的是带给人们真理。对于我们来说，这是一部表露自己本性的著作，它第一次大胆地介绍了人们如何一步一步被引导成为一个真正的人，从人之城市抵达上帝之城。对于心理学家和威廉·詹姆斯（95）所谓的那些有多种宗教经历的学生们来说，这本书还是有深刻意义的。但是除此以外，我们也不能对奥古斯丁的可怕的关乎人性的呐喊充耳不闻，这也是最吸引我们的地方。他歇斯底里地想要告诉我们真理。他不仅讲述他在生活中经历的那些身外之事，也讲述他的灵魂。《忏悔录》是一部经典的精神自传体著作，在文学界没有一部与之类似的作品。

克里夫顿·费迪曼

23.迦梨陀娑

400年

《云使》《沙恭达罗》

迦梨陀娑被认为是“印度的莎士比亚”。在印度文学史上，他被称为最出色的梵文作家。但是很奇怪，关于他的介绍并不多，有一点必须记得，婆罗门教派包括印度教和佛教的基本教义都主张这个世界和其中的所有事物都是虚幻的；在这种形式下的古印度，人们并不重视发明一种纪年方法来记载每一个人准确的出生年月。迦梨陀娑大概生活在公元 400 年，也有可能是一百年后。

在传统上他被认为是一位很愚笨的人，在作为一个作家辉煌的一生中，他取得的成就，也只是在一个小朝廷里当一位使者。据说，他也是一位多产的作家，但是仅存的作品只有几部：三四部长篇诗，三部话剧。本书推荐他的两部代表作。

《云使》是一首独白诗，共二百一十段，如果要把这部作品归到欧洲诗歌体裁中的话，可以称为田园派。诗的大概意思是一个小夜叉因为无意中冒犯了别人，被流放到了一座遥远的山上。他想念年轻美丽的新娘，他幻想着他的新娘正坚守在位于喜马拉雅山脚下阿罗迦城的王宫里，并且带口信给她，安慰她说永远爱她。他以一个夜叉的口吻写下了这首诗，在这首诗里描写了河流、山脉、小镇，还有城市，云传递了信息。这首诗是一种以情书形式写成的旅行游记。诗歌的语气和结构都很正式，被提升和提炼得非常完美。在这样一种高贵典雅的气氛中，小夜叉委托给云使的任务满富激情。

《沙恭达罗和以戒指相认》习惯上被简称为《沙恭达罗》，这是一部话剧，也可以被列为浪漫的英雄剧。像很多印度的戏剧一样，它的情节来源于《摩诃婆罗多》(16) 里的陪衬情节。简言之，它讲述了一个国王爱上了漂亮的少女沙恭达罗，她是圣君和一个女神的女儿，后来被静修林的主人收养。天真的沙恭达罗从小生活在森林里。一天，外出打猎的豆扇陀国王遇到了美丽的沙恭达罗，两人很快坠入爱河。后来沙恭达罗怀孕了，但是宫中传来消息，国王必须回去，他在临走前留给沙恭达罗一枚戒指作为信物。后来沙恭达罗去找豆扇陀国王，但是在去往王宫的路上不小心把戒指给弄丢了。当她到达王宫后，国王对她没有印象，也不能留下她。最后经历了很多磨难后，戒指回到了沙恭达罗手里，这对有情人终于团聚，皆大欢喜。

我要在某些方面比较一下莎士比亚 (39) 和迦梨陀娑。二者都是塑造人物的大师，从贵族阶层的文雅君主到下层的普通小丑。事实上，迦梨陀娑具有可以超越莎士比亚的优势，因为他可以使用两种语言。在他的话剧中，大多数贵族角色说的是梵语，而其余的则说地方常用的普拉克里特诸语言。这就像在莫里哀 (46) 的话剧里，男主角说拉丁语，其他人说法语。我也建议再用莎士比亚风格去作比较，在《沙恭达罗》中，最主要的戏剧冲突产生于职责和激情之间，而莎士比亚在《暴风雨》中创造了同样的主题，将两部作品比较着读是一种有趣的做法。

威廉·琼斯爵士将《沙恭达罗》第一次翻译成英语，他是西方梵文研究的先驱，科学语言学之父。歌德 (62) 对他的翻译大加赞扬。迦梨陀娑的作品已经有了不少其他出色的译本，他应当被更多的西方人了解。

约翰·S. 梅杰

24.穆罕默德

约650年完成

《古兰经》

早期的阿拉伯是闪米特人繁荣世界的一部分，这块地方是也门到黎凡特商队的必经之地，商队贸易创造出繁荣的都市社会。当地社区主要居住着犹太教教徒和基督教教徒，《旧约》和《新约》在那里广为人知。那个地方的大多数人认为自己是亚伯拉罕和他儿子的后裔。穆罕默德出生在这个地区的圣城麦加，大约生于公元 570 年。四十岁前，他的生活一直很平淡。他娶了个有钱的寡妇，自己在麦加城的商业圈也颇受尊重。

公元 610 年，穆罕默德开始传教。他声称自己是被真主甄选的信使，他所传达的即是真主给人类的最终启示。他是一个有魅力的传道者，有众多跟随者，但同时也树了很多敌人。公元 622 年，他的敌人密谋要杀害他，但是事先有人通知了他，于是他逃到邻近的城市麦地那。在麦地那，他建立了政教合一的穆斯林社群组织，这也是真主启示他应该做的，所以公元 622 年是伊斯兰教历元年。

《古兰经》包含一百一十四章，这本书的手写版本是根据每个章节的长短而排序的，较长的排在前面，较短的排在后面。《古兰经》里没有叙事线索，章节和章节之间也没有明显的衔接，这些特点起源于原始的口头叙述（事实上，Al-Qur'an 意为诵读，在伊斯兰教里，诵读《古兰经》是一种非常重要和虔诚的行为)。穆罕默德在632年去世，而这本书在其死后差不多二十年，也就是大约在650年才最终完成。人们通过回忆编纂了这本书，其中收录了所有被大众普遍认可为真主启示给穆罕默德的全部内容。

对于不信仰伊斯兰教的西方读者来说，初读《古兰经》时已不难发觉，在很大程度上它继承了犹太教和基督教的《圣经》传统。里面有许多我们熟悉的角色：亚伯拉罕、摩西、戴维、耶稣、约翰等浸礼会教徒，还有很多代表上帝的先知和信使。仔细阅读你就会发现，这个熟悉的世界透过《古兰经》这一完全不同的透镜的折射而全然变了模样。所有的《圣经》故事,所有的先知和祖先,都变成了一些先行者,只为引出《古兰经》这一被穆罕默德引述的真主安拉真言。《古兰经》将自己变成了“预言的封印”，即真主安拉在世界上的终极天启。

与此对应的是,《古兰经》里的大部分内容确切地告诉人们如何在伊斯兰（意为顺从真主）国家里生存，这些伊斯兰国家的教义被浓缩为五条：

1. 公开表明信仰：世界上只有一个真主安拉，没有其他的。穆罕默德是真主的先知(在这条教义中这个词被译为“先知”，还有一个更为强烈的意义，即将安拉的意愿通知给众人的人)。伊斯兰教是一个坚持一神教思想的宗教；安拉是绝对的，无所不知的，无所不能的，世间和天堂所发生的一切都根据的是真主的意愿。

2. 按照教规，每天需祷告五次。

3. 每年的斋月期间，从黎明到黄昏不得进食。

4. 向穷人施舍。

5. 一生中至少要去麦加朝圣一次，但是只有身体健康并有足够的经济能力才可以去朝圣,从而不给家庭增加任何负担。

以上这些教义外加《古兰经》和后来的宗教法律概要，把伊斯兰教和其他宗教划分开了。《古兰经》里写道：顺从真主的人会得到保护，违背他的人会受到惩罚。就这样，《古兰经》这样的教义造就了在本质上激进但又富于传教精神的伊斯兰教团体。同时，教义要求人们有节制、容忍，并且富于献身正义的精神。在伊斯兰教的历史中出现过很多极端狂热的事例，同样也有不少开明宽容的例子。像所有的经文一样，《古兰经》被用来证明许多事情的正确性。

很多年以前，我有幸能和一位政府高官谈话，我问他在总统内阁中有多少成员了解伊斯兰教的“五条教义”（因为当时中东地区的报道经常出现在电视上）。他回答：“很简单，没人知道。”在一个世界上每五个人中就有一个人是伊斯兰教信徒的时代，伊斯兰在各国外交政策中有着举足轻重的影响，在我看来，对伊斯兰教有所了解是简单却重要的公民姿态。这是读《古兰经》的一个很好的理由。其他理由包括其极富美感的诗歌化语言，以及对欧美主流文化核心的《圣经》传统折射出的美妙景象。

约翰 · S. 梅杰

25.惠能

638—713年

《六祖坛经》

佛教兴起于公元前6世纪的印度北部地区，这都得益于乔达摩·悉达多一生的传教。乔达摩·悉达多是喜马拉雅山脚下一个小国的王子，他看到了世间种种苦难，大为震惊，于是隐居起来，在一棵大树下沉思了多日，试图寻找苦难的根源，最终他大彻大悟，成为佛陀（或者"大彻大悟之人"），并且他以自己的所悟为基础开始传播一种新教义。

乔达摩·悉达多生长于古印度的婆罗门教世界，并且接受其教规〔我们在前面的《薄伽梵歌》（17）中已经提到〕：世界不是真实的，一切都是虚幻；每个人从出生到转世，生死轮回多次。生死轮回之间会背负因为前世所行善恶而产生的"业力"。每个人都应"遵守世界的法则"，完成自己的责任。以这一传统思想为基石，佛陀提出了他的新思想："四谛"。"四谛"包括苦谛、集谛、灭谛和道谛，需要遵循"八正道"（正见、正志、正业等）。佛陀最重要的思想是指出欲望使人沉湎于业的轮回，即使来世的痛苦更加深重，人在幻象的推动下也会难以自拔地追求来世。幸而佛陀的教导可以帮助人摆脱这欲的轮回，进入"涅槃"的境界，灵魂终以寂灭的方式得到解脱。

乔达摩·悉达多死后几百年，佛教在印度、南亚和中亚地区得到广泛传播，在公元1世纪传入中国，又从中国传到朝鲜和日本。几百年里,佛教内部产生了不同的学术观点和流派,出现了大量的经文（即佛经，至少在名义上，所有的经文都是佛陀的教诲）。大乘佛教是佛教在中国最大的教派，这一流派的教义认为：只要信徒保持虔诚，就可以在菩萨的帮助下脱离轮回，进入天堂（这与乔达摩·悉达多原始朴实的涅槃之说相去甚远）。大乘佛教在中国非常流行，众多的信徒重修庙宇、再塑金身、刻印佛经，以此来显示自己的虔诚。

公元5世纪末到6世纪初，大乘佛教发生了重大转变，产生了名为“禅宗”的新的静坐冥思教派，更多的西方人可能对这个词的日语发音“Zen”更熟悉。禅宗始祖菩提达摩是一个具有传奇色彩的僧人，他的出身无人知晓。禅宗教导人们：对解脱来说，最重要的不是宗教善行，也不是寻求菩萨的帮助，而是真诚地打坐参禅，将教义、经文、欲望与杂念彻底抛弃，寻求与天地的融合，期待一种顿悟境界的来临。

菩提达摩的新流派内部同样出现了派系之争，各个流派争夺正统地位。最终，禅宗思想被一个人神奇地整合为一。惠能本来是中国南方一个没有文化的木匠，成为一名禅宗和尚后，迅速在讲经传道方面表现出天分，成为公认的禅宗六祖。他直接接过菩提达摩的衣钵。他的生平和著作记录在《六祖坛经》中。

《六祖坛经》的名字十分奇异，它没有记载佛陀的教诲，却被称为“经”，这在佛学经典中是独一无二的。这本书由三部分组成：惠能的自传，长长的讲经，一系列言语、叙事、经义的片段。最有趣的自传部分被认为是惠能对一个名为神会的僧人的“口述”，由后者记录下来的。惠能曾被描述成一个目不识丁的人，但这完全没有根据。这本书在惠能去世后很长时间才出现，流传的惠能教义是其内容的来源，同时还收录了众多有价值的对话。这本书涉及的惠能的讲经内容肯定已经口头流传很久了。

《六祖坛经》最著名的教义应该是惠能自己的论述。一次，一个同伴写了这样一首诗："身是菩提树，心如明镜台，时时勤拂拭，勿使惹尘埃。"惠能的回答是："菩提本无树，明镜亦非台，本来无一物，何处惹尘埃。"

惠能主张抛开经文，让"真义"在师徒间传授，寻求"顿悟"。他宣称要撕毁妨碍彻底醒悟的经文。这种思想对禅宗的影响十分深远。《六祖坛经》作为为数众多的禅宗经典的开端，却提倡"毁灭所有经文"，通过"顿悟"来实现彻底的醒悟。中国的道教经典《道德经》中说："道可道，非常道；名可名，非常名"，"知者不言，言者不知"。不过禅宗的著作依然汗牛充栋。

和其他重要的佛经不同，《六祖坛经》篇目不长，阅读起来应该也不难，不过其中有一些让人感到陌生的术语和概念。（你想读一点佛经的话，可以从《金刚经》和《法华经》开始。）喜欢搜集传奇故事的人会喜欢这本书，不过《六祖坛经》还是让我们了解了不同凡响的木匠和尚惠能，同时读者可以了解佛教和禅宗在一千年之前的东亚宗教和文艺中的影响，最近这种影响在西方世界中也可以发现。

约翰 · S. 梅杰

26.菲尔多西

940—1020年

《王书》（又译《列王纪》）

菲尔多西是一个叫哈基姆·阿布尔·卡西姆·菲尔多西·图西的人的笔名，此人出身不详，他被认为是波斯语史上最伟大的诗人。据说，他出生于库拉山市的一个中层地主家庭。他从小受到良好的教育，不仅懂得常见的伊斯兰科学和艺术，也懂得古代波斯历史和文学。后来他成功地进入了伊朗王马哈茂德·加兹尼的宫廷，并且接受了一个任务，即完成波斯史上最长的诗（前任只写了个开头就去世了）。

他完成的诗叫《列王纪》，又称《王书》，包括近六万对押韵对句，其中大部分是对从早期的波斯王朝到伊斯兰教的到来这段历史的简单概述，从预言家琐罗亚斯德（伊斯兰教兴起前波斯教的创始人）的出现，以及帝国的建立者居鲁士和大流士帝王的辉煌王朝，到波希战争和波斯王朝的兴起和衰落，全诗结束于7世纪中期萨珊王朝的瓦解。

但是如果我们认为菲尔多西是一位历史学家的话，就会发现他的作品不符合这本《一生的读书计划》中提到的任何固有模式，他的历史既不像威严清醒的修昔底德（9），也不像不盲目轻信一切的希罗多德（8），更不像史学巨匠司马迁（18）。除了上述这些人，菲尔多西更像荷马（2，3），他是一个吟唱史学家。菲尔多西对于叙述带有启发性的逸事十分擅长，同时能写出优美的诗歌。让菲尔多西更加吸引人的地方是他敢超越众多现代批评家，进入历史传说的领域。他描述了波斯史上一个伟大的“文化英雄”鲁斯坦姆。鲁斯坦姆不仅是一个非常完美的王子，拥有雄辩的口才和优美的文笔，也是一个勇敢的战士；他是近代波斯一种吉尔伽美什（1）式的存在，同时拥有赫拉克勒斯的品质，以及极富教养的宫廷气质。他是《王书》中真正的英雄，被后来的波斯国王们仿效。

菲尔多西把《王书》献给了他的资助人穆罕默德，但是当他把著作拿出来献给王室的时候，面对微薄的报酬，他实在是痛心。于是他给王室写了一首长长的讽刺诗，然后逃离宫廷，四处流亡，直到晚年才回到故乡。

在波斯文化史上如何夸大菲尔多西作品的重要性都不为过。他为后来的诗人树立了一个标准：他的双行体长诗结构严谨，抑扬顿挫，叙事充满戏剧性。《王书》被视为波斯的国家史诗，直到今天很多人依然能够背诵其中的内容。面对强势的伊斯兰文化，菲尔多西对伊斯兰之前波斯辉煌历史的回顾，无疑会加强波斯对自己国家文化的认同。

几百年来，波斯微型画的画师们不断地从《王书》中汲取灵感和素材，比如鲁斯坦姆和他的骑士们的历险。这部作品有各种插图本，最精美的版本由16世纪初的伊朗国王塔赫马斯普下令制作，现存于纽约大都会博物馆，是世界艺术宝库的奇葩。如果读者有机会到一家大的城市图书馆或者博物馆，一定要看看这本书的仿制品，即“霍顿版”《王书》。这是一本十分珍贵的书，名字是《大开本王书》，由大都会博物馆于1972年出版，最大限度地再现了原书的魅力。读过《王书》之后再看看这种摹本，你的崇敬之情会油然而生，就像菲尔多西的伟大作品在他的故乡引发的感情一样。

约翰·S. 梅杰

27.清少纳言

965—1035年[①]

《枕草子》

我们对于清少纳言的身世几乎不了解，只知道她是日本文化史上杰出的作家之一。按照惯例，对于她的生卒年月我们只是猜测，根据是传统观点普遍认为她在三十岁的时候已经是一个非常活跃的作家，而晚年死于孤独，艰难凄凉。清少纳言出身于一个贵族家庭，后来嫁给橘则光，生了一个儿子。因为她的姓名不详，“少纳言”就成为她在宫中的一个头衔。熟悉清少纳言的人都会把她和生活在同一时代、同样具有极高文学造诣的另一个人物相提并论，这个人就是紫式部（28），而紫式部却不喜欢清少纳言的傲慢、自大。像很多人那样，清少纳言的名气很快被别人掩盖，只留下一部极富魅力的著作，就是这部从现在算起一千年前写成的随笔集《枕草子》。书中描写的是她在宫中供职时身边的一些琐事，读者读后会感到非常轻松且明快。

清少纳言生活的平安时代（795—1085 年）[②]，是日本历史上一

① 一般认为，清少纳言的生卒年为约 965 至约 1025 年。此处似有谬误。——编者

② 平安时代是指日本历史上幕府政治以前以平安京（今京都市）为都城的时代。始于 794 年（延历十三年）桓武天皇（781—806 年在位）自长冈京（在今京都府）迁都平安，止于 1192 年（建久三年）源赖朝开创镰仓幕府。此处似有谬误。——编者

个非常显赫的时代。这个时代，日本经济繁荣，并且受朝鲜和中国文化的影响，内无忧外无患。这个时代，日本的贵族阶层和其他时代的贵族阶层一样，生活奢侈而精致。在平安京（今京都）这座美丽的城市，到处都是宫殿和寺庙，贵族阶层占据了重要的位置，天皇虽有统治权却被贵族掌控，被贵族包围、阿谀奉承，而这些贵族又信奉佛教，研究美学。贵族阶层的人们一直相信：生命是虚幻的、短暂的。所以，那个阶层的男男女女尽可能地去追求美、时尚、艺术、诗歌，以及其他美的因素，直到最后这种生活被终止，被新兴日本武士所推翻。在接下来的八个世纪里，武士占有重要地位。

在平安时代，妇女的地位比以往朝代的妇女更高，但是到了武士占支配地位时期，她们的地位就下降了。当时她们可以继承、拥有和赠送财产。对于一个男人来说，娶个出身于豪门的妻子并被岳父支配是很正常的。婚外情被纵容，男士和女士追求自由恋爱，只要他们谨慎，并且真的对对方有感觉。男人把持着政权和财产，通常还要练习战斗技能，比如射箭和剑法。女人无事可做，只能追求精致的艺术来点缀自己的生活。

平安时代的文学成就主要由妇女创造，这一点儿也不奇怪。男人们被要求用古典中文阅读和写作，那时中文是宗教和学习的专用语言（地位类似于中世纪的拉丁文）。妇女们通常用日语写东西，她们开始写日志、诗歌和小说，这些都为日本文学奠定了基础。平安时代的众多作家中，清少纳言是群星中灿烂的一颗。

公元990年，她在藤原定子皇后身边供职，其间她很善于观察周围的事物，并且记录下来，对其做了评论。《枕草子》很可能写于晚上，是用单张纸写成的。很久之后，这些单页被杂乱无章地印刷出来，以至于我们现在所看到的书并不遵循任何主题或时间上的顺序。这本书没有开头，没有结尾，更没有情节，所以一直读下去的话，你会感到很乏味，但是随手拿起来翻看，反而会觉得有趣。这本书之所以出名是因为里面有很多有名的表述，例如让人感觉很不干净的事物（老鼠的窝、装油的坛子）、稀世之物（不说主人坏话的仆人），等等。清少纳言对于风格和礼仪方面的评论有：没有什么比牛车夫的糟糕穿着更糟糕了；简直不能忍受一个妇女穿袖子长短不一的衣服。

《枕草子》的名气得以流传至今日归功于作者的个人魅力。清少纳言生性文雅、要求严格、思维缜密、坦率、聪明，而且非常有天赋，但同时她也很自我且自命不凡。同代人中钦佩她的人不少，但真正喜欢她的人却很少。读清少纳言的书有趣的地方在于，读者不禁想知道她会用什么样的眼光看待一个人。值得庆幸的是，清少纳言对自己的要求和对别人一样严格，她对现实没什么不切实际的幻想。

约翰·S. 梅杰

28. 紫式部

976—1015年[①]

《源氏物语》

《源氏物语》是日本文学史上最伟大的作品之一，对于这点很少有人提出异议。一些历史学家将它列为世界上第一部心理小说，很多批评家认为它可以被列为世界文学史上的前六位。像平安时代其他著名作品一样，它由一位贵族女士写成，而对于作者的身份我们却不了解。与和她同一时代但比她稍早一些的清少纳言（27）一样，她的真实姓名早已消失在时间的隧道里。我们称她为紫式部，这仅仅是她小说中主人公的名字——紫夫人。她曾经担任藤原彰子皇后的女官，公元 1007 至 1010 年期间，她一直坚持写日记（她的日记虽没有清少纳言的尖锐直白，但显露出更加甜美可爱的人性）。

紫式部出身于贵族家庭，父亲给予了她非常好的教育，当时妇女受教育的标准很自由，紫式部在这种情况下还是非常优秀的。她不仅日文造诣很高，而且熟悉中国古典作品。但在宫中，她竭力掩饰这一点，以免显得过于男子气。由此我们可以推断，紫式部很早就对文学感兴趣，并且在语言上很有天赋，在这部小说上她能取得如此高的成就便能解释得通了。

---

① 一般认为，紫式部的生卒年为约 978 至约 1016 年。此处似有谬误。——编者

《源氏物语》描绘的是日本平安时代贵族的生活，背景是紫式部出生前的两三代。作品的主人公是源氏公子，他精通各种艺术，从绘画、书法到熏香和折纸；他出口成章，写诗对于他来说就像呼吸一样容易；他姿态高雅，还是时尚先锋；他送给女朋友们的礼物，品位也都不凡。有趣的是，至少从我们的审美眼光来看，他长得并不强健。在成书不久的一个插图版本里，他被画成一个苍白的矮胖子。源氏是一个很完美的审美家，但他不是一个很完美的英雄。小说的大部分是在介绍他的风流韵事。这种事情在那个时候很普遍，但人们还是会或多或少地隐秘行事。源氏真正区别于他人的是他的周到和善良，即使是前任情人，他也总是非常友善并且很有礼貌地对待她们，从不残忍。让我们感到很意外的是，他的一个重要情人是他的年轻新娘紫姬。紫姬还是一个孩子的时候，源氏作为监护人收养了她，并且让她成为一个可以陪伴他的高雅女士，等紫姬长大成人后就娶她为妻。但也只是对紫姬，源氏做出了不可原谅的行为，他为了自己的社会地位剥夺了紫姬作为结发妻子的权利，娶了一位公主。最后，紫姬心碎而死。

《源氏物语》的整个气氛比较优美和典雅，但也带着一丝丝忧伤和失落之感，也就是说，在人们的意识中，越美丽的东西越容易消逝。这部小说给人的感觉和其所描写的社会，反映了佛教的一种观点，即我们所渴望的世界是由欲望联系到一起的一种幻觉。这本书让我们窥见那个纯净而遥远的时代。初读此书，很多读者会感觉很难适应小说的节奏和情感。

紫式部的《源氏物语》是分段写成的，是用来让她自己和她的女伴们娱乐的，由此可以想象宫廷里的女士们的生活是多么乏味，这种极富魅力的公子的故事每新出一章都会受到热烈欢迎。有些人可以感觉到紫式部到最后极其厌恶她的小说，或者至少厌恶这种不断写新章节的义务，在写作上也违背了在我们看来小说情节应该连贯的原则。

紫式部让源氏在全书的四分之三处死去，由此我们也可以想到，像几个世纪以后，阿瑟·柯南·道尔爵士将夏洛克·福尔摩斯送下莱辛巴赫瀑布一样，紫式部也决定通过将主人公杀死来结束自己的大作。但是像对阿瑟爵士一样，读者不允许她轻易放弃这部作品。在源氏死后，紫式部决定改为写他儿子熏的生活和爱情，作品带有一种深沉的感觉，小说的主要人物经历的黄金时代一去不复返了。

我非常了解，当你第一次拿起《源氏物语》时，会觉得它是一部惊人的大部头小说；当你开始阅读时，缓慢和奇异的情节会令你感到陌生。即便是这样，仍请你坚持读下去。像普鲁斯特的《追忆似水年华》(105)，这也是大部头作品，但确实值得去反复阅读，在某种程度上，陌生会成为惊喜。紫式部作品中的典雅和敏锐的心理描述会将你带入一个想象的世界，这种想象是世界上最伟大的艺术成就之一。

关于挑选译著的一些建议：多少年来亚瑟·韦利的版本（出版于1925—1933年）一直是读者们唯一的选择，它也非常适合阅读，这部译著本身也是一部经典。即便如此，我还是更喜欢爱德华·塞登斯蒂克的译本（1976年），他翻译得和亚瑟·韦利一样流畅、易读（尽管这部作品没有受到布鲁姆斯伯里文化圈的吹捧），并且更贴近紫式部的原著。韦利赋予自己的编辑自由，对《源氏物语》这样的杰作来说似乎稍微有点冒犯；而塞登斯蒂克相信紫式部如果活着，足以为自己说话。

约翰·S. 梅杰

29.欧玛尔·海亚姆

1048—1122

《鲁拜集》

我记得几年前一个伊朗朋友告诉我，欧玛尔·海亚姆在西方完全是作为一个诗人而著名，为此他感到很惊讶。而且他很确切地告诉我，在整个伊斯兰世界，尤其是他的家乡波斯（今伊朗），他是作为一个数学家和天文学家而出名的。虽然他的诗受人尊敬，但是这种诗在他所生活的那个时代，任何一个受过高等教育的人都可以写出来，而且他们在特定的场合即兴赋诗也被认为是情理之中的事〔在日本的中世纪，女官就具备这种能力，见清少纳言（27）和紫式部（28）〕。关于欧玛尔·海亚姆如何在英语世界成为一个伟大的诗人，确实让人感到奇怪。

让我们先从诗的本身来谈。《鲁拜集》是一部短诗集，每首短诗包括两组对偶句，第一行、第二行和第四行必须押韵。由于没有任何相反的意见，大多数西方读者认为《鲁拜集》是欧玛尔·海亚姆写的一首长诗的名字，但是"鲁拜"一词本身就很容易被翻译为"诗歌"或者"四行诗"。爱德华·菲茨杰拉德在1859年出版该诗集的译本时，决定保留该题目的波斯文音译，这一举动被视为是为了强调原著的"异国情调"而故意做的选择。此外，欧玛尔·海亚姆的诗现存近百首，都被收在传统的波斯文集中，组成一个短诗集。诗集没有总述也没有复杂的结构。天才译者菲茨杰拉德最伟大的一个做法是把欧玛尔·海亚姆的诗进行排列，从而成了一首连贯的长诗，并且给予其美学和哲学的力量，这股力量即便存在于分散的四行诗中，也很含蓄。

我们看到的《欧玛尔·海亚姆鲁拜集》是爱德华·菲茨杰拉德翻译的（这部著作后来又被重新翻译过很多次，有的译本甚至比菲茨杰拉德的版本更为准确，但在可读性方面菲茨杰拉德的仍是最好的），这部译作是一部独特的杂糅之作，是一首在波斯文基础上创作出的杰出的英文诗，它也使好几代英文读者对那个地方产生了兴趣——一个比波斯还波斯化的地方，一个到处是美酒和玫瑰的异国，虽然美酒和玫瑰更多地存在于诗人心中，而不是普通人心中。菲茨杰拉德的译作《欧玛尔·海亚姆鲁拜集》（对应原作《欧玛尔·海亚姆》），实际上就是巴勒斯坦批评家爱德华·赛义德所批评的“东方主义”的一个典型的例子。“东方主义”即利用文学和艺术去创造一种浪漫的、奇异的，但从根本上讲是虚假的亚洲文化的表象，这种表象使欧洲人对亚洲充满幻想，令他们忘了在亚洲的人们也一样经历着生存和死亡、繁荣和衰败。赛义德的批评让人很不高兴，不过这也是事实，但并不是全部。问题的复杂性在于像欧玛尔·海亚姆这样的诗人本身就是用诗来激起一个奇异芳香且神秘的想象王国，这种特质在译本中只是被保留下来，并不是译者凭空捏造出来的。

我猜想真正读《欧玛尔·海亚姆鲁拜集》的人不是很多，但是几乎所有人都会引用其中的内容：“一块面包，一杯酒，还有你。”（这句是从菲茨杰拉德的译本里引用的，虽然很贴切，但并不是很准确。）这幅画面难道没有错？对于信徒来讲，伊斯兰教的一个很严格的信条是严禁饮酒〔见《古兰经》(24)〕；欧玛尔·海亚姆为什么要激发人们去饮酒呢？答案就在于伊斯兰教（除了在我们这个时代仍很普遍的一些极端的基督教信徒外）容忍人类的脆弱性，虽然禁酒，但是一些人偶尔也会喝点，即便如此，他们的灵魂和命运还是一如既往地被掌握在独一无二、无所不能的真主手中。在传统的伊斯兰世界里，美酒和诗歌的确存在着源远流长的关系。土耳其的苏丹将咖啡馆严格定义为产生政治异议的温床，但是允许小酒馆在不扰乱秩序的情况下开业，那些对社会无害的诗人可以光顾（还有一个非常虔诚的假想，诗人可能仅仅是将酒作为沉醉于浪漫中的象征，或用酒来比喻爱情，实际上他们自己一口也不喝）。所以欧玛尔·海亚姆用酒、爱情和玫瑰花来表达一个深刻的主题：实际上生活是充满乐趣的，要充分去享受；如果人们热爱生活，就不应该在死亡面前退缩，生或死都掌握在神的手中。

《欧玛尔·海亚姆鲁拜集》是一个奇迹，是一个天才诗人和一个出色的翻译家合作完成的一部杰出作品，在时间的差异和文化的距离间架起了一座桥梁。波斯的数学家和维多利亚时代的东方学家一起谱写的这部诗集，在我们这个时代读起来依旧令人陶醉。

约翰·S. 梅杰

30.但丁·阿利吉耶里

1265—1321年

《神曲》

但丁的生活像所处的时代一样动荡不安，但是他的杰作却是现存最有序的作品。在他的一生中，他的出生地佛罗伦萨及整个意大利都由于派系纷争而陷入分裂。在这场斗争中，但丁是一个宣传员，也是一个政府官员，他尽全力去做这份工作，但是并不成功，因为到了1302年，他被免职了。此后直到大约二十年后他临死前，他始终奔走于意大利的宫廷和大家族之间，尝尽颠沛流离之苦。

在我们现代人看来，但丁的情感生活似乎也并不平静。九岁的时候他第一次看见一个名叫贝亚特里切的小女孩，九年以后他再次看到她。他和这个女人的关系仅限于此，但是这个女人却成了他想象的原动力。在《神曲》的第三部分《天堂》的最后一篇里，这个女人被安排到了上帝身边。

但丁把自己的作品称为“喜剧”(形容词“神”是后来的一些评论家加上去的)，因为这部作品开始于地狱，也就是说起于灾难，最后结束在天堂，也就是说以幸福结尾。读者初读该书可能会觉得生涩难懂，让我们更望而却步的是书中涉及神学，其精神源自伟大的思想家托马斯·阿奎纳（1225—1274年）。书中描述的关于美德和邪恶的关系非常复杂，部分源自亚里士多德（13）。正如但丁在书中告诉我们的那样，本书有四层意思，全诗运用了讽刺和象征的手法。对但丁来说，讽喻和象征不仅是一种修辞，更是他思想结构的一部分。最后，诗中处处都是他所处时代的真人真事，因为但丁是一位伟大的新闻纪实材料创作作家，在诗中他始终使用这种手法。

虽然有这些甚至更多的障碍，但丁依旧能感动那些不是学者的群体。像艾略特（116）在他的著名论文中说的那样，最好的办法是一头扎进这首诗里，不去理会甚至完全不理会那些象征意义。本诗的大义很容易让人明白。这是一首叙事诗，像班扬的《天路历程》(48)一样，讲述的是人在世间的生活——即使但丁选择了这样一种方式，把我们在尘世间的生活状态想象为地狱、炼狱和天堂。的确，我们人生中也有痛苦的时候，就像身处地狱。我们也会因犯罪而受到惩罚，也会赎罪，就像炼狱一样。但丁坚信，只要依靠理性和信念——但丁的向导维吉尔（20）就是理性的化身——就会过上幸福的生活，就像《天堂》里描述的那样。尽管但丁那强烈的道德感仅适用于他生活的那个时代，处于当时占统治地位的哲学学术框架内，但是他打破了时空，让我们这个时代的读者对此也非常感兴趣。但丁和很多现代小说家一样，真诚而严肃地面对现实。

此外，但丁的诗给我们展示了诗歌的真谛：最伟大的诗性想象力不是含糊不清的，而是严厉且精确的。但丁想象力的精髓是简洁和精确，他不仅能持续不断地创造出生动的画面，而且只创造那些能充分表达他的意愿的图画。我们从译本中依然能看到并且感觉到这一切：但丁是一位伟大的画家。同样，我们能感受到诗歌中的强大、有序和对称的结构。所以，但丁也是一位伟大的建筑师。

最后还要说一下，在某种程度上，我同意艾略特的说法：读读你手中《神曲》的介绍便会受益匪浅，因为但丁的诗、他的一生及他所处的时代是交织在一起的。此外，大多数《神曲》的译本都增加了注释，最好的阅读方法是先只读诗篇（共有一百篇），不管注释，然后参考注释再重新读一遍。不过，不要指望都能读懂——很多学者还在为但丁所要表达的本意而争论不休，只要理解到一定程度，就获得阅读的价值了。现在这本书的译本中最好的是艾伦·曼德尔鲍姆的版本，这个版本采取对意大利原文逐页对照的方式。

克里夫顿·费迪曼

31.罗贯中

约1330—约1400年

《三国演义》

中国的汉朝建立于公元前206年，大概与罗马处于同一时代，汉朝控制的疆域甚至比罗马帝国还大（有趣的是，中国和罗马处于亚欧大陆的两端，却完全不知道对方的存在，正因为不知道对方的情况，丝绸之路便成为连接两国的纽带，从而使中亚那些绿洲国家变得富裕）。像罗马一样，汉朝最终不可避免地走向衰落。经过几十年的腐败、诸侯割据和起义，最终汉朝在公元220年土崩瓦解。但是天子的继承人〔见孟子(14)〕始终没有确定，新的朝代也没能继续统一中国，因此分裂为三个对立的国家。

这一时期被称为三国时代，持续了四十五年，公元265年结束。随之而来的是一个更长、更混乱的割据时期。这些年的混乱和战争给后来的中国人留下了难以磨灭的印象，这些对立的国家像北方的魏国、东南的吴国和西南的蜀国，他们之间的纷争都被记入史册。这也成为系列史之一，成为以司马迁的《史记》(18)为模式的正史之一。但是要想讲述这段时期的英雄和奸佞小人、战争与逃亡及各种计策，像正史这样严肃的官方历史文献似乎很难担当此任。(《三国演义》的汉语意思是对三个国家的叙事补充，暗示了书中包含很多正史中没有记载的好故事。）几个世纪以来，一些说书人、戏剧作家和歌剧作家不断从《三国志》这样的正史故事中挖掘新素材来愉悦观众。这个过程与《摩诃婆罗多》(16) 在南亚的情况一样；在《西游记》(36) 中我们也会看到同样的情况。后来，这些故事被汇聚到一起，《三国演义》的早期版本约于公元 1250 年诞生。我们现在所看到的这部小说是由一个叫罗贯中的学者在一个世纪以后写成的，目前所知道的最早的印刷版本到 16 世纪中期才出现。

在中国的虚构文学中，为什么三国时期的影响力如此之大呢？部分原因与中世纪动荡的英国王朝对莎士比亚 (39) 的吸引力相同：在这段历史中，有一部分掌握大权的群体，还有一些引人注目的个体，这些人的个性能够在各个时代引起共鸣。就像理查德三世、哈尔王子和福斯塔夫那样能够激发英国人的想象力，三国时期的英雄们也同样使中国的文学变得有生气。在《三国演义》中，我们会发现一些很有特点的角色：首先是曹操，他是汉朝最出色的大将，后来他背叛了汉朝，建立了魏国。他被视为叛徒，被指责为反面人物（在京剧中，这个角色所用的戏服和道具都是黑色的，他的脸谱也是凶恶型的）。他的对手刘备是汉朝皇室的旁系，想借蜀地恢复汉朝。刘备之所以能够幸存下来完全靠他的忠诚大将诸葛亮。诸葛亮和曹操相反，他足智多谋，是代表忠诚和勇气的典范人物，也是本书的主要人物。有一章这样描写：军队的箭用完了，他用“草船借箭”这一计向敌人借来了很多箭，于是他们的军队又有箭可用了。小说中还有一个人物是关羽，他身材魁梧，无所畏惧，在 16 世纪时被奉为中国的武圣人。和关羽比起来，张飞更年轻、勇猛，是一个具有传奇色彩的军队指挥人。关羽、张飞和刘备是桃园结义的兄弟。

读者要明白，这些都是真实的历史人物，他们也确实参加过历史中的战争，但是他们的故事在收入本小说中时已经被渲染。

三国时期不仅涌现了很多活灵活现的人物，而且，至少在大众的意识里，这是一部早期的有关武士和军队忠实精神（大多数为传说）回归的小说。在《三国演义》中，战斗非常激烈，但是在战争中所表现出的崇高的精神，英雄之间的惺惺相惜，敌人之间的互相嘲讽，战友们生死与共，将军们英勇作战、视死如归，大规模的庆功宴，在生死边缘的挣扎，这一切的一切都要超越他们自己生命的价值。《三国演义》对于男人来说很有吸引力。换句话说,这是一部军事题材的“男性小说”，使读者（多数为男性）把战争幻想为血性游戏、男人友情仪式和兄弟情义聚会的一个混合体。

正因为这样，虽然场景距现代时隔久远，这部著作仍被人们当作现代冒险小说来阅读。男性小说作家鲁德亚德·吉卜林曾经说过：这是一个美妙的故事。很幸运，现在我们读到的版本是由莫斯·罗伯特所翻译，他翻译的这部著作好过其他所有的版本。

约翰·S.梅杰

32.杰弗雷 · 乔叟

约1343—1400年

《坎特伯雷故事集》

像但丁的长诗被称为《神曲》（30）那样，乔叟的著作《坎特伯雷故事集》被称为“人曲”。但二者之间有一个非常大的区别：但丁喜欢神；而乔叟喜欢人，包括那些不完美的人，甚至罪人。但丁着眼于通向地狱、净化和幸福，乔叟则着眼于日常生活中拥挤的道路。这两个人写的都是旅行，但丁写的是一场穿越三个富于象征性的宇宙之旅，而乔叟写的则是三十个 14 世纪的英国男女在一条真实存在的道路上进行的一场真正的旅行。这次旅行开始于伦敦城外萨瑟克的一个真实存在的小酒馆里，故事结束于坎特伯雷镇。虽然在很大程度上乔叟受到但丁的影响，但是这两位欧洲中世纪的伟大诗人在气质上却不同。

虽然两个人的事业在某些方面有平行之处，但结果却不同。但丁和乔叟都是政府官员，分别在三个国王统治下担任过各种职务，有些职务非常重要，例如经济特使、关税总管、国王侍从、治安官及其他职位。其中有一两次失宠，不过从总体来讲，乔叟的生活离英国的权力中心还是很近的。他在仕途道路上稳步前进，所有的证据都可以显示他那成功的一生。他在那个时代的种种喧嚣与不安中游刃有余，而且还有充足的时间去创作大量散文和诗歌。

他缺乏但丁的深刻、辛辣和强烈，也缺乏渊博的知识和复杂的想象力。他的才能不会让人折服，但是很讨人喜欢。他内心充满人性的关怀，又极富幽默感。他用较为敏锐的目光看待人性的弱点，但又对之抱以宽容的态度。他是个讲故事的高手，在音乐方面虽不及但丁，但也很出色。最重要的一点是，他性格直率，让我们每个人都想成为他的朋友。

《坎特伯雷故事集》最初的计划是：各类故事加起来要达到一百二十个，然后通过一种巧妙的手法将它们结合到一起，让这群朝圣者到托马斯·贝克特圣祠去朝圣，在行程中他们靠轮流讲故事以便打发无聊的时间。乔叟共写了二十一个故事，还有三个没有写完，也有可能中途被人打断。其中有些是很乏味的布道，可以跳过去不读。前言是必读的，因为它几乎是所有文学作品中最有趣的人物众生相，故事中描述得最精彩的人物是骑士、磨坊主、女修道院院长、修女、赎罪者、巴斯镇的女房东（她是乔叟笔下最伟大的人物，可与莎士比亚笔下的喜剧人物相媲美）、职员、商人、仆人和教堂的自耕农。我建议读者把与这些故事衔接在一起的前言、后记和对话读一读，与故事本身相比，很多读者更喜欢这些内容。

乔叟是个编故事的高手，是英国现实主义的创始人，并且极具个人魅力。他的作品中处处是趣事，刻画了一幅中世纪在天主教统治下的英国的不朽图画。他没有刻意去粉饰，但所有的人物仍鲜活生动，宛若昨日重现。阅读乔叟的作品不需要借助任何脚注，但是多数版本还是提供了一些注释，解释他所处的时代所特有的风俗和礼仪。他的书是开放的，像《奥德赛》(3)，而不像《神曲》。乔叟的书让你感觉有一个明眼人拉着你的胳膊为你讲述他所处时代的男男女女，然而你会发觉这些人和我们时代中的人出奇一致。在乔叟的作品中没有神秘，即使他使用了讽喻，也是直截了当的。

如果你有幸对英文单词有特殊的感情，你会觉得读用中世纪英语写成的原版并不是不可能——至少序言可以读。但是大多数人还是需要读翻译版本。一个完整的散文译本（我喜欢卢明斯基的），或者科格希尔，或者莱特的韵文本，都是不错的选择。

克里夫顿·费迪曼

33.佚名

1500年

《一千零一夜》

《一千零一夜》的故事背景很有名：萨桑国的暴君山努亚每晚都要娶一个处女做新娘，每天早晨，这个不幸的新娘都要被处死。当山鲁佐德被选为新娘的那一夜，她用一个故事诱骗山努亚，她的故事讲得实在是精彩，以至于山努亚舍不得将她处死。第二天晚上，他又将山鲁佐德招至床边，就这样夜复一夜，一千零一夜过去了，山努亚对其他新娘失去了兴趣，也不再继续杀人了，从此他和山鲁佐德幸福地生活在一起。

当然这是虚构，是为大量题材不一的故事提供一个框架。山努亚是传说中的一个人物，到目前为止，任何人也没听说过山鲁佐德这个人。这些故事的作者和写作时代都很神秘，很多故事似乎起源于印度，还有一些来自波斯，但是大多数还是用阿拉伯语写成的（这本书还有一个名字是《天方夜谭》），这说明这些故事由来源不同的资料编纂而成，很可能是在很长一段时间内，由多个阿拉伯文学考古研究者编成。起初，他们选用了数字“一千零一”为题目，来表达其数目之多，大约公元1500年，被一个不知名的编者根据山鲁佐德的故事框架仔细地编为一千零一个故事。

《一千零一夜》的编者们似乎撒了一个大网，想在伊斯兰世界里搜寻故事材料，将其编入《一千零一夜》中。该故事集的传播超出了阿拉伯的文学范围，随之以惊人的速度成为世界文学的一部分。16世纪时，部分故事传到了欧洲（很可能是奥斯曼帝国在地中海一带进行贸易活动时传播过去的），1704至1717年间，安托尼·盖伦的全译本问世了。盖伦的译本很快被认可〔例如斯威夫特(52)也肯定了该译本〕，故事当中的一些人物，如大家都熟悉的角色辛巴达和阿里巴巴都进入了欧洲叙事文学的词库中，在西方塑造了阿拉伯和伊斯兰世界的独有形象。随后，在欧洲也出现了好几种语言的版本，其中最著名的是理查德·伯顿爵士于1885至1888年间完成的十六卷未删节版全译本。

“未删节”这一词对于理解《一千零一夜》的全部意义和吸引力起到了重要作用。大多数人在童年时期都听过《阿里巴巴和四十大盗》这个故事，事实上，人们将这样经过大量删节及净化的故事作为儿童读物已经有几十年了，但是原著并不是像现在这样专门为孩子准备的迪士尼式故事。一部分故事带有淫秽幽默，一部分故事直接进行色情诱惑，还有一部分是写一些反抗恃强凌弱的斗争，这些故事的详细描写不适合神经脆弱的人看(我们已经习惯西方文学中被净化过的作品，现在所读的儿童读物《格林童话》已经和最初格林兄弟收集的那些带有恐怖色彩、粗俗的故事没有多少关系了)。

《一千零一夜》一直是世界上最畅销的书之一，无论是最初的阿拉伯版本，还是几十种译本中的任何一种都卖得非常好。其中的故事吸引着现代读者，就像当年山鲁佐德的故事吸引了山努亚王一样。《一千零一夜》之所以吸引人，是因为它的叙事引人入胜，由口述转化来的文字精致优美，同时，通篇充满魔幻的神秘气息。集中的故事之间相互联系，合起来的吸引力要远远大于单个故事。但阅读是否准确与没有删节的译本很重要，因此，可以看看我们参考书目中的建议。

约翰·S. 梅杰

34.尼可罗 · 马基雅维利

1469—1527年

《君主论》

通常情况下，马基雅维利和霍布斯（43）被并称为政治界的两大现实主义理论家，他们互相了解，但在某些方面也有分歧。霍布斯是伟大的理论家，而事实上马基雅维利根本不是一个理论家，他是一个观察家和分析家，也是一个指导员。霍布斯提出了有关“合法”这个概念的学说，马基雅维利则对权力比较感兴趣。霍布斯是个绝对论者，但是马基雅维利（《李维史论》是一部影响力比《君主论》稍弱的书）提倡共和主义并预言了现代议会民主制。在现实中将这两部书关联阅读会使读者受益良多。

马基雅维利是一个政治家，在佛罗伦萨共和国存在时，他任职十四年，其间担任过外交官和军队组织者。通过对意大利城邦国和欧洲新兴的国家，尤其是法国的观察，马基雅维利在《君主论》中提出了具体又深刻的见解。1512 年，美第奇家族重新控制佛罗伦萨，马基雅维利丧失了一切职务，被投进监狱，受到严刑拷问，最终被释放，后隐居乡间。与修昔底德（9）一样，马基雅维利在乡间利用大量时间来写作。他作为一个历史学家、一个剧作家和一个全面的人文学家而享有盛名，但是最令他闻名的还是《君主论》，他也希望通过这部作品在政治上重新被重用。

他的名气也有些与众不同，因他而出现了一个新名词“马基雅维利主义”。在伊丽莎白时期，“老尼可洛”这个词既指马基雅维利的名字，同时也指魔鬼。在伊丽莎白时期出现了埃古等一些意大利式的反面人物，他们在某种程度上也造成了人们对马基雅维利的误解。众所周知，他是一个无神论者、愤世嫉俗的辩护者和治国方面的骗子。

马基雅维利所做的一切只不过是像孩子一样喊出了“皇帝什么也没有穿”。他能说出权力的真谛，因为他看到了实际情况，如果事实不是马基雅维利说的那样，他也不会被责怪。他自己似乎是一个非常讲道德的人，没有仇恨，也不凶恶，更不神经质。

在人们的脑海里，《君主论》是一部描写政治手段而非政治目的的作品。马基雅维利希望的是：统一意大利，摆脱西班牙和法国的压迫（参见《君主论》第二十六篇）。加富尔和 19 世纪意大利其他致力于统一的政治家都非常感谢他。从某些方面来讲，他是一个自由主义者。然而，不可否认的是，在他看来，一位理想的君主应该使自己跳出那些道德考量所带来的局限，除非这些考量是他自己的权宜之计。关于宗教和国家之间的关系，他的观点是：所有武装的预言家都胜利了，所有没有武装的预言家都失败了。

《君主论》是一本小册子，它告诉那些有抱负的领导人怎样获得权力、维护权力和集中权力。在马基雅维利看来，一旦政权被建立起来，任何人都不能阻止它形成公平自由的权力体系。这里所有的一切都是关于手段和结果的，但是马基雅维利并没有完全解决这一问题。

因为欧洲的国家主义学说在某种程度上受到了这本冰冷、令人恐惧的智慧之书的引导，所以读一读还是值得的。

克里夫顿 · 费迪曼

35.弗朗索瓦·拉伯雷

约1495—1553年

《巨人传》

这本书大部分在叙事，但是没有清晰的情节，也没有任何表现形式，我们无法对其分类。这部作品出现于法国文学的起始阶段，但法国小说却不起源于它。其实任何一种文学形式都不起源于它。虽然它值得模仿，但还是独树一帜。它的内容既杂乱又清晰，既让人惊奇又让人恼火，有时候也像乏味的娱乐表演。虽然对于这部作品的解释有很多种，但是至少有一种解释说得很对，它是一部语言天才之作，在语言的活力和创造性词汇的使用方面，只有莎士比亚和乔伊斯能与其作者媲美。

关于拉伯雷的身世我们仅仅知道一点。他是一个修道士，是红衣主教杜伯雷的私人医生，还是一个编辑，当然也是一个作家。在不同时期，他的作品总是让他得罪政府。拉伯雷生活的那个时代，天主教非常偏执，所以他经常遭到谴责。加尔文教徒也谴责他，加尔文教的偏执是任何人用任何方式也迎合不了的。虽然他对当时的教堂的愚民政策持讽刺态度，但是教会找不到其他任何证据来证明他不是一个好天主教徒，尽管他不是那种绝对的一本正经的教徒。法国作家安纳托利·法朗士说："拉伯雷是一个一周只信奉五天上帝的教徒。"这是一个非常公正的评价。

《巨人传》共有五部书（第五部可能是伪作），主要涉及两个巨人。第一部书给我们讲述了卡冈都亚的出生、教育以及滑稽的战争冒险，还有他帮助修特勒梅修道院等故事。他的准则是：做自己想的事。其他四部书讲述的是卡冈都亚的儿子庞大固埃以及他那低级恶俗的朋友——福斯塔夫式的人物巴汝奇的战争、旅行和探索智慧的故事。

故事的调子在不同时期有不同的变化。作品有时严肃（我们仍然不得不追随拉伯雷对教育的前卫观点），带有严肃的嘲讽、挖苦和趣味，总是充满活力。然而，即使在拉伯雷最疯狂的时候，他依然表现出两种协调非常好的笔调：一种源于他的人文主义信念，他认为所有人都渴望知识，所有知识都令人愉悦，获得知识也并非难事（该书除了其他用处以外，还是一本百科全书）；另一种来自他的个人信念，即“笑是人类的本质”。

在所有我们遇见的或者即将遇到的作者中，拉伯雷对于生活的热爱是最没有保留的。即使是抨击自己所处时代的恶行，他依旧情绪高昂，几乎近于疯狂；即使见到一个精神病患者，恐怕拉伯雷也不知道，对于我们当代大多数忧郁小说，这位患者很可能会笑着将其毁灭。他是快乐的斯威夫特（52），或者才智非凡的惠特曼（85）。拥抱是拉伯雷最具特点的动作，他既爱上帝也爱醉鬼，他的大笑轻松而没有丝毫恶意，只有那些迂腐守旧的人才会被他的粗犷性格和他从人的身体这一永恒的笑料获得的快乐所冒犯。

拉伯雷将庞大固埃主义定义为“心灵上的一种特别的快乐，对于命运的磨难不屑一顾”。要想欣赏拉伯雷，首先得有庞大固埃的劲头。读他的书必须全神贯注，至少暂时让自己全情投入。不要纠结于卡冈都亚每一处掉书袋的做法，一次也不要读得太多。

据说拉伯雷留下以下遗言：“我欠了很多，我一无所有，我把剩下的都给了穷人。”

最后的建议：选择一种现代的优秀译本来读，例如科恩的、帕特南的、克莱尔的。著名的厄克特－莫特版本很经典，但似乎不符合拉伯雷的本意。

克里夫顿·费迪曼

36. 吴承恩

1500—1582年

《西游记》

《西游记》自出版以来，一直被认为由无名氏所著，后来经学者们研究后发现很可能是吴承恩所著。为什么世界上最好的传奇小说之一的作者要隐瞒自己的身份呢？可以从吴承恩的身份上去找答案。他是一个儒家正统学者。在中国传统文学界，受过良好正规教育的人应该从事创作一些能赢得社会尊重的文学形式，如诗歌和散文，还应该致力于研究经典文章，他们不被允许去写小说之类的作品。当然，小说并不是没有市场，很多受过正统教育的学者悄悄地在家体验阅读小说带来的乐趣。但是他们不愿意让外界知道他们也在写小说，所以吴承恩只能悄悄地创作他的作品。

不过更确切地说，吴承恩是在编著小说而不是创作。组成《西游记》的各个故事，在吴承恩对其编著前就已经在民间流传很久了，这些故事同时也是中国大众文学的组成部分，通过说书人在市井中大幅度讲述而广为流传，在很多话剧和木偶剧的情节中也穿插了这些故事。这些传说故事中的角色在中国文学史上的知名度很高而且深受喜爱。性情温和、天真的唐玄奘，勇敢的取经侣伴——猴王孙悟空，他们的朋友兼好帮手、头脑简单但心地善良的猪八戒，还有沙僧，这师徒四人的形象深入人心，几个世纪以来，在少年儿童心目中占有很高的地位，不次于西方的鹅妈妈。吴承恩所做的事情是将不同且分散的故事编纂在一起，使之成为一部结构严谨的长篇叙事小说。

小说故事情节的基础是一个真实存在过的僧人进行的一次真实的旅行，诸多原因使这件事在多年后成了广受欢迎的故事。这位中国佛教僧侣唐玄奘（602—664 年）在唐朝皇帝的支持下从中国出发到印度去取经，去寻找在当时还不为中国佛教教徒所知的经文，对于那些广为大众所知的经文，他也想去寻找更好的版本。这次取经很成功，唐玄奘回来后受到热烈欢迎。毫无疑问，唐玄奘为佛教在中国盛唐时期的普及和深化做出了重要的贡献〔对于更多的佛教知识，请参阅惠能（25)〕。

但是在《西游记》中，唐玄奘取经之行只是起到一个连接作用，将一个个打败具有超强魔力而又凶猛的怪物以及由正义战胜邪恶的故事联系到一起（虽然中国评论家们传统上将这个故事作为佛教的启蒙寓言)。故事的真正英雄是一只猴子，在文学上这只猴子很可能是《罗摩衍那》(15）里的英雄猴神哈努曼的表兄。猴王的故事似乎是在公元前 1 世纪随着佛教来到中国的，但是最初的形象后来被中国的说书人大力修饰和细化。

《西游记》开头几回中写的是猴王孙悟空如何出世。一块神奇的巨石迸裂，猴王便来到世上。这只猴子精力旺盛且充满好奇心，很快就开始四处闯祸。最早它抢了东海龙王的定海神针，后来又侮辱玉皇大帝，还自封为花果山的齐天大圣。但是唐玄奘很快（在故事里通常用他的法名唐三藏称呼他）踏上西天取经之路，慈悲菩萨——观音派孙悟空在取经路上为唐僧保驾护航。故事的大部分内容都是介绍唐三藏被妖怪袭击、诱惑而或是进入茫茫无际的沙漠里，或者是陷入可怕的困境，通常情况下都是孙悟空和其他人将他从困境中救出来。作品异常有趣，人们对它的喜爱一直以来都有增无减。20 世纪 80 年代，该小说被拍成电视连续剧，非常受欢迎。

很明显，吴承恩的小说以口头传说为基础，这带给故事更为平缓的叙述节奏，与现代小说单刀直入的表述方式并不一定合拍。我推荐大家从英国汉学家亚瑟·韦利的出色缩略译本《猴王》读起，之后至少花时间翻阅由芝加哥大学出版社出版的余国藩的杰出全译本《去西方的旅行》。

约翰·S. 梅杰

37.米歇尔·埃伊奎姆·德·蒙田

1533—1592年

《随笔集》

在本书中介绍的很多作者都比蒙田伟大，但是他的人生观却深深地根植于我们很多人心中。很多伟大的思想会引起学者们的兴趣，蒙田将继续吸引普通读者的注意力。他对我们头脑中善于提问而非解答问题的部分极具吸引力。

蒙田是现代法国散文家的先驱之一。他出生于一个非常富裕的商人家庭，从母亲那里遗传了一部分犹太人的血统。很显然，他的家庭足够富裕且允许他在三十八岁之后就处于半退休状态，隐居到家族留给他的圆塔里。他生活的时代正是教育实验大面积普及的时期，而他受的教育却是不同寻常的。他六岁之前仅仅会说拉丁语,他告诉大家，每天早晨他都会被“乐器的声音”唤醒，乐器的声音就像闹钟发出的声音一样。蒙田学过法律，在波尔多议会担任过地方法官，在法国三位国王的统治下担任过不同的职务，后来又在波尔多市市长的职务上埋没了部分天赋，最终也没有在这个平庸的职位上发挥他的真正才能。他的真实生活蕴藏在他的《随笔集》里，如果我们把那篇很长的《为雷蒙·塞蓬德辩护》算进去的话，本书共有一百零七篇散文。据我们判断，这些散文是他三十八岁隐退后到生命结束期间不断地写和修改而成的，在这段时间里，他回归于平静的生活，专注于学习和思考。

就像蒙田在前言中所说，他写随笔不为名利，也并不是为了得到别人的欣赏，他只是为了以最直白真实的方式表达自己。为了实现这一目标，他发明了一种新的文学形式，这种形式的重要性相当于内燃机的作用，但是要比内燃机更有趣。法语“essai”一词的字面意思是实验或尝试。每篇随笔都是他对自己头脑中那些想法的把玩，都是他对自己内心世界探索的尝试，这样，通过写这些随笔他至少会更加了解自己。

蒙田的随笔和我们今天在精美杂志上读到的那些随笔不一样。他的随笔没有具体的格式，很少局限于明确的主题，随笔里处处都有引用的经典。蒙田不仅是一个很务实的人，而且也是一个博学多才的人文主义者，现代读者刚开始读他的随笔时可能会因为文中的障碍而烦恼。

然而，蒙田的作品能存在四个世纪之久，这个事实至少能证明些什么，读者最终会被蒙田的魅力、智慧、幽默、风格以及思维观点所征服。起初蒙田是个禁欲主义者〔见奥勒留（21)〕，但其思想很快发展成为一种对于人性的普遍怀疑，尽管他既不愤世嫉俗，也不消极。他对所有的事情都感兴趣，但不相信任何事情。他的箴言是：“我知道什么？”一架天平恰是代表蒙田的很好的象征。他还是一个忠实的天主教徒，并且死的时候也非常圣洁。他的作品影响力非常大，其趋势也鼓励了自由思想的发展。他的不轻易下任何结论的风格令教条主义者们很是头疼。

蒙田的魅力在于他的风格，在于他直白自由的谈话方式，“简单且不矫揉造作，书面表达和口头表达一致”。他对性的问题非常坦诚，大多数人习惯了现代小说家们对于这个话题的那种天真的沉迷，看看一个成熟的男人对这一问题有什么可说的会是一件很有趣的事。蒙田不只是第一位非正式的随笔家，也是无可比拟的最出色的一位。他的技巧总是深藏不露。他笔下呈现出的永远是其最真实的自我，而绝不是一个为了获得大众认同而反复润色过的版本。在他的作品中流露出他对写作的享受，他对自己的弱点——怪异和愚蠢——像对自己的优点一样全盘接受。

读蒙田的作品时，你可以随着蒙田的思想去神驰，你会发现他的写作毫无系统性，但时间还是让我们选出了蒙田散文中的精品。《为雷蒙·塞蓬德辩护》这一长长的文章最能反映他为自己的怀疑主义立场所进行的辩护。除此以外读者还可以选择下列文章，这些文章将有助于你了解蒙田。

第一部：《论意图决定我们的行为》《论闲暇》《论品位好坏主要在于我们对品位的看法》《论哲学化就是学会死亡》《论想象的力量》《论习俗以及既成法的不易改变》《论儿童的教育》《论友谊》《论适度》《论吃人》《论孤独》《论我们之间的不平等》《论上古习俗》《论德谟克利特和赫拉克利特》《论虚荣的精细》《论年龄》。

第二部：《论我们行为的前后不一致》《论醉酒》《论实践》《论父亲对子女之爱》《论书籍》《论傲慢》《论讨厌的孩子》《论孩子与父亲的相似性》。

第三部：《论有用于荣誉》《论三种思想》《对维吉尔一些诗作的评价》《论讨论的艺术》《论经验》。

我们可以尝试阅读现代的译本，例如克莱舒曼的，或者能找到唐纳德·M. 弗雷姆或 M.A. 斯克里奇的版本更好，不要选科顿的版本，因为已经过时了。

克里夫顿·费迪曼

38.米盖尔·德·塞万提斯·萨维德拉

1547—1616年

《堂吉诃德》

在本书《一生的读书计划》中所列出的众多书目中，《堂吉诃德》是少有的几本最好的删节版之一（虽然不是净化版或者儿童版），沃尔特沿着这条思路做得非常好。不过我还是建议读者读全译本，这样可以采取略读法。无论何时（或者差不多），你在书中看到一个牧羊人或者牧羊女，后面肯定会有一些评论的废话，对于那些牧人的奇怪谈论也最好不看，这些评论会让塞万提斯那个时代的读者感兴趣，但是对于我们来说没什么意义。另外诗也要跳过去，因为塞万提斯是世界上最差劲儿的诗人。顺便说一句，尽量采用科恩、斯塔基还有帕特南的现代译本，他们的译本是所有译本中最好的。在第一部分中偶尔会出现一些无聊的段落和章节，读者不要因为这些部分而倒胃口，一定要坚持看到第二部分，这部分比第一部分精彩。即便是最好的作家也要通过创作来提高自己的水平，很明显对于这个可怜的残废老兵塞万提斯来说，在创作堂吉诃德和桑丘·潘沙这两个人物的过程中，他才了解到这两个人究竟有多么伟大。这两个部分的出版时间间隔了十年，而这十年中塞万提斯的才华也发生了质的变化。

以上的警告是很有必要的，像《失乐园》(45)和《神曲》(30)那样，《堂吉诃德》这本书也是读的人少，赞扬的人多；欣赏的人少，赞美的人多。这本书也经历了起起落落，大约在18世纪时成为巅峰之作，例如你可以看到它对于劳伦斯·斯特恩（58）的意义有多大。在我们这个时代，它并不被广泛阅读。然而，这本书实际上是位列《圣经》之后，在全世界被广泛研究的六本书之一，要达到这一点必然有很好的理由。

关于这些理由，塞万提斯提出最简单的一个。他在第二部分第二章提到："人们一看到一匹瘦马，就会大喊：'罗西南多来了。'"换句话说，他的作品中充满了大众一眼就可以认出的人物类型，这个类型其实是一个非人类型。当我们称某人为堂吉诃德或者他正在向风车挑战，整个世界都会明白我们说的是什么意思。事实上，在众多文学人物中，真正能够存活在人们心目中的只有那么几个，其中，哈姆雷特（39）是一个，堂吉诃德也是一个。

第二个理由就没有那么简单了。如果不考虑《堂吉诃德》节奏缓慢的话，它是最好的冒险小说之一，可能仅次于《奥德赛》。这就是它对于年轻人来讲成为一部经典的原因，多年后你重新读它，你会发现它也是一部伟大的心灵冒险小说，因为其中最精彩的故事发生在骑士和多嘴随从的对话中，在所有能创造性地使用声带的人中，他们两个是最会说的。

第三个理由听起来简单但事实上不是那么回事。《堂吉诃德》是一部超级幽默的小说。有一件熟知的趣事：西班牙国王菲利浦三世在马路边看到一个人正在大笑，以至于眼泪都顺着脸颊流下来了，于是国王说，这个人不是个疯子，就是在看《堂吉诃德》。一些读者会大声笑，有的人会咧嘴一笑；有些人笑在脸上，有些人笑在心里，还有一些人会产生悲喜交加的奇怪感觉。塞万提斯的这种幽默很难定义，因为这不是他的"性格特点"，而就是他自己，因此这成了一个谜。对于塞万提斯的幽默，沃尔特·斯达克给了一个很好的解释，他称塞万提斯是个幽默家，"也就是说他不止一次看到一件事情"。

对于《堂吉诃德》的伟大，在所有的理由中，下面这个理由是最让人们信服的，那就是虽然它不晦涩，但是每一代人都从中看出了不同的意思，每一个人对它的解读也不同，而且人们从中读得的意义都并不琐碎。

我们都知道塞万提斯开始是想写一部关于浪漫骑士的讽刺小说，他可能也这样说过。堂吉诃德本人就是一个非常瘦、头发花白的骑士，他作为一个滑稽人物出现，经常遇到各种倒霉的事情。他的随从桑丘，朴实、矮胖，张口就是谚语，也是一个喜剧人物。但是到了书的结尾，就像评论家萨尔瓦多·德·马达里亚加所说的那样，这两个人越来越像对方。这两个人合起来代表我们每个人身上的一些相互对立的情绪：对社会的接纳和反抗，对英雄行为的倾慕和怀疑，希望用想象力创造世界，但又不得不对现实妥协。

“堂吉诃德问题”和“哈姆雷特问题”一样，都是我们遇到的令人着迷的问题。这本书是对骑士精神的戏拟，还是排除时代和社会体制后对骑士精神的辩护？它是讽刺还是梦想，或者是为梦想的辩护？它与西班牙的历史与悲剧精神有何干？如果有关，为什么其中那么清楚地讲到了各个种族和民族的人物？这是作者的心灵自白吗？是在研究疯狂还是更高层次的情形？也许流浪汉小说只是外表，其内涵实际是以戏剧的形式研究幻觉和现实的论著，和皮兰德娄的戏剧相似。最后，就像批评家马克·范·多伦认为的那样，堂吉诃德是不是一个故意选择自己角色的演员，以通过多变复杂的人格来理解和反思单性格的人所不能领略到的人生？也许这种说法只是为了证明此书的复杂程度和可能拥有的阐释空间。

现在我把这本珍贵的书留给读者来读，就像麦考利所说：“这是世界上最好的小说，无可比拟。”

克里夫顿·费迪曼

第三部分

39.威廉·莎士比亚

1564—1616年

《莎士比亚全集》

征服喜马拉雅山主要靠的是方法，欣赏莎士比亚同样也需要用方法。让我们先扫清一些障碍。

1. 莎士比亚是人，不是神仙。柯勒律治认为他有“无穷的思想”，但他没有；马修·阿诺觉得他有“超越一切知识”的能力，但他没有。他也不是永远正确——他仅仅是个天才，是人类的众多天才之一。他还是一个职业戏剧艺术家，一个繁忙的演员，一个非常精明且越来越有钱的商人。天才可能都过着平凡的生活（除非让你很惊讶的是有几年他抛弃年轻的妻子和孩子），莎士比亚也如此。

2. 他是最伟大的英语诗人和戏剧家，但是他并不总是这么伟大。他写作时常常写得太快，没有考虑过以后如何流传后世，而只是考虑尽快交稿。他的喜剧人物也渐渐失去了吸引人的力量，这一点我们不得不承认。他的一语双关和文字游戏常常很乏味，他的话有时候让人费解而不是深刻。

3. 他不是一个伟大的原创思想家，不过很少有诗人是原创思想家，这不是他们的本职工作。那些想在作品中寻找能改变世界的思想的人最好不要读莎士比亚的作品，读了会感到失望。

4. 最后，所有人（包括本文作者）都觉得我们自己“了解”莎士比亚，很可能我们所知道的只是别人希望我们对他所抱有的想法。尽管做到这一点很难，但是我们必须试着把从高中或者大学课程中听来的关于莎士比亚的一些信息从脑子里清除掉。与其将莎士比亚的戏剧当作“经典”来看，不如抛开一切，用一种全新的态度来看待它们，这样收获会更多。

这么短的文章不可能告诉你应该看莎士比亚的哪些作品。即使你不打算从中发现什么，你仍然会发现一些东西。

对莎士比亚不要去研究，要去阅读，而且还得反复阅读，因为我们提供的这种方法只能让我们笼统地了解这位多才艺术家的一小部分。很多人把毕生的精力都花费在研究莎士比亚身上也毫无怨言。

比如，用半年的时间来读莎士比亚的作品是非常有价值的，然而很少有人对其有足够的好奇心。其他人可能会有不同看法，但我认为在他的三十七部话剧中，有十二部值得去推荐阅读，不是一下子全读完，而是用一生去阅读：《威尼斯商人》、《罗密欧与朱丽叶》、《亨利四世》（第一、二部）、《哈姆雷特》、《特洛伊罗斯与克瑞西达》、《一报还一报》、《李尔王》、《麦克白》、《安东尼与克丽奥佩特拉》、《奥赛罗》、《暴风雨》。

莎士比亚还写了一系列十四行诗，其中有些诗很明显是写给一个年轻男子的，而另一些是写给一些身份不明的“黑肤女郎”。虽然所有的诗形成了一种松散的渐进效果，但是单独来读会让人感觉非常精彩。其中著名的有：18、29、30、33、55、60、63、64、65、66、71、73、94、98、107、116、129、130、144和146。

克里夫顿·费迪曼

40.约翰 · 多恩

1572—1631年

《多恩选集》

假如《一生的读书计划》编于1900年的话，多恩和布莱克（63）很可能不会被收录其中。关注点的转移不仅仅是一种时尚，虽然两人在文学界确实碰巧是那种时尚人物。这种转移和品位有关，当品位能够反映我们对自己的看法的真正变化时，品位可能会变为一种深刻的东西。

多恩死后，几代人都没有重视他的作品。他给我们印象最深刻的是他说出了我们的实际情况，而弥尔顿（45）则不是。也许再过五十年，这点已不再重要。但目前对于我们来说他依然是一位伟大的作家，不仅仅因为他对现代诗歌有巨大的影响，而且还因为他的心声就是我们现代人的心声。1940年，海明威（119）的作品《丧钟为谁而鸣》的题目就来源于多恩的《祷告》，这部作品出版于1624年。

多恩出生在一个罗马天主教家庭，他的母亲和壮烈牺牲的空想学说创始人托马斯 · 莫尔是亲戚。他在牛津和剑桥上过几年学，之后学了法律，并且在伦敦过了一段为了爱情而冒险的生活，之后被派到国外工作，后来和一位出身于名门的女子结婚，她是雇主托马斯 · 伊戈尔爵士的侄女。多恩认为这段婚姻是非常不理智的，从那之后他的事业陷入了低谷，十几年来一直忍受着贫困和悲伤。在四十二岁时，他毅然决定放弃对家庭的死心塌地，受命于英国国教。他担任圣保罗大教堂的教长后，事业再度辉煌，而且成了他所在的那个时代最有名的牧师。曾经撰写爱情诗的那个勇敢的年轻人变成一个忍受上帝折磨的人，被死亡的想法和疾病所困扰。他放弃“少狎诗歌”，转为“老娶神学”。随着时间的推移，死亡也来纠缠他。今天你参观圣保罗大教堂的地下室时，就能看到多恩的塑像，是他生前雕刻出来的，塑像用一块裹尸布缠着。当生命最后的时刻来临时，多恩在他的床边想象出了一幅画，想象自己被裹在尸布中，紧闭着双眼，似乎死亡已经接近。

多恩的《祷告》和《布道》与传统的宗教文学有很大的不同，它们都是艺术作品，将一种几乎让人恐惧的精神强度和精致巧妙的节奏与比喻结合在一起。《祷告》是他写给自己的，而《布道》则是用来在国王或者大众面前演讲的。这些并不是为了倡导往往在星期日礼拜时才有的虔诚，而是直指人心，从容地拨动人的心弦，直到今日依然有效，即使不是因为其中的教义，也是因为闪耀于其中的艺术。

多恩的诗具有高度的美感、毫不妥协的智慧、惊人的个性化。多恩使用时而复杂、时而粗暴直接的比喻，并且将感觉和智慧融为一体，非常适合我们的口味。在最差的情况下，他使用的比喻手法充满天才的自负，惹恼了直率的约翰逊博士（59）。在最好的时候，他的比喻似乎和他的想法合为一体。

他的爱情诗不仅超越了伊丽莎白时期的一切传统，而且超越了他以前所有情诗的典范情感。“看在上帝的分上，请闭嘴，让我爱你。”一个人以这样一句话开始一首诗，不是在模仿任何人，这不是在练习写作，而是一个真人在说话，而且他的声音就在屋里。多恩能让人震惊，让人愤怒，让人感觉温柔。他的话语明了简洁，他爱幻想、热情、虔诚，但有时又很绝望。有时候他会在一首爱情诗里融入好几种感情，他明白诗里感情的复杂性，这一点也适合我们这个不单纯的时代。他的爱情诗里所用到的，同样也适用于他的祷告诗，这些诗中也带有性爱色彩。他的作品所反映的是全部人性，包括人的肉体。以下两句话经常被人们引用，也浓缩了约翰·多恩的大部分特点：

爱情的神话的确在人的灵魂中萌生，
而人的身体如同记录神话的书页。

我们可以粗略地将多恩的诗比作埃尔·格列柯的油画。埃尔·格列柯将线条扭曲，而多恩是将语言扭曲。他们不是渴望进行尝试，而是为了达到精确的效果，强调内容，强化感官和直抒胸臆，除此以外没有其他方法。就像埃尔·格列柯的色彩那样，初看似乎很粗糙且不自然，多恩的韵脚也被破坏了，显得粗糙。他们焦躁的情绪反映在作品中，作品显得粗糙、不连贯。在多恩和埃尔·格列柯的作品里，我们总是能感觉到作者精神上的痛苦和紧张。他们的信仰不平静，始终被焦虑、困惑、矛盾笼罩着，似乎预示了我们这个充满忧愁的时代氛围。

多恩创作的大量作品主要是针对学者，对于仅熟悉选集中的几篇作品的初读者，我推荐《歌与十四行诗》《挽歌》《一周年与两周年》《圣十四行诗》《突发事件》，可能还有几篇布道文。起初读他的作品《这个从云中说话的天使》似乎很牵强附会，而且存在一些不必要的困难，但是在他那奇怪的比喻和看似奢华的风格背后有着合理的理性。读者只要仔细阅读，就会很快将这些理性体味出来，对他那个性化的用语特点也不会感到那么陌生，而且会觉得越来越有趣。

克里夫顿·费迪曼

41.佚名

出版于1618年

《金瓶梅》

《金瓶梅》是一部著名小说，也可以说是一部臭名昭著的色情小说。自17世纪出版以后，它在中国历史上绝大部分时间属于禁书。尽管如此，也没能阻止这部作品的秘密流传。由于这部作品被称为“淫书”，所以在西方传播过程中也历经坎坷。多少年来，只有一个译本在广泛流传着，而其中所有色情描写都用的是拉丁文。译者解释道（从爱德华·吉本那里借用了一个短语）：用一种语言的艺术对其进行体面的隐讳。（在奥维德的作品和其他著名作家的作品里都出现了同样的段落，这刺激了学校的男学生们。）

如果《金瓶梅》仅仅是一部色情小说的话，就不会引起人们如此大的兴趣，小说中那些色情描写与当今时代的色情作品相比显得平庸无比。是什么因素让这部著作成为名书，而且是世界级的经典文学作品呢？主要因为它是一部了不起的社会讽刺批判小说，也是一部深刻描写中国16世纪时的腐化、放纵和玩世不恭的作品。《金瓶梅》最新和最好的翻译者芮效卫在这本书对整个社会的控诉力度上，将其比喻为狄更斯的《荒凉山庄》(77)。（小说中的故事发生在1122—1127年，正值北宋王朝的衰落期。不过这只是作家简单的保护色，与小说同时代的读者很容易发现小说描写的就是自己所处的社会。）

小说描写的是西门庆的家庭生活。西门庆是生活在中国古代某省首府的一个精明商人。小说写到他做生意时的经营状况、风流韵事及种种恶行，直到最后的死亡、家庭的离散和种种阴谋。作品一共有一百回，内容丰富而细致，多条叙事线索相互交叉，还补充有其他内容。有人曾将这部作品与乔伊斯（110）、纳博科夫（122）的作品相比。无论作品的结构多么纷繁复杂，西门庆始终是作品的中心人物。在世界文学中也很难找到比他更为出彩的恶人了。他的欲望毫无节制，这种欲望是他对财富、权力和快乐的过度要求的象征。他一共有六个妻妾，这些人不仅仅是他的妻子和玩物：其中一个和他共同谋杀了自己的丈夫之后嫁给了他，另一个本来是他结拜兄弟和邻居的妻子，被他勾引。为了满足性欲，他无所不用其极，做生意时更是毫无道德可言。他信奉的人生信条就是“先下手为强，后下手遭殃”。

恶人西门庆这一文学形象对于今天的读者来说，可能不像对中国传统中深受儒家影响的读者那么具有强烈的震撼力，对后者来说这个形象令人厌恶且可笑。儒家有两大准则，一是性本善，二是君主的仁政产生社会秩序〔参见孟子（14）〕。而《金瓶梅》的作者告诉读者的是相反的信息，即人性本恶，人人喜爱投机。我们看不出当时的皇帝想要通过推行仁慈的政治来改变人心，因此，作者千方百计地隐瞒自己的真实身份也就合情合理了。在作者当时所生活的年代，《金瓶梅》的尖锐批判似乎可以引起叛乱。今天，这种影响力已经削弱了很多，但这个关于人性弱点和因果报应的奇妙效应仍然值得去看一看。我们会注意到，作品中的角色拥有真实可信的心理活动，多线索的故事集中在一个大家庭的生活上，这些特征直接影响了《红楼梦》（56）这部中国传统小说的集大成者。

尽管《金瓶梅》的篇幅很长，故事复杂，还有一大批名字听起来古怪的人物（对美国读者来说），但这本书并不难读，困难的是如何开始读。你也许想要等自己的“文学肌肉”被其他一些长篇小说——就像《堂吉诃德》（38）和《源氏物语》（28）——活动开了以后再开始读，同时也要选择最好的译本。芮效卫计划出版五部分的译本，到目前虽然只出版了第一部分，依然非常出色。

约翰·S. 梅杰

42.伽利略 · 伽利雷

1574—1642年[①]

伽利略是一个为文艺复兴赢得光荣的人。他生在比萨城的一个殷实的中产阶级家庭，学习过数学，度过了作为学者的一生，生活幸福得甚至有些放纵。即使只考虑他在天文学和我们所说的天体物理学领域做出的开创性贡献，他也已经在全部的科学家中名列前茅，但他在科学上的成就并不局限于这些领域。作为军事工程师，他证明了抛射体的运动轨迹和数学的抛物线相吻合。作为一个天才型的物理实验学家，他发现所有下落的物体无论重量有何差异，下落加速度都是一致的。他还证明了一定质量和长度的钟摆完成一次摆动的时间恒定，与钟摆的振幅无关。这些对物理学和工程学的发展意义十分重大的发现，与伽利略同时代的普遍认识相悖，也不符合人们所认知的常识观念，但伽利略对外界的看法毫不在意，坚持自己的实验并对外宣布实验结果。他的固执和坚持最终使他成为第一个用望远镜观察太空的人。

从伽利略的性格来说，他当然渴望知道望远镜里的行星和恒星是什么状态。同样从他的性格出发，如果他需要一架望远镜，他就会自己动手做一架。1609 年，他使用自己新完成的工具观察夜空，眼前的一切让他感到震惊：银河不是横越天空的一条浅浅的光带，而是由

---

① 一般认为，伽利略 · 伽利雷的生卒年为 1564 至 1642 年。此处似有谬误。——编者

难以计数的恒星组成的，连绵不绝；月球上满是陨石坑、险峻的山脉及（看起来）平静的大海；金星看上去不是光芒四射的圆球，而是和星月一样的形状，伽利略很快便认识到这是因为金星正处在绕日轨道上；木星周围有四颗小卫星；土星两侧有奇怪得像把手一样的东西。从来没有人看见过这样的天空。

伽利略迅速地对外发表了他观察到的新现象，写出了一本名为《恒星使者》的小册子（阿尔伯特·范·霍尔登的译本非常好）。这本书出版于 1610 年，并马上成为畅销书，在整个欧洲不停地再版，五年之内就出现了传教士翻译的中文版本。当世界为之感到震惊，专家学者四处购买望远镜亲自观看时，伽利略却在对自己的发现进行更深入的研究。经过二十年的连续工作，伽利略完善了自己的观点，揭示了宇宙学理论中一个不容辩驳的真相。

哥白尼在 1543 年提出了自己的宇宙理论，伽利略通过他的天文观察证明了这一理论的正确性。哥白尼本人并没有明确表达过自己的观点，他只是提出了这样一种说法：如果把太阳放在宇宙的中心——过去这个位置属于地球，这样形成的系统就比较简单，对轨道周期的数学计算也会更加简化。而且哥白尼迟迟没有发表自己的研究成果，直到死前公众才得以了解他的理论。这在一定程度上避免了公众对他的动机的批评，即使这种观点最终会引起争论，哥白尼也不需要承担任何责任。哥白尼的太阳中心说广为人知，然而，这种理论仅仅被“看成一种理论”，所以没有激发任何特别的讨论，亚里士多德和托勒密的地心说仍然受到人们的普遍欢迎。使这种理论得到支持的除了传统和常识，还有教会的力量。1616 年，教会意识到新理论的威胁，对伽利略进行警告，禁止他讲述哥白尼的理论，同时，用一项法令正式反对这一观念。

伽利略并没有被吓倒。1632 年，伽利略发表了《两大世界体系对话论》。这部作品动摇了传统经典学说的基石，证明了他的勇气，巩固了他在科学殿堂中的一席之地。伽利略使用对话体这一富有说服力的形式〔文艺复兴的知识分子通过对古希腊传统，特别是对柏拉图(12) 的发掘，对这种形式非常熟悉。〕让读者逐步明白自己的发现，让读者自己去认可这些看上去毫无威胁的理论。伽利略在书的最后说："但现在要注意，是你们创造出了哥白尼模式。"只有天才才能使用这种说法。他于 1632 年创作的作品直到今天仍然具有强大的说服力。人们会去想，谁能对这本书表示怀疑呢？但是罗马的教会并未被说服。教义对修辞无动于衷，因此宗教裁判所传唤了伽利略，他被迫收回了自己的意见。这时的伽利略由于年岁已大，精力不济，而且病痛缠身，他已没有选择的余地。他被软禁在自己热爱的佛罗伦萨城的家中度过了余生。宗教裁判所烧毁了《两大世界体系对话论》，但是这本书一直在社会上流传，几年时间，全欧洲的学术界都接受了哥白尼的宇宙模式。很显然，伽利略知道自己有平反的一天，在宗教裁判所低声地承认地球在宇宙中心静止不动之后，伽利略压低声音，但仍用在场所有人都能听到的声音说："但地球确实在动啊。"

几十年后，伽利略的成果直接影响了牛顿的研究。牛顿的《数学定律》的主要读者是专家们，普通读者难以读懂，而伽利略的读者却是受过普通教育的一般大众。他的《两大世界体系对话论》阐述得清晰明了，一般只要认真阅读的人都能理解。如果你能找到一本或者能让图书馆从其他图书馆借到一本的话，请选择乔吉奥 · 德 · 桑提拉那的删节本，这个版本删去了一些不重要的修饰，让对话更加简单明了，而且他的解释性注释也很好。

约翰 · S. 梅杰

43. 托马斯·霍布斯

1588—1679年

《利维坦》

我们读哲学家的作品不仅因为其内容本身的趣味性，而且因为他们思想的影响力。当今时代，我们讨论的焦点之一是人与人、国家与国家如何合理地分配权力。托马斯·霍布斯的重要之处在于他提出了第一个合理的现代模式：如果国家能够保护国民，那么国家就应当控制所有的权力。如此说来，今天所有的专政政府都可以把霍布斯当成他们最早也是最伟大的支持者之一。

霍布斯在牛津大学完成了自己良好的古典教育，后来他利用自己的学力准备翻译修昔底德（9）的作品。在后者的作品中，霍布斯发现了民主制表现出的种种缺陷。有一个时期，他靠在贵族家庭做私人教师维生。霍布斯中年之后研究的对象由古典学科变为科学和哲学，这一转变显然是因为他阅读了欧几里得的证明法。在伟大的“英国议会”争论中，霍布斯站在保皇党一边，他曾经在巴黎为尚未即位的查理二世讲述数学。他真正的效忠对象是权力，无论权力属于哪个党派。因此在克伦威尔获胜之后，他同样效忠于护国公派。复辟时期，尽管受到无神论的指控，霍布斯还是成功地活到了九十一岁。

《利维坦》为他带来了名望。这本书出版于1651年。在英国内战千钧一发之际，霍布斯早已对书中的观点思考了很多年，《利维坦》

不过是这些观点的系统化表述而已。

霍布斯的独裁国家理论可以追溯到他对人性的反英雄主义态度。作为一个彻底的机械唯物论者，他不否定上帝，不过上帝与他也没有关系。他相信一种并非公认的说法：所有人的主要兴趣都在于保护自己。在一个没有法制的自然状态国家，这种情绪会产生无政府主义，所以霍布斯用他自己的一些知名词汇来描写人的一生是“孤独、贫穷、肮脏、粗野而短暂的”。

人们建立联邦或者政府，正是为了防止这种情况的发生。霍布斯把这种伟大的体制称为“利维坦”，为了获得和平，或者用我们今天的话说“安全”，我们必须放弃个体对善恶的判断，让国家或集体掌握这种权力。霍布斯更喜欢王国，但从他的逻辑出发，委员会或者党派，例如共产主义利维坦，也是可以接受的。

我们所说的绝大部分现实主义政治理论都可以追溯到霍布斯身上，当然也可以追溯到马基雅维利（34）。在人性方面与霍布斯的观点截然相反的是美国的民主观点，美国民主表现为分权与平衡，表现为一个并不清晰但可以实行的理论：通过代表制度反映大众的意志。读读《利维坦》你就能明白美国民主制度和专制统治的真正区别在哪里。

虽然霍布斯支持强权学说，不过他本人似乎快乐而胆小。

霍布斯的文章很难读懂。你最想读的知识分子著作是什么？最好在有阅读那种著作的情绪时再去阅读霍布斯的作品。先读前言，如果可能的话读完整个第一部分和第二部分，还有第三、第四部分的32、33、42、46章，其中霍布斯否定了所有教会对权力的要求，最后还要读读他的评论和结论。

克里夫顿·费迪曼

44.勒内·笛卡儿

1596—1650年

《方法论》

人们常常把笛卡儿称为“现代哲学之父”，虽然与实际不符，笛卡儿的作品仍然值得阅读。他的文章典雅准确，推理过程清楚得像数学计算。比起他的理论，他的作品中所表现出的风格对法兰西民族的影响更为深远。

笛卡儿生于一个小贵族家庭，所以不必辛苦工作养活自己。或许世界本该如此，我们永远也不知道这个世界因为贫困失去了多少天才。为疯子提供免费的食物和住宿让我们感到高兴，但我们却不愿意为第一流的聪明人提供这一切。笛卡儿接受过良好的教会式教育。他的老师都是饱学之士，因为他身体不好，他们允许他早上晚起床，也不强迫他一定要参加 17 世纪的类似现代篮球的运动。晚起床的习惯伴随了笛卡儿的一生，这让他能够平静而有条理地进行大量思考。

除了数学，其他关于事物的基础知识在很早的时候就受到了笛卡儿的怀疑。在巴黎和波瓦蒂埃（1614—1618 年），他读到了蒙田（37）的作品，更进一步坚定了自己的怀疑主义（至少在表面上，与传统的信仰没有冲突）。笛卡儿最后放弃了在学校的学习，去参加一些轻度的军事冒险和旅行。他抱定决心：“除了已经拥有的知识，任何科学也不去探究，任何伟大作品也不去阅读。”

笛卡儿在1629至1649年主要待在荷兰，这是他创造力最旺盛的一段时间。这时的荷兰是知识分子的庇护所。随着笛卡儿的名望日远，瑞典的克里斯蒂安女王邀请他教授哲学。在瑞典的寒冷气候下，为了和女王谈话，笛卡儿被迫早上五点钟就得从床上爬起来。被这样粗暴对待了几个月后，笛卡儿命不久矣。这位骄傲的女王这样做就像拿枪打笛卡儿一样，应该直接为哲学家之死负责。如果不是这样，也许笛卡儿还能为世界再贡献他的思想二十年。虽然如此，笛卡儿依然做出了自己的贡献。笛卡儿既是一个数学家又是一个哲学家，但显然作为前者他要伟大得多。一天早晨，他在床上想出了坐标几何学，将代数和几何合二为一。他还进行过物理学研究，尽管并没有取得什么重大成就。

二元论和唯物主义是笛卡儿思想的主调，非常富有趣味性和影响力，但巩固他地位的是他自己发明的一种全新的思维方法。笛卡儿放弃了大量固有的学术推理方法，即使不是全部弃之不用，而去从头发掘自己的方法。怀疑一切是他的起点，他怀疑的终点是“我思故我在”，他无法怀疑自己思维的存在。“我思故我在”这一形式是他思维的起点。〔奥古斯丁（22）也有另一种形式的“我思故我在”，但和笛卡儿不同，他没有将怀疑付诸实践。〕此后，笛卡儿又开始建立一种思考体系，这种体系的四大原则在《方法论》中有所阐述。“笛卡儿式”的思维超越方法的层面是一种思想态度，这种态度对笛卡儿之后的科学和哲学发展影响深远。

我们应当像读一个伟大思想家那样去阅读笛卡儿，他是受到哥白尼、伽利略（42）物理学和天文学新成果刺激的第一个伟大的思想家。笛卡儿是伟大科学文艺复兴在自己时代的具体化，牛顿的出现标志着这种科学文艺复兴达到了最高峰。

克里夫顿·费迪曼

45.约翰·弥尔顿

1608—1674年

《失乐园》《利西达斯》

《基督诞生的清晨》《十四行诗》《论出版自由》

约翰·弥尔顿开始自己一生的时候，眼前是美好的未来，当他结束自己一生的时候，周围是一片黑暗。这个面目清秀的男孩在剑桥大学基督学院学习时，被人称为"基督的女人"，这种说法一半是嘲讽，一半是羡慕。弥尔顿很早就确定了自己一生的事业：写诗和研究古典。他曾在父亲乡下的住所度过了一段读书时光（1632—1674年），之前去欧洲游历了一两年。当时弥尔顿是人文主义者，是文艺复兴时期诸多人文主义者中的一个，他和别人并没有多大区别。在之后的二十年间，他穿过政治和宗教的惊涛骇浪，生活得并不快乐，虽然他写出了一些优秀的文章，但是大家都认为这和他的天赋并不相称。作为议会制的支持者，他对"那些主教"深恶痛绝。他做了十几年克伦威尔的拉丁文秘书，这几乎让人们忘了他原来是信奉新教和人文主义的。弥尔顿四十三岁的时候双目失明，从此生活在黑暗中。他的一生还经历了三次不幸的婚姻。他的所有政治理想和希望都被保皇党人的复辟击破，留给他的只有诗歌和个人的基督教信仰，一种持不同政见者的观念。

就是这个人写出了《失乐园》，而他在其中为上帝对待人类的种种方式辩护的努力，让他和他的遗孀得到了十八英镑。弥尔顿认为“简单、美妙、充满热情”才是诗歌应有的状态，但他自己并不拘泥于这个原则。他写出了《论出版自由》这样对言论自由的经典辩护作品，他自己却选择对克伦威尔的清教理论表示忠诚；他对离婚的看法超越自己的时代整整三百年，但他却用一种野蛮人的眼光去看待女性；他是运用语言的天才，不过有人说他写的英语读上去像拉丁语或者希腊语。

普通读者理解弥尔顿这位阴郁的斗争者通常会遇到两个困难：一个是作者自己，一个是作者的语言。喜欢弥尔顿有时很困难：个人魅力、幽默感，这些弥尔顿统统欠缺。很多人只是崇拜他，而不去阅读他的作品，有时连崇拜之情也缺乏，只是不得不接受而已。英国著名诗人丁尼生将弥尔顿称为“上帝赐予英格兰的风琴声”，这种“声音”听上去让人心生敬畏。弥尔顿从不缺乏勇气，但是他的勇气和想象力没有关系，因为这种勇气固执得缺少人性。他的极端他的自我导致了极端自负，他“穿着晚礼服唱歌的毫不苟且的骄傲”，以及直言不讳“要创作前所未见的散文和诗歌”，让读者如鲠在喉，和他相处并非易事。弥尔顿不像莎士比亚（39），甚至但丁（30），他们不仅是个伟人，同时也是个普通人，而弥尔顿却缺少正常人的感情。用塞缪尔·约翰逊（59）的话来说，他是个“尖锐、坏脾气的共和党人”，如果剔除其中保守党人的色彩，可以说这是个恰如其分的评论。

弥尔顿的文章和他本人是一个风格，正像他自己说的那样：“绝不降低标准。”你可以说他的文风伟大，也可以说空洞；可以说高贵，也可以说华而不实。轻松感和吸引力不存在于他的文章里，他在不断地向伟大迈进。他的文章难以卒读，遣词造句也很奇怪。

可能我这样说读者会转身离开弥尔顿，这并非我的本意。虽然弥尔顿固守老旧的神学观和道德观，说话怪里怪气，性格也不够随和，但是在散文和诗歌领域，他仍然是一个伟大的艺术家。即使在现今这样一个对庄重、高贵和学术素养表示不屑的时代，弥尔顿的作品让我们无可回避。

所以付出一些辛苦，做出一些改变——特别的、艰难的改变，来读一读弥尔顿的作品，肯定是有价值的。即使他的作品陈旧得像博物馆里的展出品，也是一个有价值的珍贵展出品。即使《失乐园》说教的口气太重，读者也要忍耐着读一下原作，体会一下其磅礴的气势和精巧的意象，以及对撒旦形象的塑造。堕落之神撒旦和作者之间有着千丝万缕的联系。以后不会再有这样的写作者，不会再有一个作家能够想出他雄辩著作中那些完美而嘹亮的句子。

当我们第一次走进恢宏的哥特式天主教堂时，必然怀着复杂的心情：看上去那么陌生，复杂得难以想象，拥有超出人类世界的东西。渐渐地，我们会让自己适应建筑师的思考方式，慢慢熟悉那些结构、视界、装潢和色彩。两种情感会在我们心中油然而生，那是两种截然不同却可能相互融合的东西：一种是敬畏，另一种是美带来的快乐。弥尔顿的情况与此有些相似。也许他不能在任何时候都激发出这些情感，读者也不需要执着地试图一直寻找这些情感，但它们确实存在。假如读者避开那些对我们这些普通人而言过于无聊或高尚的部分，一点点仔细阅读，就会感受到它们的存在。

克里夫顿·费迪曼

46.莫里哀

1622—1673年

《莫里哀戏剧选集》

莫里哀原名为让－巴蒂斯特·波克兰，他的父亲是一位巴黎富裕的宫廷陈设商人。莫里哀受过良好的教育，学习过法律，二十一岁开始了衣食难保、不受尊敬的舞台演出生涯。此后他的剧团在巴黎破产，在之后大概有十三年的漫长时间里，他在乡村的小旅店间游荡，出演一些滑稽剧，自上而下地了解了戏剧和人生的本质。1685 年，在路易十四的兄弟的资助下，他的剧团在巴黎重整旗鼓。这一次，剧团和莫里哀本人都大获成功。他既是演员，又是剧场经理和剧作家，创作了各式各样卖座的剧种，包括滑稽剧、宫廷滑稽剧以及喜剧。

他在私生活上就没有这样的好运气了，莫里哀四十岁时娶了阿曼达·贝雅尔为妻——可能是他之前情人的私生女，也有不曾被证实的说法说她是他的女儿。年龄只有他一半的阿曼达给莫里哀的生活带来了双倍的困扰，再加上过大的工作压力、疾病，以及他创作的讽刺性作品对虚伪、宗教谎言和偏见的嘲弄所带来的非议，这些都加重了莫里哀生活的艰辛。在出演自己的喜剧《无病呻吟》时，作为主角的莫里哀在舞台上吐血不止，之后没过多久就去世了。

莫里哀的作品中经常同时展现出两副不同的嘴脸，这往往让人感觉不舒服。一方面，他是专业搞笑的天才，他对这一领域的一切都谙熟于心。作为一位喜剧大师和剧作家的莫里哀如果现在还在世，今天的好莱坞可以成为他大展拳脚的舞台。实际上，好莱坞确实经常使用一些莫里哀发展和发明（数量少一些）的喜剧手段，尽管好莱坞并不知道这一点。

另一方面，莫里哀显得很奇怪，他将自己的不幸作为喜剧的原料：自己的病痛成了《无病呻吟》的灵感来源，并不幸福的婚姻催生了《太太学堂》。我还认为，正是他对自己所在社会痛苦而快乐的看法启发他创作了《恨世者》。莫里哀从来不是也不会成为英语世界的焦点，他的人物塑造完全依据法国经典的传统（甚至在意大利喜剧里也找不到这些人物的原型）。换句话说，这些人物不像哈姆雷特或者浮士德那样只代表个体，他们是能走路，更重要的是能说话的集合体，代表着一定的情绪或者观念。从今天的角度来看，莫里哀的剧本中缺少行动。莎士比亚（39）戏剧的丰富多彩和惊喜不属于他，逻辑和简明可以作为莫里哀作品的代名词。

法国经典观念认为戏剧是有组织的讨论活动，遵循一定的修辞原则。如果我们同意这种观念，那么莫里哀就一跃而入大师行列。他的原则——无论是遵循的还是破坏的，我们都没有必要知道，我们需要做的就是观察那些夸大的行为，始终明了地意识到人类的荒诞性存在，发现最引人发笑的喜剧背后隐藏着的奇异悲伤，这样我们就可以欣赏他的作品了。他借多朗特之口在《太太学堂》中这样说："让善良的好人笑起来是件奇妙的活儿。"莫里哀本人估计也赞同这句话。

如果你不懂法文，莫里哀能带给你的快乐不是很多。英文版的莫里哀作品让人感觉他有点头脑简单，虽然这与实际情况不符。我喜欢读唐纳德·弗雷姆或者理查德·威尔伯或者莫里斯·毕晓普的译本。

我们可以读读《太太学堂》《伪君子》《恨世者》《贵人迷》，此外还有四部同样有价值的作品:《悭吝鬼》《唐·璜》《无病呻吟》《女才子》。

克里夫顿·费迪曼

47. 布莱士 · 帕斯卡

1623—1662年

《思想录》

布莱士 · 帕斯卡因为自身一些性格特征而显得有点奇怪，这些特征很难在同一个人身上找到，而且表现得很突出。第一，也是最重要的一点，他是科学和数学的天才；第二，他是个散文大家，他的作品经常被奉为法国经典散文的典范；第三，虽然不够系统化，但他是个十分敏感的心理学家；第四，他满怀对上帝的渴望，经常生活在灵魂痛苦的状态下，可以被看成一位落难的圣徒。《数学大师》的作者埃里克 · T. 贝尔认为，帕斯卡对宗教带来的冲突的过分深入探究是他一生痛苦的源泉："在数学上，帕斯卡有成为最伟大数学家的潜能。"很难给帕斯卡作出一个有效的评判，他就是他，一个呼唤上帝、对上帝爱恨交加的人，设计出了公共汽车的人，发明了注射器的人……

帕斯卡自己证明了欧几里得定律时只有十二岁，那时他还没学过数学。十六岁时的帕斯卡已经写出了有关圆锥截面的开创性文章，我们对此并没有很清晰的认识。十八岁时的帕斯卡发明了第一个计算用机械，成为电脑时代的先驱者之一。二十四岁时的帕斯卡演示了气压计的原理。他在流体静力学方面的研究也堪称经典。如果我们在高中上过物理课，那大多数人一定还记得帕斯卡定律。在数学方面他同样伟大，不算其他成果，他发现和证明了著名的摆线的特征，这种曲线的美及本身所具有的争议性使之被称为“几何学中的海伦”。

帕斯卡对科学和人类总体思维的进步做出了贡献，但他最主要的成果也许应该算是对概率理论的研究。在这一领域可以与他相提并论的只有另一位数学家费马。这件事说起来很有意思，帕斯卡是个欲望很少的人，但他这一伟大数学发现的缘起却是与一个赌徒争论掷骰子的问题。贝尔这样说：“从量子理论到认识论，概率论的影响力无处不在。”

相比作为道德家和宗教辩论家，作为物理学家和数学家的帕斯卡排名更靠前，但决不能否认他在前两个领域的影响力。蒙田（37）对帕斯卡欲拒还迎，两个人分别代表两种不同人的心态。蒙田和怀疑论相安无事，而帕斯卡则全力以赴地追逐确定性。蒙田饶有兴味地从宽容和幽默的视角来思考人类的悲剧命运；而帕斯卡则缺乏幽默感，他充满智慧，怀着恐惧和绝望来看待这一切。后者的救赎之道只有投入上帝的怀抱一途。

他最优秀的散文——虽然对读者来说可能不是最有趣的，收录在《给一个外省人的信》中，通常它和《思想录》一起印行。作为思辨体写作的代表，这些信札直接批判了当时一些基督教的倾向。在帕斯卡和詹森教派运动成员看来，这些倾向无疑对人类道德上的缺点过于宽容了。当时这本书因为作者的异见而大受欢迎，不过现在只有神学家和宗教史专家才有兴趣阅读它。

《思想录》具有另一种思想类型的意义，这本著作包含了大量零碎和未完成的笔记。最初它是作为一个宏伟写作计划的一部分产生的，最初的动机是写一篇从理性角度出发的文章为基督教辩护，对自由思想家的攻击进行反击，批判他们的松散状态。帕斯卡在这部著作中描写了一种痛苦的感受：面对广阔无边的宇宙、无穷无尽的永恒、全知全能的上帝而感到人性的不完美和荒谬。从中我们可以清晰地体察到帕斯卡身上浓重的现代反人性的悲观主义。宗教主义者、虚无主义者、反人类中心主义者都会喜欢《思想录》。帕斯卡身上反映了人类最深刻的情感：对自我拥有的力量感到骄傲，这种骄傲的尽头是遗憾和对自我的难以把握。

在科学之外的领域，帕斯卡的作品风格和强烈的情感塑造了他的魅力。有一点可以看出他的天才程度：即使很多人无法理解帕斯卡时而高贵时而疯癫的虔诚灵魂，他们也会被研究人类灵魂的心理学家帕斯卡打动。有两句出自帕斯卡内心深处的话经常被人们引用，第一句是："无限空间中永恒的沉寂令我恐惧。"第二句是："人就像一棵芦苇，是世界上最脆弱的生灵，但却是一棵有思想的芦苇。"无论是基督徒、怀疑论者、无神论者，还是持有其他观点的人，毫无例外，这两句话都说出了他们共有的心理状态。

克里夫顿·费迪曼

48.约翰·班扬

1628—1688年

《天路历程》

一百年之前，当一个人说起揭露者、市井圣人、名利场、失望沼泽、羞耻山谷，他肯定清楚地知道自己是在引用《天路历程》中的话语。《天路历程》第一部在1687年出版以来，拥有的读者可能仅次于《圣经》。与约翰·班扬同时代的非基督教徒是朴实无华的，他们对原罪的信仰不可动摇，对地狱之火感到恐惧，希望得到救赎。而当今时代的读者不再如此，因此人们读这本书受到的震撼也就小多了。虽然这本书的主要读者是非基督教徒，包含着复古主义，但它仍有阅读的价值，除了重要的历史意义之外，还因为其作者几乎达到完美程度的无技巧写作方式。

令我们感到十分奇怪的是，基督教的创立者为数甚少，而且大部分没有留下文字记载，籍籍无名。要是我们想到这些人的情况可能和班扬类似，就不会感到那么不可思议了。我们可以回顾一下班扬一生的经历：一个贫困的补锅匠，参过军，几乎没上过学——他自己真的说过他曾经忘记如何读和写，转向清教信仰，1660年因为“支持和参与几次非法聚会”被捕。之后十二年，他一直在本特沃特监狱度过，除了几个星期。班扬对有条件的假释表示拒绝，说：“今天放我出去，明天我还要祈祷。”在狱外他有妻子和四个孩子，其中一个孩子双目失明。写作、背诵《圣经》和约翰·福克斯的《殉教者书》，这就是他狱中的生活。1675年，班扬再度入狱六个月，他利用这段时间写出了《天路历程》的第一部分，被释放后，他成为那个时代最有名的牧师之一。

《天路历程》使用的英语在今天看起来十分古怪，它是一部并不复杂的讽喻小说，读者都是普通人。面对令人心生畏惧的问题：我们如何得到救赎？它提供简单得难以想象的答案。总体上看，《天路历程》与奥古斯丁（22）和但丁（30）的作品相去甚远，但是从某些方面来看，它们也有共性。这本书的道德观是黑白分明的，它吁求的是纯粹的虔信，这种信仰今天只存在于未开化的蛮荒地带。作者班扬的梦想、口气、幻想和无掩饰的良知，都让人觉得他已经疯了，但弗洛伊德（98）一定会喜欢这个完美的实验品的。

《天路历程》仍可以被称为出色的作品。知识分子，例如萧伯纳(99)，和千千万万对上帝怀有恐惧的普通人一样，都被这本书感动。这部作品的文风浑然天成但非有意为之：强硬，坚如铁钉，富于力量，甚至含有智慧的成分。描写商人道德谁能比安乐的“私欲先生”更为简单明白？“我的曾祖不过是个水手，眼睛盯着一侧，船走向另一侧，我的大部分财富也是这么来的。”即使神学难以触动我们，作品描写的胜利巅峰时刻的节奏和赤裸的诚恳也很难不触动我们的心。“当他离去之日到来，很多人陪他到河边，他走下河，说：‘死，你的利刺在何方？’他越走越深，说：‘坟，你的胜利在何方？’之后他就死了，所有的号角在河对岸为他齐鸣。”

《一生的读书计划》里所有出生在班扬之前的作者的作品，都不曾被班扬阅读过，而班扬却悄无声息地进入了这些前辈的行列。

克里夫顿·费迪曼

49.约翰·洛克

1632—1704年

《政府论》

约翰·洛克的父亲是克伦威尔党人，皇室复辟（1660年）让他失去了大部分财产。这可能对当时在牛津念书的洛克有所影响，使他在对知识的广泛兴趣的追求和正式、非正式的活动之间取得一种平衡。医学是他多种兴趣中的一种，所以他愿意在沙夫茨伯里伯爵家担任家庭医生、私人秘书。1675年，沙夫茨伯里伯爵势力衰微之后，洛克在法国待了四年，之后回到英国再次依靠沙夫茨伯里伯爵，直到他被流放致死。1689年之前，洛克一直在荷兰避难，回到英国后，新国王威廉和王后玛丽十分优待他。这段时间他写出了《人类理解论》和《政府论》，一起出版于1690年。事实上，十二年前后者就已经写好，1688年的革命在其中已有所预见。但是与人们通常认为的不同，《政府论》并不是为了给1688年的革命辩护而写。

到了18世纪，洛克已具有明确的影响力。伏尔泰(53)和卢梭(57)的转述，让他的一些观点引燃了法国大革命的烈火。杰斐逊和美国其他国父们（60，61），又让他对《独立宣言》和美国宪法产生了决定性的影响。洛克对宗教、教育、政治的远见，虽不是全部来自他自己，但依然为工业革命创造了思想上的气氛，对民主政府的进步也有贡献。

《人类理解论》是洛克的主要作品之一，也是英国实证主义哲学学派的奠基之作。这个学派认为人类的观念不是先天的，而是受后天经验影响的产物。对知识理论充满趣味的历史感兴趣的读者，可以读读这本书。

其他的读者对《政府论》有最低限度的了解是有好处的。像霍布斯一样，洛克关心的中心问题也是权力合法性的来源。虽然他的答案受到各种质疑，但仍然为代议制政府开辟了理论基础。洛克对代议制政府的影响就像霍布斯对专职政府的影响一样大。

霍布斯论述的“契约”，强调放弃个人的权利，由国王或者议会来掌握全部或绝大部分权力。而洛克所说的“社会契约”，其制定者是“参加同时组成社会”的平等的公民（这里指有财产的男性公民）。政府的组成没有神圣性，也不拥有绝对的权力，它的权力受到一些观点的制衡。这些观点包括分权、平衡原则，以及个人保有特定的“不可剥夺的权利”，这些都是我们熟悉的。洛克认为“不可剥夺的权利”包括生命、自由和财产。当政府不能保护公民这些权利时，反对政府的行为应视为合法。

洛克在政治上的具体观点，经过美国国父们的解释，不断影响着美国人看待政府的态度，具有重大的历史意义。持乐观主义的洛克并不固执，他反对偏见和绝对化，承认社会的开放性和实验性。他认为国家的目标在于让所有公民更加幸福。今天我们看这些话会觉得没有什么大不了的，但在当时具有强大的煽动力。所以他的书读者虽少，但洛克的观点仍在继续产生影响。

克里夫顿·费迪曼

50.松尾芭蕉

1644—1694年

《奥州小道》

松尾芭蕉也许是西方人了解的唯一一位日本诗人。他被与俳句——一种由三句十七个音节组成的小巧诗歌形式——联系在一起。在很多西方读者心中，俳句就是日本审美的凝结。松尾芭蕉的名作《古池》曾无数次被翻译："古池冷落一片静，忽闻青蛙跳水声。"或"闲寂古池边／青蛙跳进水中央／水声扑通响。"

可能没有多少人知道，在日本诗歌史上，俳句其实比较晚才出现，松尾芭蕉是它的主要创始者之一。9世纪末之后，日本诗人不再写作长诗，而转向和歌——五句三十一个音节，按五－七－五－七－七的节奏〔源氏（28）就是用这种诗歌为他的女伴们写作，而她们也回报以同样的诗歌〕。灵活多变的和歌直到今天依然富有表现力，虽然对一些叙事诗和感情诗来说它也是一种障碍。

13世纪之后，诗人们用连续的、类似叙述的循环结构来克服这一障碍，这种新的实验形式就是"长歌"。"长歌"也叫联句，可以容纳上百首诗，并没有固定的长度，它的作者往往有两个或者更多（有时这是一种宴会上的游戏）。一个人一开始作出三行诗（五七五），季节是必不可少的元素，下面的人续作两行诗（七七），第三个人又续作出三行诗，以此类推，长度随人们的意愿而定。技巧娴熟的诗人能够通过这种方式创作出令人欣喜的、复杂而又富有智慧的诗歌，这种诗的主要特征是其中富含自由的想象。今天这种想象更容易在心理分析治疗所临床上发现，而不是在诗歌中发现。

以上是俳句成为现在日本诗歌的基本原因。联句解放了三行诗，既然三行诗可以作为一首长诗的开始，那么像松尾芭蕉这样的天才一定能想到，三行诗同样可以自成一体。松尾芭蕉将人生的大部分时间都投入俳句形式的锻炼中，努力将俳句应用到叙事散文中，这种文学形式的代表就是游记。《奥州小道》是诗人最完美和最富声望的杰作。

松尾芭蕉生在一个贫穷的下层武士之家。他出生的时候，日本武士阶层，特别是贵族，为了适应长时期的和平安宁，正在痛苦地调整自己。这是个文学比剑更快的时代。诗人早年曾是藩主之子的侍者，他们把主要的时间用来创作和研究诗歌。藩主之子死后，诗人不再为这个家庭服务，成了一名流浪诗人和禅宗俗家弟子，走上了不安稳的生活之路。最后他拥有了名望和弟子，这些弟子也成为著名的诗人（以及许多清客，他们只是为了谋衣食而跟随他）。不过松尾芭蕉的名气只是保证自己处处受到欢迎，对他自己的意义不大。他没有什么财产，在寺庙或者极其简朴的出租屋中生活；他最快乐的时候是在日本乡村小路上奔波时。松尾芭蕉相信命运会给他每天带来一顿饭、一个住的地方和一群可以讨论诗歌的诗人。

《奥州小道》描写的是诗人 1689 年二月下旬的为期六个月的行程，从东京（当时叫伊豆）向北，再向西，穿过日本的主要山脉，到达日本海边，转向西南和南方，再次跨越日本的山脉，最终到达大垣（离今天的名古屋不远）。在这次旅行中，诗人步行穿过了今天看起来依然崎岖难行的遥远乡村。游记的内容对这些日子里穿行在乡间小路上时诗人感到的忧虑有点滴的描写，不过这本书主要还是反映作者乐观向上的性格。他喜欢尝试新体验，认为一切都会好起来。

我认为《奥州小道》是罕见的完美作品的典型，“一字不能改”是我的观点。松尾芭蕉在写这本书的时候已经达到了这样的境界：将散文和俳句完美地结合在一起，锻造出一种最精练的叙述风格。相对于六个月的行程，这本书篇幅很短，平均每天的叙述不到一页（可以对照当今很多作家的冗长笔法）。每一处到访的地方，诗人都用俳句来凝练自己的感觉。庸手笔下的俳句缺乏必要性而乏味，甚至称不上真正的诗歌（很多人看俳句就好像看抽象画，“谁都能写出来”。每个人都可以试试，不过结果往往不怎么样）。在松尾芭蕉和几位大诗人笔下，俳句是小小的奇迹，每一首都蕴含着禅宗的智慧。《奥州小道》可谓一位天才的巅峰之作。

约翰·S. 梅杰

51.丹尼尔 · 笛福

1660—1731年

《鲁滨孙漂流记》

《鲁滨孙漂流记》是世界上最伟大的作品之一。不过，与作者繁忙、奇特又存有污点的一生相比，小说的出版和成功实在不值得大书特书。笛福是一个屠夫的儿子，年轻时曾经四处闯荡，曾经被阿尔及利亚海盗俘虏过，曾经因为一万七千英镑的债务而破产，后来又还清了。1688年的时候还支持过威廉三世。笛福历经四代国王，出版过宣传册，当过宣传员和特务。虽然他的主子不断变换，但是他的信仰始终不变——我们今天称之为自由政治。他曾经因为自由写作而被戴上枷锁，在街头示众，他利用这个并不怎么光荣的机会，怀着中产阶级独特的上进心，出版了《立枷颂》，销路居然不错。他亲身体会过监狱的黑幕，六十岁的时候创作了第一部小说《鲁滨孙漂流记》。在他写过的四百多本书和小册子上，他很少署名。有人说他是在逃避债务中死去的。他结过婚，有七个孩子。

笛福可能是英国最早的真正意义上的职业记者（你也可以叫他雇佣写手，随你高兴），同时他也是英国小说之父（若没读过他的《摩尔·弗兰德斯》，最好读一读）。他擅长编写故事，善于将虚构的情节真实化。对大多数人来说，鲁滨孙 · 克鲁索就是一个真人（故事完全虚构，虽然有些情节可能是真的）。

和更为伟大的《哈克贝利 · 费恩历险记》(92) 一样,《鲁滨孙漂流记》被认为是男孩的专有读物。很多男人儿时都拥有梦想，这一梦想会进入他们的潜意识并伴随他们终生。这本书完全满足了他们的这一心理：几乎所有男人都梦想和鲁滨孙一样，过完全独立自主的生活，建立一个个人王国并成为无可争议的国王；希望放大这种自己占有的快乐和优越感，建立一种仁慈的殖民独裁统治，管理一个奴隶（星期五）；希望拥有越来越多的财富和权力，而这些不会受到竞争的威胁；希望用自然而原始的方式取得成功，使用自己的肌肉和判断力，而不是费力地用脑子；希望在一个充满异域情调的蛮荒地带，而不是在自己的毫无趣味可言的居住地，完成自己的工作；最后希望自己住在自己的乌托邦里，摆脱对家庭的各种责任。〔尽管作品只涉及一种性别，《鲁滨孙漂流记》和《白鲸》(83) 仍然是伟大的作品，不过女性永远不会喜欢这样的著作。〕

《鲁滨孙漂流记》的主人公虽然勤奋，但并不聪明。读者阅读之后，往往会觉得书中那种自我感觉良好的商人道德观令人不快。但这无伤大雅，因为这本书是一个完完全全的“白日梦”，它全面细致地描述了人们的理想。作者用最朴实的语言描写最浪漫的经历，更放大了本书的魅力。想象力的极度匮乏反而增加了这个“白日梦”的价值，因为一本书看上去不像文学作品的话，会更令我们觉得真实可信。

我们年轻时读此书，可能只注意其中的趣事，现在重新阅读，可能更能明白《鲁滨孙漂流记》为什么能进入不朽作品的行列。

克里夫顿 · 费迪曼

52.乔纳森·斯威夫特

1667—1745年

《格列佛游记》

萨克雷（76）曾经这样评论斯威夫特："我认为他是一个伟大的人，想起他就好像想到一个正在衰落的帝国。"斯威夫特的思想并不博大，甚至也不精深。但是他的思想拥有强大的力量，就像一面照着他独特性格的镜子，将他性格中的失望、衰落和最后的毁灭放大为巨大的悲剧，正如萨克雷所评论的那样。

斯威夫特是英裔爱尔兰人，生死都在都柏林，死的时候他是圣帕特里克大教堂教长。他擅长暴露自己时代的各种罪恶和缺点；他是一名英语写作大师，虽然他写的内容只有少数学者会感兴趣，但是人们依然能够读得很快乐。这两点都和他的同乡萧伯纳（99）一样，不过他们也只有这两点相似。从个人事业的角度来看，萧伯纳是最成功的人，而斯威夫特是最失败的人。死前的萧伯纳如同凌驾于世界之上的巨人，而斯威夫特死的时候，就像他自己预料的，"像一只监狱洞窟里的老鼠"。

斯威夫特所在的世纪被称为理性时代，而他是为这个时代增加光彩的主要人物之一。理性确实是他的信仰，《格列佛游记》可以被看成描写人类排斥理性恶果的画卷。一个崇尚理性的人能够有多么火热的情怀和困扰，从这本书的反讽中就可以看出。二十岁开始，严重的眩晕症、双耳失聪等病痛就不断地打击他，病痛最终夺走了他最宝贵的理性。由于没有爱情，他不能享受正常的夫妻生活。因为要对两个国家尽忠，他在生活上失去了平衡。（他是爱尔兰人还是英格兰人？）死前的三十二年，他一直住在都柏林，近乎流放，精神上背负着沉重的十字架，虽然爱尔兰人热爱他，把他看作英雄。本应代表英国智慧和良知的斯威夫特，最终只代表了这个国家的忧郁而已。抱负难以实现让他失意。我们可能永远无法得知他内心的真实想法，但他的生活无疑是失败的，他自己和世界都这样说。他曾经指着一棵树说自己会和树一样，"从顶部开始凋零"，果真如此：斯威夫特像一座被挫折损毁的纪念碑。

斯威夫特死后留下大量的诗歌和散文，绝大部分都是政治小册子，因为他的主要职业是记者和宣传家。有的作品收录在他写给教子的书信体日记中，这一奇怪的作品名为《写给斯黛拉的信》。

他的代表作《格列佛游记》于1726年出版后，立刻大受欢迎，成为"从幼儿园到内阁"的必读书。这本书非常有趣，用刘易斯·芒福德的说法就是："文字简单得孩子都能看得懂，而意义只有成年人才能明了。"实际上，孩子们总会记住《格列佛游记》的前两卷（《大人国》和《小人国》）。作者写这本书的动机非常严肃：挽救世界。这部作品丰富的内涵为人们的解读提供了多种可能，但我认为作者可能想要举起一面镜子，展现出人性中真实而令人反感的一面。这种方式可以令我们放弃幻想和谎言，不像书中的"雅虎"一样完全丧失理性。

《格列佛游记》同时还是一部政治寓言性作品，对于其中的内容，1726年的伦敦人自然可以明白，但对今天的人来说意义不大。阅读时可以暂时忽略贯穿全书的各种讽刺——它们已经随着时间的消逝而消逝。读者们从中发掘了很多其他的意义：对人类本性恒久的反讽，尖酸刻薄的幽默感，带来快乐的创造力，强有力而清晰的文风。

作者的苦心可以在最后一卷《慧骃国》中被读者发现。作品体现的厌恶不是来自天生的性格，而是因为与命运搏斗中理想的破灭。作者偏激的言辞不代表他心怀恶意。圣帕特里克大教堂——作者的长眠地，有他为自己写的拉丁文墓志铭：“在这里，痛苦和愤怒无法再穿透他的心。”我们可以从中隐约地感觉到作者内心的痛苦和矛盾。

克里夫顿·费迪曼

53.伏尔泰

1694—1778年

《老实人》以及其他作品

伏尔泰死于八十四岁，可以说他是欧洲知识界的非正式盟主，是启蒙运动毋庸置疑的领袖。法国王朝被大革命毁灭，在众多摧毁王朝基石的人中间，伏尔泰是最具破坏力的工兵。他是戏剧家、诗人、历史学家、说书人、智者、通讯记者、反对派和名流，他的名气令人难以置信。他的创造力同样令人难以置信：一万四千多封信件，将近两千部著作和小册子。一个花了他三天的长篇小笑话是最容易被人记住的作品，这篇笑话体现出的反讽令伏尔泰其他所有反讽都黯然失色。

伏尔泰的原名可能是弗朗索瓦－马利·阿鲁埃，他经营自己的事业和商业活动的能力可以与萧伯纳媲美，但是写作《老实人》是他的一个错误。这本书的光芒掩盖了他后来许多的出色作品，比如《哲学辞典》《札第格》《微型巨人》《路易十四时代》《哲学通信》等，都非常值得一读，但是我们还是喜欢读完美的《老实人》。

《老实人》除了完美，情节还很清晰明了，不需要过多的解释。作品的部分灵感来自小说中记录的某一事件——1755年里斯本的破坏性地震。在大地震中，可怜的老实人邦葛罗斯博士和他同伴的种种遭遇，都被作者用来取笑哲学家莱布尼茨盲目乐观的自鸣得意。邦葛罗斯就是莱布尼茨的戏拟。从哲学角度看，作者聪明的头脑和广博的知识以及不擅长思考的特点，让小说过分简单，没有深度，但同时，作者轻快的叙述能力，灵光乍现的智慧，以及对人类固有的愚蠢和残酷的批判——这种批判毫不留情而饶有趣味，直至今天依然无人能及。

这种哲理小说在伏尔泰所生存的年代里非常流行。《格列佛游记》(52) 也是同样的作品，桑顿·怀尔德的《圣路易斯雷大桥》堪称典范。成长小说就是在这类小说的基础上发展起来的，主要讲述年轻人接受教育的过程。介绍《红与黑》(67) 的时候我们还会看到这种形式，《魔山》(107) 会向我们展现这种形式的发展与深化。老实人受教育的过程有独特的暴力性，强烈到人们听到他伤心的结论时，忍不住都要同情他。在他看来，这是个乏善可陈的世界，我们唯一能做的就是“回家种种花算了”。

但读者不要被聪明而刻薄的讽刺蒙住了眼睛，伏尔泰绝不仅仅是一个讽刺高手。他和萧伯纳一样，难以控制自己的幽默感，此外他还和萧伯纳一样，是个为了人类的解放而战的严肃、勇敢的善良战士。

克里夫顿·费迪曼

*54.*大卫 · 休谟

1711—1776年

《人类理解研究》

如果按照人口比例统计，苏格兰出产的一流思想者仅次于古希腊，远远超过世界上的其他国家，大卫 · 休谟就是其中一位。

大卫 · 休谟因为对抽象思维的热爱，明智地放弃了自己短暂从事的法律和商业事业。在法国的三年时间里，他写出了《人性论》(后来以《人性论》第一部分为基础，写出了《人类理解研究》)，却又眼睁睁地看着这本书在即将面世的时候“未能出生”。《道德和政治论文集》第一卷为他赢得了成功。在这本书出版后，大卫 · 休谟在政府中担任了一些职务，后来又为一个有贵族身份的疯子当家庭教师，一次外派工作的机会他就赚了将近一千英镑。他的《大不列颠史》虽然有为自己派系说话的嫌疑，但仍然非常成功，大卫 · 休谟从中得到了不少收入，使自己的财富不断增加。1769 年，富翁大卫 · 休谟回到了自己在爱丁堡的新家，开始了自己和约翰逊 (59) 博士一样的生活。

他的自传很有趣，在《自传》里他这样描写自己：“性格温和，有控制力。外向，喜欢和人来往，幽默的乐天派。懂得爱情，偶尔充满敌意。各种感情对我自己来说都是恰到好处的。即便是我对文学名声的热爱在我心中占主导的热诚，抑或是不断出现的令人失望之事，都不能改变我的性情。”

洛克反对形而上学，大卫·休谟继承并发展了前者的观点，成为英国19世纪实用主义的开拓者〔参见约翰·斯图尔特·穆勒（72）〕。《人类理解研究》这本书在语言上令人读起来没有什么障碍，但依然不容易理解，因为作者在其中提到了他命名为“印象”的各种原始感觉。“所有能成立的理性都是一种感觉而已。”这句话再清楚不过地说明大卫·休谟是个怀疑论者，他觉得在原因和结果之间没有什么必然的联系。在他的思考中，因果关系表现的不过是前后顺序罢了。

这种主要的怀疑论观点被作者用来解释人类、道德和宗教：人类不可能理解自身，道德和宗教并不合一，而宗教“来自人类永无止境的由希望、恐惧引发的思维”。

如果休谟看到自己死后一百年出现的那些浪漫主义者，出于自己符合常理又平衡的性格，他恐怕难以接受，尽管休谟坚定的怀疑主义对这些人的主张是一种支持。

对休谟来说，怀疑论不仅仅是从学术思考中得出的一种理论。他自己也说，怀疑论的哲学化，与其说是因为对这一观点的信仰坚定不移，不如说因为他能从中自得其乐。这样坦率诚恳的哲学家并不多。

克里夫顿·费迪曼

55. 亨利·菲尔丁

1707—1754年

《汤姆·琼斯》

文如其人，亨利·菲尔丁是一个性格开朗、友善而充满活力的人。汤姆·琼斯确实反映了作家年轻时的部分特质，而写得非常出彩的乡村绅士奥尔沃西则可能带有成年菲尔丁的影子。

菲尔丁来自中上层阶级，家境良好，他得到了家庭的温暖和良好的教育，天生性格乐观而无拘无束，有时候在女孩子们中间胡天胡地。他曾经在几年的时光里靠写剧本为生，这些剧本不乏趣味性但缺少价值。以大拇指汤姆为主人公的《悲剧中的悲剧》是最出色的一部，以至于有种传说：斯威夫特（52）看过这部戏之后，有生以来第二次笑出来。此后政府在沃波尔首相的建议下通过了戏剧检查法，可以说这是为菲尔丁量身定做的。由于这部法令的颁布，一直到萧伯纳横空出世，整个英国戏剧界才摆脱无聊和乏味。菲尔丁离开戏剧界并不是很失望，他转而投身于法律、新闻和小说写作，在各个领域都得心应手。之后菲尔丁成为伦敦的警察厅长，他尽职尽责，同时又善于创新。他创建的侦察队就是后来苏格兰场的前身，这一举措极大地改善了当时糟糕的治安状况。过分辛勤地工作让他不得不去里斯本疗养，最终死在那里，终年仅四十七岁。菲尔丁短暂的一生忙忙碌碌，有一件事可以很好地反映他的典型性格。他对自己的第一任妻子用情极深，她也是《汤姆·琼斯》中女主人公索菲娅·韦斯顿的原型。丧偶后三年，因为亡妻的女仆即将生下他们的孩子，菲尔丁不希望对方的名誉受到损害，所以决定和她结婚。这件事让人觉得他是个真正的男人。

对于他的这部优秀作品没有太多可讲的。对这本书来说，阅读就是享受，没有必要更深入地思索。从我们今天的标准来看，我们已经经过了海明威的洗礼，这本书显得有些节奏迟缓，但却是一本明晰之作。小说的人物是那么简单、生动，以至于我们会觉得生活中真的有这样的人物存在。这部小说的结构曾经被推崇备至，柯勒律治（65）将本书和本·琼森的《炼金术士》、索福克勒斯（6）的《俄狄浦斯王》一起称为文学史上结构最佳的三部作品。用今天的眼光看，汤姆描写亲生父母这一情节略显生硬，虽然写作技巧依然十分熟练。

面对这个漫长而复杂的故事，读者难以忽略作者跃然纸上的喜剧天赋、对 18 世纪英国城乡生活的全景速写、描写流浪生涯趣闻的生花妙笔，而尤其令人难忘的是作者对人的本质所持的热情和宽大态度。在这些方面，用作者自己的话来说，他已全力以赴。

菲尔丁提高了英国小说的水准，这一水准以后再也没有降低过。他明白地向我们表明了他的目标：散文体喜剧史诗，包含形形色色的真实人生，不含感情倾向地进行描写，组织有序，完全在作家的掌控之中。他曾说自己是一个“衣衫破旧的伟大行吟诗人”。的确，菲尔丁能让人感到他和荷马（2，3）之间有所联系。

在其他优点之中，作品中每节前面的散文也不容错过。这些文章中体现的心态是充满吸引力、健康清醒的人所特有的，和作者其他作品《约瑟夫·安德鲁传》《阿米莉亚》的前言一起，成为最初的英国小说理性美学的组成部分。

克里夫顿·费迪曼

56.曹雪芹

1715—1763年

《红楼梦》

《红楼梦》一般被认为是汉语写作的顶峰。这本书很可能有半自传性质，同时充满伟大的想象力。这本书反映了作者对中国早期文学作品〔包括《金瓶梅》(41)〕的熟悉程度，也反映了作者对这些文学作品的超越。《红楼梦》是一部巨著，有着复杂的情节，一共有一百二十回，主要人物有三十多人，次要人物超过四百个。它是关于爱情的小说，也是关于礼教的小说，可能带有温和的社会批判性（远没有《金瓶梅》那么尖刻），但是从整体来看，这部小说是一曲悲歌。

曹雪芹经历过书中描写的生活，这是毋庸置疑的。他出生在一个没落的大家族，他的祖父曹寅是清朝皇室的包衣奴隶（实际上拥有较高的地位），曾经担任江宁织造。在曹雪芹三十岁左右时，他的家被查抄，官职被免去，全家迁回北京，渐渐陷入贫困[①]。曹雪芹得以远离官场，全身投入这部小说的写作中。〔18世纪对文人写小说的偏见逐渐消失，参见吴承恩（36)，也可能是因为曹雪芹的希望破灭，才不再追逐世俗功利。〕前八十回在作者生前已经传开，整部小说出版

① 根据史料记载，曹雪芹少年时曹家被抄查，他随着全家迁回北京居住。此时的曹雪芹还是少年，并未为官，所以谈不上被免去官职。此处说法有谬误。——编者

于 1791 年或者 1792 年。出版者对小说后四十回进行了重大修改[①]，部分目的是不让某些情节激怒清朝统治者。因为自身的艺术魅力，小说从问世开始，就赢得了大量读者，经久不衰。

主人公名为贾宝玉，一般认为他身上有作者的影子。他的父亲是政府官员，对他从小进行严格的儒家传统教育，而主人公只有在家中女孩们中间才感到自在快乐。他在她们那里体味细致而浪漫的情怀，逃避父亲的严格管教。他爱的是命运坎坷、性情忧郁的表妹林黛玉，最后却与林的竞争者薛宝钗结为夫妇。黛玉怀着绝望死去，宝玉心如死灰，在参加科举考试后遁入空门，贾家也最终破败。复杂的情节难免会出现一些疏漏，小说的艺术价值在于：除了优美的文笔，作者精细地观察和表现了中国传统上层社会的种种繁复细节。最为突出的一点是深刻细致的心理描写。宝玉和他的表姐妹仿佛不是闹剧中的典型人物，而是活生生的人，穿越时代和环境，令读者产生共鸣。

本书的书名也很有意思（英文直译为《红屋子之梦》），“Dream of Chamber”这一英文译法始于 20 世纪 20 年代，被广泛使用，成为标准译法。但实际上“楼”和“屋子”是两个概念，“楼”是多层屋子或者塔，也可能是高亭子（有漆成红色的柱子和基座）。这些建筑的作用是点缀瑰丽的中国传统家宅，因此《红楼梦》更靠近《红亭梦》或者《红亭里的梦》。这个书名也可能暗示我们，整个故事乃至整个人生，很可能是一场梦（按照佛教的说法）。

为了避免使用“红屋子之梦”这个有歧义的名字，大卫·霍克斯的完整译本将其命名为“石头记”。这是最好的英译本，远远胜过其他译本。

约翰·S. 梅杰

① 作者认为，《红楼梦》后四十回是曹雪芹本人所作，只是做了重大修改才出版。这种说法与事实不符。——编者

57.让-雅克·卢梭

1712—1778年

《忏悔录》

到此为止，我们看到的所有伟大作家，包括华兹华斯（64）和弥尔顿（45），都不曾像卢梭这样给人带来烦恼。他的性格总体上来说会让一个有理性的人感到不快。他不擅长社交，对性的观点不平衡，爱感情用事，容易与别人争吵，体弱多病——从迫害幻想症到膀胱病。卢梭可以说是一个非常不正常的人。

之前我们已经看过圣·奥古斯丁（22）写的《忏悔录》，从某个角度看，两个人很相似，他们都记录下了一段个人心灵史，而这段历史改变了人类历史。圣·奥古斯丁的故事发生在一个花园里，而卢梭的故事则发生在去巴黎郊外梵尚城的路上。他正要去拜访著名的哲学家狄德罗，一边走一边读报纸，发现第戎科学院正在举办有奖征文，题目是《论科学与艺术是否败坏或增进道德》。

“那一刻，”卢梭说，“我觉得眼前有一千盏灯在闪烁，无数新鲜的观点涌入我的脑海，巨大的力量和迷茫使我产生巨大的兴奋，我眼花缭乱，就好像喝多了一样。”在这种充满精神幻觉的病态中，卢梭写下了第一部作品《论科学和艺术》。这部作品获得大奖，在欧洲赢得了声誉，最后让他成了他所处的那个时代最有革命性的作家。在这篇文章和之后的作品中，卢梭反对社会进步，认为社会进步腐蚀了人类最初的幸福。私有制、教育训练对儿童心理的侵犯、有组织宗教的压力都是他批判的对象，在重要著作《社会契约论》中，他号召反抗压迫性的社会制度，指出“人生而自由，但无时无刻不在枷锁之中”。

我们可以很清楚地看到：卢梭不适应社会生活，对自然和人性内在美的赞美正是因为他无法调整自己以适应社会体系的要求。这可能就是真相。他的意见并不新鲜，只不过比以往的观点表述得更加令人难以拒绝，但是他的时代愿意倾听这些话。这个奇怪的预言者生对了年代，不断扩张着自己的影响力。某些观点，特别是教育领域内的观点有很强的建设性。和伏尔泰的出世相比，卢梭不同，他是个入世的人，渴望用自己的思想创造未来。他的代表作是《忏悔录》，从一开始到最后都具有吸引人的力量：“我要做一件从未有人做过的事情，以后也不会有其他人来做。我将在公众面前完全呈现一个人的天性，这个人就是我自己……也许我不比别人更好，但我至少是独特的一个。”

卢梭喜欢夸张的修辞，缺乏对自我的准确认识，但是他并不说谎。不过他说没人会模仿自己，他错了，有上千人模仿他，所有当代自传的忏悔部分都和这本书有关系。一些名著，例如夏多布里昂、埃米尔的作品也不例外。还有一些不怎么靠得住的自我表白也是如此，例如弗兰克·哈里斯的作品。不过《忏悔录》中惊人耳目的坦白、出众的自由、诗意的风格，确实超出同侪。

阅读卢梭的作品没有什么困难，读者读后可以各抒己见。但是为了让读者糊涂一下，我有意引用两类评论。罗曼·罗兰说：“他开启了无意识宝库之门，将至今被忽略和压抑的人类秘密活动展现在文学之前。”塞缪尔·约翰逊（59）在回答博斯韦尔关于卢梭是否和伏尔泰一样坏时说：“哦，先生。这两个人谁更坏可很难说啊。”

克里夫顿·费迪曼

58.劳伦斯·斯特恩

1713—1768年

《项狄传》

劳伦斯·斯特恩这样的人有点少见，他有点小毛病，不招人喜欢。很多读者，其中包括最有教养的人，都无法对他的书表示喜欢。但我们依然无法忽视他，《项狄传》有着双重的独特性：借鉴了塞万提斯（38）、拉伯雷（35）和斯威夫特（52），又自成一格；当代绝大部分伟大的小说可以追溯到这本书，最起码可以将它奉为先声。

作者本人有点与众不同。他来自一个不得志的英国军官家庭，母亲是爱尔兰人。他的童年是自生自灭的，结束了在剑桥的教育后，他被授予神职。不过神圣和秩序与他无缘。靠家庭的帮助，他在约克郡从事过许多职业，最后在典型的18世纪世俗郊区做一名轻松的牧师，时而得到女士们“安静的些许关注”。《约里克致伊丽莎信札》记录了他生命中的一次伤心的恋爱。斯特恩多次去法国和意大利治病，留下一本奇特的游记《感伤的旅行》。他五十五岁时死于胸膜炎。他的人生看上去没有什么波澜。其实他将所有重要的东西都集中在《项狄传》中，这本书的前两卷于1760年出版后立刻引起轰动。

假设你可以接受这本书，你首先会发现这本书缺少情节。全书共分九个部分，第四个部分才写到主人公的出生。全书不停地偏离主题，更不用说空白页、奇特的符号和十多个排字的花招。其次，你会发现这是巧妙隐晦的关于性的作品，也可以说它是一部长篇淫猥故事。不像菲尔丁（55）在作品中对性的直白描写，斯特恩表现得富于暗示、复杂而微妙，有的人称之为“鬼鬼祟祟的”。再次，读者会发现一点：那个时代的读者非常推崇他们自己称之为敏感或哀伤的东西，而我们更愿意叫它多愁善感，也就是在某种情况下表现出更多的感情，并认为这没什么太过重要的。

尽管这本书看上去很奇特，但是它实际上是罕见的、按照心理学理论而写的著作。约翰·洛克（49）的《人类理解论》对作者的影响很大，他相信人类的理性和知识之源是感官体验。《项狄传》强化了这一理论，创造出六个鲜活的人物：托比叔叔、项狄夫妇、约里克牧师、斯多普医生和寡妇瓦德曼。

不同于绝大多数作品，事件不是这本书的焦点。这本书全称为《绅士特里斯舛·项狄的生平与见解》，这说明它是关于思想和心理活动的书，一本真正的心理小说，也可能是最早的。小说的叙事顺序不是直线型的，辅以奇特的符号，反映的是人类思想和记忆随意、交叉和富于联系的特点。这部小说是一种预示，乔伊斯（110）、普鲁斯特（105）和托马斯·曼（107），以及当代的所有小说都在此之后出现。《项狄传》充满了回溯、转折和转弯，企图反映人类无意识的压力。

斯特恩超出了一个怪诞天才的范畴，是他那个世纪最有现代性、最有创造性的小说家。令这部小说看起来奇怪的原因，不是作者自身的奇怪——虽然他确实很奇怪，也有怪人的名声——而是这部作品比以往的作品更贴近人类真实的思维世界。读者必须去适应这部作品，因为我们极少停下来，看看自己是怎么思考、感受和记忆的。记得这些，可以帮助你阅读这部奇怪的杰作。

克里夫顿·费迪曼

59.詹姆斯·博斯韦尔

1740—1795年

《塞缪尔·约翰逊传》

如果认定卢梭（57）写作了第一部现代自传的话，博斯韦尔则是第一部现代传记的作者。出自他手的《塞缪尔·约翰逊传》是最好的用英语写作的传记，也可能是所有语种的传记中最好的。1791 年出版的这本书，描写的对象死于七年前。从这以后，塞缪尔·约翰逊成为英国文学史上大家最熟知的人物。不过他不仅仅属于文学界，很多人没读过他的文章——他的《诗人列传》，他的诗篇风格沉郁、令人难忘，每个人都好像是他的朋友。约翰逊的话到处被引用，即便有的引用者不知道出处。

传记的创作源于一次见面。1763 年 5 月 16 日，伦敦戴维斯书店，五十三岁的英国文坛口述人遇见了二十二岁崇拜英雄的苏格兰人。博斯韦尔开始记录这位伟人的谈话、习惯和想法，他知道自己会得到很多。这项工作一直延续到 1784 年约翰逊去世，虽然时断时续。由此产生了关于这位伟人的一部作品：完整的形象，鲜明的个性以及缺点。同时这本书反映了 18 世纪晚期众声喧哗而富于智慧的文学和社会图景。除了约翰逊，书中还写了那个时代众多有趣的人物，例如伯克、加里克、戈德史密斯·约书亚·雷诺兹爵士，等等；而且，在行文中，博斯韦尔也不自觉地展现了自我，后来的事实告诉我们，也许他自己才是最有意思的。

博斯韦尔来自一个家境良好的苏格兰家庭。他进修的是法律专业，他很热衷于各种活动，比如聊天、喝酒、旅行、追女孩、虎头蛇尾的政治活动……所有这些活动之中他最喜欢的是接近大人物，比如伏尔泰（53）和卢梭。我们可以将博斯韦尔称为真正的追星族，不过最重要的是，他生来就是要当作家的。一个成功的记者所需的大部分素质他都具备：写出好文章对他来讲并非难事，除此之外，他还拥有良好的记忆力，用头脑或笔做记录的能力，一边听一边写的能力。他对引人注意的细枝末节具有极强的敏感性，喜欢小道消息和丑闻。一旦有什么新鲜事和新鲜话，博斯韦尔肯定在场。

他的能力不仅限于此，他还知道如何"制造"新闻。没有博斯韦尔，约翰逊的地位也不会有什么变化，但可能我们至今没有听说过他。博斯韦尔能让约翰逊说更多的话，不过不是后者不愿意说的话。他利用一些表面幼稚实则狡猾的问题，或激怒对方或吹捧对方，对对方的偏见采取顺应或者随波逐流的态度，有时不惜甘拜下风以让约翰逊高兴。这些方法让约翰逊充分地展现了自己，实际可以说他是博斯韦尔创造出来的——这也是博斯韦尔超出一般优秀记者的地方。他是一个像伦勃朗、哈尔斯或其他肖像画家一样的艺术工作者。

我们对他的评价在过去几十年产生了极大的变化，背后的原因是被克里斯多夫·莫利称为"英国信札最大历险"的事情。1927 年，拉尔夫·伊斯汉姆中校——同时他也是一位善于说服别人的鉴赏家——从爱尔兰马拉德城堡的主人手中买入了几代人原封未动的放在城堡中的博斯韦尔的信件。这种事以前会有，以后也会继续发生。最后，我们得到了大量 18 世纪的素材，大量资料被编纂出版，这使得我们能够对那个时代产生全新的看法，其中第一本《博斯韦尔伦敦日记（1762—1763 年）》吸引了大量读者。

此时我们看到了博斯韦尔不仅仅是约翰逊言行的忠实记录者，他还是个让人感兴趣的天才，有点像哈姆雷特，多重心思，灵魂受伤，像个傻瓜又似乎是个浪子。作为作家，他远远出乎我们的预料。看起来，约翰逊确实是伟大的，虽然我们不能这样评价博斯韦尔，但是学生的光芒已经逐渐胜过老师。博斯韦尔的作品获得了应有的位置，因为他细致的情感、绝望的姿态和一心多用，还有情绪的大起大落，对我们这个时代都有着特殊的吸引力。

克里夫顿·费迪曼

60.托马斯·杰斐逊等

《美国历史基本文献》

这一条几乎不用怎么评价，虽然这些文献都曾被修改，但它们仍是对我们最基本的政治理念的经典阐述，这些文件包括《独立宣言》《弗吉尼亚宗教自由法案》《葛底斯堡演讲》及其他。尤其是《独立宣言》，必须一字一句地细细品读，看清楚它是如何被写出来的，只有这样我们才能明白它所表达的意思。

我们可以找到很多《历史基本文献》的选集，莫里斯的选本是不错的选择，其中包括大约五十篇文献，从《五月花号公约》到差不多我们这个时代的文章都有收录，历史专业的学生会对绝大部分文献感兴趣。从语言运用的角度看，在林肯时代之后，撰写者水平逐渐降低（仔细阅读林肯的讲话会大有收获），不过这取决于读者的喜好。

克里夫顿·费迪曼

61.汉密尔顿、麦迪逊和杰伊

1787年

《联邦党人文集》

亚历山大·汉密尔顿、詹姆斯·麦迪逊和约翰·杰伊共同撰写了《联邦党人文集》，这部作品是阐述美国政治思想的巅峰之作，其表现的水准也是前所未有的优美和有力。一开始，这部文集不过是一些信件，用来鼓动纽约的公众舆论支持1787年宪法，这些文件不仅仅是历史文献，同时在很大程度上可以被看成理性的杰作。1788年，杰斐逊写信给麦迪逊，将之称为“有史以来书面评论政府原则的最佳作品”。如果能阅读参考亚里士多德（13）的《政治学》，以及霍布斯（43）、洛克（49）、马克思和恩格斯（82）、马基雅维利（34）和托克维尔（71）的作品，肯定有所助益。不必每一篇都读，只要读读第一到第五十一篇，以及八十四和八十五篇就可以了解这部经典著作的面貌了。

克里夫顿·费迪曼

第四部分

62. 约翰 · 沃尔夫冈 · 冯 · 歌德

1749—1832年

《浮士德》

歌德经常被称为“最后的世界公民”，他的头脑是不受束缚的，而当下这种“头脑”已经难以寻觅，这可能会对人类造成灾难性的后果。在漫长的一生中，这位文学巨人受到人们广泛的欢迎。歌德兴趣广泛，能够用各种文学形式进行写作，虽然有的很成功，有的不怎么样。他既是富有创造力的艺术家、理论家，又是政府官员和科学研究者，是一个身份多得甚至复杂的人。他让德语有了自己的文学形式，在之后的半个世纪都引导德语文学前进。就像同一时代的拿破仑，与其说歌德是一个普普通通的人，不如说他代表着一种自然之力。

不过，也许相比人和自然之力，我们更应该把歌德看成一个“成长的过程”。总结他的关键词有两个：一个是变化（或许他自己更喜欢说成变形），一个是发展。尽管他自己觉得能与自然融合在一起，但是像自然界一样，歌德对自我的认识也在不断地发展变化中。生命中遇到的女性和经历等，让歌德的成长从未停止，将各种经验融入到自我之中，歌德是崭新的、伟大的、不断成长的。“我就像条蛇，”他说，“蜕掉旧皮，获得重生”，评论歌德就像在评论一个伟大的国家，例如美国。在生命中的每一刻，歌德不仅体现了种种错综复杂的历史，更是莫测未来一切潜在可能性的象征。他毕生重视成长、变化、努力、行动、征服和理解世界，实际上他也是我们所说的那类浮士德式人物，代表着我们现代西方体验生命的一个重要侧面。

和作家自己一同成长的还有他笔下最出色的作品。幼年的歌德在家乡法兰克福看过一出木偶戏，就是古代民间传说中关于浮士德的故事。从那一刻直到死前几个月，他完成了《浮士德》第二部的写作，这个故事在歌德的心里和笔尖持续不断地显现。事实上，歌德二十几岁就写了《浮士德》第一部，不过最终完成它却花了将近三十年时间。《浮士德》第一、第二部都算不上真正的舞台剧，它们记录的是不断变化的人生观——和人们对作者人生观的看法相似。这两部作品拥有复杂的笔调，从高尚到淫荡，有着各种各样不同的叙述风格。

相比而言，《浮士德》第一部简单一些，内容不那么深刻，不需要绞尽脑汁去理解。众多作家和作曲家对作品中的传奇故事兴趣十足，这也让我们对这部作品更加熟悉。例如古诺，他的伟大歌剧就从浮士德与玛格丽特的爱情故事中汲取了灵感。

《浮士德》第一部是关于追寻者浮士德的孤独灵魂：对知识的失望、各种理想、神奇莫测的梅菲斯特的多重诱惑、引诱玛格丽特，还有通过爱情救赎自己的愿望。第二部是关于“伟大世界”的，在浮士德之外，还涉及整个西方世界的人性问题。整个第二部似乎是某种历史的幻影，从荷马（2，3）作品中的海伦到歌德作品中的浮士德，前者代表着西方的古典世界，后者象征的是文艺复兴以后或者现代的西方世界。和《神曲》（30）一样，《浮士德》也包含了天堂、地狱和人间。不过歌德想要表达的东西要比但丁模糊，这使得人们对他诸多作品意义的争论一直持续到现在。

对歌德作品的翻译和莫里哀（46）的情况差不多，两者都差强人意。鉴于歌德对后世的巨大影响力——上百位作家，包括某些最杰出的现代作家，例如托马斯·曼（107），都受到他的影响——我们对这样一位欧洲文学大师至少要有所认识，即使这种认识是流于表面的。

克里夫顿·费迪曼

63.威廉·布莱克

1757—1827年

《布莱克选集》

有一次，威廉·布莱克说，他走到苍茫大地的尽头，用手指触碰到天空。布莱克四岁时大喊说看到上帝在窗外露头。他还曾说自己看见过停在树枝上的天使，当时先知以西结就在树下。布莱克的妻子曾经平静地说："布莱克很少陪着我，他总是在天堂里。"这么说可能有些夸大的成分，但诗人总是觉得自己和众多神灵生活在一起，这点毋庸置疑。至少在现代，布莱克是幻象派最具代表性的诗人。

布莱克是个难以理喻的人。面对这个脾气不好的古怪天才，人们有各种各样的态度。你可以把他当成骗子，虽然他美好而诚实的一生让这一点难以察觉。与布莱克同时代的很多人称他为无害的疯子，这些人当时很有名气，不过现在他们的名字人们已经记不起来了。布莱克利用"直观视觉"将头脑里平常的图像投射到现实世界中，心理学家将这归结为一种特殊的能力。很多儿童都有这种能力，也许还拥有圣女贞德。很多理论主义者往往用这一观点来解释圣徒乃至耶稣所看到的东西。最后我们可以参考一下布莱克对朋友的忠告："把想象力提升为视觉。"虽然看似狡黠，但是如果你是职业艺术家和诗人，会觉得颇为实际。

所有这些都不重要。从实用主义的角度看，布莱克是成功的。虽然他的画作、线描、木刻画没有达到顶级水准，但是优美感人。虽然他最杰出的诗篇数量有限，但能写出新意，给人留下深刻印象。虽然他的理念长期受到众人讥讽，有的甚至被遗忘，但对那些不再相信物质主义能给人带来欢乐的人们，这些理念的吸引力反而越来越大。

很少有人像布莱克一样无拘无束，他被朋友称为“不戴面具的人”。虽然诗人一生穷困，但他可能是自己所生存的时代中精力最为充沛、最为快乐的人了。我们难以知晓布莱克快乐源泉的秘密，但有时候这种快乐让他做出一些怪异的行为：一次，有人看见他和妻子在树荫下读《失乐园》——一丝不挂。看到别人，布莱克兴高采烈地大叫：“过来，这是亚当和夏娃。你懂吧。”

布莱克站在自己时代绝大部分机构的对立面（同时他也颇为固执），这很像我们后面将要介绍的一些人，比如梭罗（80）、尼采（97）、劳伦斯（113）。他的浪漫主义气息让后来的浪漫主义诗人难以超越，这些后来者包括华兹华斯（64）、济慈、雪莱。“人的生存全靠想象力。”他对我们说，“上帝也是人，他活在我们心中，我们也活在他心中。”他还说：“我们凭借眼睛看世界，而非通过眼睛看世界，于是就会相信谎言。”

人们所说的常识是布莱克蔑视的对象，这令诗人能够在宗教、政治和性爱中得到种种自由。他用一句不会被遗忘的话平静地预言了弗洛伊德（98）的出现：“要是婴儿没有欲望，那他将被扼杀在摇篮中。”布莱克认为：“生命之力是一种美。”他对爱也有自己独特的观点：“诅咒使人奋起，祝福令人松懈。”他讨厌所有刻意而来的德行：“愤怒的老虎要比顺从的马更机灵。”

布莱克才华卓越，但也有缺点。他异常丰富的心灵世界常常令自己失去与现实世界的联系。布莱克愤怒的“雾气”下隐藏着令人震惊的真实，但我们看到的只有表面的雾气。有时诗人不善于表达，他将内心的神秘感觉都投入《先知集》中。虽然学者们一直在辛勤工作，希望确定它们的含义，但对绝大部分普通读者来说，这些作品很像夹杂着警句的呓语。

布莱克拥有难得的才能和敏锐的直觉。在他的名言名句和最好的诗篇中，两者总是平衡的。他也拥有纯熟的写作技巧，写诗的时候就像运用画画的铅笔、木刻的刻刀一样得心应手。布莱克最好的诗作体现的是童真、纯洁、流畅、简明和想象力。T.S. 艾略特（116）的评价严肃而公正，是对布莱克最恰如其分的赞美："但丁（30）是经典的，而布莱克是个写诗的天才。"

布莱克的思想复杂到恍惚的地步，从本质上说他是一个道德学家，更喜欢预言未来而不是反思过去。当他为想象力和直觉进行辩护时，口气里总是带着宗教感。不管写儿童还是精灵，布莱克总是以"荡涤感觉之门"为目的，有时诗人的想法也不过是荒诞和缺乏平衡而已。像不少自学成才的天才一样，布莱克有时不能理解和谐的比例。他思想的锋芒直指被"黑暗、魔鬼工坊"损毁的工业社会的种种病态核心。在诗人心中没有做善事的想法。像萧伯纳（99）一样，他也是个固执己见的叛逆之徒，同时也是个危险分子。

我建议大家读读布莱克的《诗歌素描》《天真之歌》《经验之歌》《永恒的福音书》和《弥尔顿序言》。还可以读一读《天堂与地狱的婚姻》《所有的宗教都是一个宗教》和《没有自然宗教》，从中你可以了解诗人平静叛逆的一生所抱有的人生哲学。你还可以读一读《约书亚·雷诺兹爵士论文集注》，书中布莱克用有趣而暴躁的语言表述了自己的艺术观。

克里夫顿·费迪曼

64.威廉 · 华兹华斯

1770—1850年

《序曲》《短诗选》《抒情歌谣集》

英国幽默作家J.K.斯蒂芬在一首有名的戏拟华兹华斯十四行诗中这样写道：

> 有两种声音，一种意蕴绵长……
> 另一种就像痴呆的老山羊……
> 山羊的叫声只有一个调子……
> 而你，华兹华斯，两种调子你都要……

我手中的《华兹华斯集》一共有九百三十七页，印得密密麻麻，这里面有二百页的调子是意蕴绵长的，剩下的和山羊叫相差无几。华兹华斯是个不知道简练为何物的人。在后人看来，他生活的八十年只有前半部分是有意义的，而之后的四十年，华兹华斯本人觉得很有趣，那三个照顾他的女助手觉得很有趣，因此那些研究天才毁灭历程的文学研究者也会觉得有趣。

华兹华斯所受到的最大的影响来自自己，我不知道哪个重要的文学人物还像华兹华斯一样自我感觉良好。因为这种极度自恋，诗人自我批评的源头逐渐干涸，在创作上不能专心致志，所以他的百分之八十的作品都让人提不起兴趣。

除了自己之外，英国乡村对华兹华斯的影响最大，可以说是他发现了英国乡村之美。这些乡村美景激发出诗人心中种种感受：深邃、纯洁，没有私心杂念，这些感觉在他最优秀的作品中体现了出来。柯勒律治 (65) 的杰出天才对华兹华斯产生了另一种影响。划时代的作品《抒情歌谣集》(1798 年) 就是两个人友谊的硕果。这本书 1800 年版的序言同样对后世有深远的影响，第三种影响来自诗人的妹妹多萝西。虽然她有点神经质，但是拥有远比哥哥敏锐的视觉和听觉，在华兹华斯那些广受赞美的作品中，无疑有着妹妹的诸多深刻意见，这些意见出自她对自然的敏感。今天我们对这对兄妹之间某种潜意识中的不伦感情无须再讳言，起码从多萝西的角度是这样，但这对华兹华斯作品的价值并没有影响。

法国大革命和法国女人阿内特·瓦隆对诗人也产生了一些次要影响，华兹华斯好像被阿内特·瓦隆激发出了一种激情，希望自己可以接近她。一开始，这位年轻激进的诗人加入了法国大革命的潮流，但是他最终令人乏味地站到了革命的对立面，原因多种多样：大革命的过度发展，诗人对心底寂静主义的固执，以及小心翼翼、谨慎的态度〔可以对照弥尔顿 (45)〕。他和阿内特·瓦隆的关系最终带来一个私生女，不过华兹华斯极力掩盖事实真相，不让后人知道。在这件事上他全无男子气概，甚至冷漠无情〔可以对照菲尔丁 (55)〕，但这对华兹华斯作品的价值也没有影响。

令人奇怪的是，虽然他的诗作和宣言对释放读者的感情有不可否认的帮助〔见穆勒 (72)〕，但华兹华斯自己的感情在质和量两方面都很有限。自然、儿童、穷人和普通人在华兹华斯笔下很美好。在这些问题上，我们的意见与 18 世纪新古典时代的意见不同——华兹华斯充满勇气地背叛了后者。这种思想上的转变部分归功于这位绝大多数人没有读过的作家，但是华兹华斯从来没有像梭罗（80）那样细致地观察自然，对儿童也不甚了了。十四行诗《加莱海滩》是一部优美的杰作，不过里面并没有真正涉及一个孩子（即使他提到了自己的女儿）。童年对诗人来说只不过是一种抽象的说法，“下等阶层”的说法和腔调也不为华兹华斯所熟悉。在和阿内特·瓦隆的关系中他像个胆小鬼，华兹华斯好像从未对女性表现出热烈的爱恋之情。

我谈论上面的这些事情，就等于公开承认不喜欢华兹华斯。不过我要从本文的宗旨出发说明两点：首先，他写出了一些伟大的诗。尽管我觉得这一范围只限于自传性长诗《序曲》，还有《丁登寺旁》《不朽颂》《迈克尔》《革命与独立》《致义务》，再加上一些为数不多的优秀十四行诗和抒情诗。

其次，他极大地开阔了其他诗人和普通人的眼界，指出了接近自然、情感和英语自身的各种途径。他和柯勒律治一起扭转了英美诗歌的发展方向，使诗歌摆脱了传统上的对城市生活的束缚。华兹华斯对诗歌下过一个有名的定义：由“寂静中对感情的回忆”产生的“强烈情感的自然表现”。这种说法有自己的局限性和片面性，但是对纠正18世纪僵化的诗歌观念来说是必需的。虽然有的地方偏离得太远，但浪漫主义的这次抗议对西方传统有着重要的价值。

比起作为一个诗人，华兹华斯作为一个历史事件的象征可能更为重要。在两种身份上他都很重要，因此我们应该去熟悉他。虽然华兹华斯缺乏幽默感，心灵空虚，情感贫乏，还是个自大的人，但是他却在短短几年中写出了有助于“荡涤感觉之门”的诗作。

克里夫顿·费迪曼

*65.*塞缪尔·泰勒·柯勒律治

1772—1834年

《古舟子咏》《克里斯特贝尔》

《忽必烈汗》《文学传记》《莎士比亚评论集》

华兹华斯曾经有一次从自恋中清醒过来，把柯勒律治称为自己认识的“最好的人”，雪莱将柯勒律治称为“成群眨眼的猫头鹰里的羽冠之鹰”。柯勒律治的好友、散文家查尔斯·兰姆说他是“受到轻微伤害的大天使”，对他“不懈地追求永恒”大加赞赏。学者乔治·圣茨伯里认为柯勒律治是最好的文学批评者，可以和亚里士多德（13）、朗吉努斯相比。穆勒（72）说：“目前为止还没有一个思想家可以评论他。”很多学者认为这些百年前的观点到今天依然是正确的，支持这些观点的看法也有很多很多。

这些评论针对的是这样一个人——他具有成为英国文学史上伟大作家的可能性。其实柯勒律治名声在外、影响深远，但相比之下，作品却有点不及他的名声和影响。柯勒律治的思想像塔斯卡罗拉部落一样神秘，像太平洋一样广阔，却从来没被有机地联系在一起。《文学传记》表达的观点可能与柯勒律治的文学思想最为接近，但他从未写出一篇完整的散文代表作。就像华兹华斯一样，柯勒律治的众多作品虽然感情上动人至深，但读起来如同呓语。他一生写出三大杰作，只有《古舟子咏》是完整的。尽管柯勒律治经常被称为最好的莎士比亚批评家，但是他从未整理过自己浩如烟海的论文、讲稿、笔记和谈话。

柯勒律治的生活缺乏条理，从没有表现得和普通人有什么不同之处。有不少人，尤其是才智远远超出一般水平的人，他们本不应为日常生活的压力感到困扰，柯勒律治就是其中之一。他的婚姻并不成功，不是个合格的父亲，对养家糊口也没有什么心得。他做过士兵、牧师、杂志记者、教师，甚至做过马耳他总督下面的外派官员。在柯勒律治人生的后期，他将大部分精力用于独白而不是创作，这些独白从未停过，充满智慧（"对话带来的刺激能够暂时驱散我心中盘旋的恐惧"）。神经痛和其他病痛一直纠缠着柯勒律治，再加上极度抑郁，服食鸦片成了他的解脱方式，最终成了诗人摆脱不掉的瘾。在生命的最后阶段里，他离开妻子，由一位好心的朋友詹姆斯·吉尔曼提供医疗看护，就这样度过了十八年。

在一定意义上，据传诗人在梦中口述《忽必烈汗》诗句的时候，有位"庞洛克来的人"打断了他的创作（现代研究对此表示怀疑）。其实柯勒律治的所谓朋友是他自己杂乱无章的心理活动的表现，不断干扰他创作的人正是他自己。柯勒律治的思维太过活跃，想象力太过丰富，导致任何写作都无法完成。诗人的作品就像一堆片段杂记，缺乏条理，错漏百出，时而让人困扰，时而引人深思，而且充满了奇迹。

《抒情歌谣集》是他与华兹华斯完美合作的结果，在里面，诗人发表了唯一一首令人毋庸置疑的杰作《古舟子咏》。这首诗及未完成的《克里斯特贝尔》和《忽必烈汗》一起，成功地强调了"主动抛弃不信任感，这一时刻就成为诗歌中的真实"。这一看法奇幻、诡谲，为其作品浪漫主义的主要风格做出了重要的贡献，但在此之后他再也没有提起过。

柯勒律治令人惊叹之处在于，除了具有写童话的惊人天赋（那些诗不是写给儿童的，但可以归为童话作品），他还拥有与此不相上下的、少见的思考能力。柯勒律治著有玄学、神学和政治学方面的著作。虽然他没有将洞见的种种观点组成一个体系，但是他可以被列入最出色的心理学家行列。作为浪漫主义的文学批评家，他在英语文学中的地位是高不可攀的。

柯勒律治会让人自然联想到爱伦·坡。两个人的日常生活都一团糟，两个人在梦幻和现实中都能很好地写作，不过两个人的相同之处也仅限于此。爱伦·坡的知识是有限的，而柯勒律治的知识则丰富得难以想象（什么书都读过）。爱伦·坡拥有缜密的思维，而柯勒律治擅长深入思考和分析，并追求各种想法的一致性。爱伦·坡的一生是个饶有趣味的小失败，而柯勒律治的一生是个大失败，但即使是失败，也是令人神往、十分伟大的那种。柯勒律治即使失败也要比他朋友华兹华斯的地位高得多。意外的是，华兹华斯一生写了那么多不该写的作品，最后却成为桂冠诗人，而柯勒律治则死于贫困。

克里夫顿·费迪曼

*66.*简 · 奥斯汀

1775—1817年

《傲慢与偏见》《爱玛》

弗吉尼亚 · 伍尔夫（111）将简 · 奥斯汀称为“女性之中最完美的艺术家”，这一评价得到了所有人的认同。不过我们今天或许会对伍尔夫这种美好的评论提出自己的异议：简 · 奥斯汀是一位可以称得上伟大的艺术家。一些评论者（一般为男性）着重指出奥斯汀身为女人而非男人，在小范围又十分温馨的家庭喜剧领域中具有非凡的天赋。有时他们又会说，奥斯汀在她的时代经历了拿破仑所有的征战，而这些在她的作品中却难觅踪迹。不过从最长的时间跨度来看，包括男性和女性在内的所有人都应当承认，即使对历史中出现的事件进行的最严密的观察，也比不上对每天发生的人性戏剧的洞见。

从某种角度来看，可能将作家称为奥斯汀小姐更为合适。她是一位农村教区牧师的女儿，来自一个大家庭。虽然家境并不富裕，但是奥斯汀和当地一些殷实的家族往来密切，她笔下描绘的正是这些人的特质和社会的一般价值观。有些佐证证实她失恋过，不过奥斯汀一直没有成婚，她在自己的家里安静地度过了不长的一生。一年又一年，奥斯汀在琐碎的家庭生活中默默地写着她的小说。她仅仅在富有教养的社交圈中活动，显得愉悦而活泼。大家把她的天才看成一种令人疑惑和震惊的东西，最难以解释的是，奥斯汀如何从如此之少的人生体验中提炼出对人性如此之多的了解。也许正像亨利·詹姆斯（96）指出的，伟大的艺术家仅仅需要一个刺激、一个“题目”，就可以运笔成风。

在奥斯汀的众多特质中，有一种现代小说家们往往付之阙如，那就是对自己想法的明确认识。托马斯·沃尔夫之类的作家经常将小说作为教育自我、发现自我的一种实验，但奥斯汀并非如此，她确切地知道自己对什么感兴趣。“那些小事，”如作者在《爱玛》中所说，“维系着私人日常生活的快乐。”奥斯汀明白在自己所处的这个特殊世界里，私人生活的焦点不是崇高的理想、强烈的希望、悲剧色彩的绝望，而是财富、婚姻（偶尔爱情也会变得复杂，但这不经常发生），还有社会阶层的界限是否依旧分明。作品中不多的人物之间的行动在她看来是一出喜剧，这有点类似一个大家庭中有个没出嫁的姑妈，头脑够灵活，善于冷眼旁观，说出话来一语中的。奥斯汀很聪明，也不乏生活在18世纪的理性精神，喜欢嘲讽和幽默感。恐怕她对哲学家没什么好感，对诗人也没有什么好印象。

奥斯汀小说的主题很少，为她赢得高度评价的是精致得体的技巧，从容简洁的叙事形式，以及别人难以企及、反映作者天纵之才的警句。奥斯汀不大喊大叫，不装神弄鬼，用有教养的方式避开表象之下的悲剧，她的初衷从来都是要让读者开心，而不是撼动他们的灵魂。

奥斯汀最好的作品毫无争议。《傲慢与偏见》或者拥有最多的读者，不过我认为《爱玛》也许更为犀利，有更多快乐。如果我推荐的这两部作品读者都读过，那可以试试《曼斯菲尔德庄园》《劝导》《理智与情感》，都是典型的奥斯汀式作品。将奥斯汀称为经典作家似乎有点牵强，说她是一位极具魅力的作家更为恰当。

克里夫顿·费迪曼

67. 司汤达

1783—1842年

《红与黑》

一百多年之前，司汤达（这是他一百五十多个笔名之一，真名马利－亨利·贝尔）在欧洲著名作家中还算不上什么。几十年过去之后，这种情况有了改变，司汤达成为法国最著名的六位小说家之一。现在，变化更为剧烈，不少人认为在任何时代、任何地区，司汤达都可以跻身于最伟大的小说家行列。在一些情况下，司汤达确实是为未来而生活，他自己也应该能认识到这一点。实际上，他曾经预言道："我抽了一张彩票，"他写道，"得奖号码是：1935 年获得读者。"

司汤达的作品绝大多数以拿破仑时代和后拿破仑时代为背景，但我们应该能够感受到他对生活的感受和表达感受的方式是现代化的。他叙述的故事看上去有点儿像歌剧，笔下的对话也过于严肃——我们这些读者更熟悉那些擅长留声机式写作的现实主义作家。在代表作《红与黑》中，司汤达在题目中表现力量："红"是拿破仑士兵服的颜色，"黑"是教士法袍的颜色。这些力量只存在于过去。小说主人公于连·索黑尔身着黑袍，因为在那个时代，有才华的贫困青年只有通过教会向上爬这一条路。但于连的心灵和想象力是从属于拿破仑时代的，这个时代在他眼中比自己更伟大。于连内心深处的矛盾不仅属于那一代法国人，而且也部分地反映在我们的现代意识中。

司汤达的天才有一部分表现在他的预言能力上，同时他的小说，尤其是《红与黑》，也成为很多当代小说主题和笔法的先声，这也是他被称为“小说家的小说家”的一个理由。以《红与黑》为例，小说是表现“异乡的年轻人”这一主题的开山之作，它是如此经典，以至于托马斯·沃尔夫的全部小说以及其他几十部小说都不过是这个主题的一种变形而已。《红与黑》还是一系列长篇小说的开端，这一系列讲述的都是女主角对乏味社会的反感，其中有辛克莱·刘易斯作品《大街》中的卡罗尔·凯尼科特，当然不能忘了福楼拜作品中的爱玛·包法利夫人（86）。乔治·艾略特（84）对知识分子的描述勇气可嘉，不过在《红与黑》中，我们已经可以发现对知识分子的剖析，而且是细致严谨的剖析。在司汤达身上，我们还可以看见很多超前的写作技法——很多在20世纪的小说中得到广泛运用。司汤达在运用心理学技巧上更加系统，而不再仅仅是出于本能；他对现在使用的矛盾手法十分明了；他控制人物的能力是出众的；尤其是他对遗世独立的“局外人”的关注，这些人与低俗、物质主义的社会有着难以调和的矛盾。

阅读《红与黑》之后你才能发现这一切，在你读小说时，你会被美妙的爱情故事牢牢吸引，在适合成年人阅读这一点上，维多利亚时代小说家的任何其他故事都不及它。除此之外，读者还能受到感情的感染——这种感情通常只出现在最好的心理小说家笔下。实际上，读者会觉得生活就蕴藏在人物激情四射、富有张力而复杂的情感中。小说中的虚构人物让人感觉比自己的邻居还真实。

最后提醒读者一点，很多杰出的评论家认为《巴马修道院》的成就不次于《红与黑》，有兴趣的可以一读。

克里夫顿·费迪曼

68. 奥诺雷 · 德 · 巴尔扎克

1799—1850年

《高老头》《欧也妮 · 葛朗台》《贝姨》

不像司汤达（67），巴尔扎克属于少数一开始就受人欢迎的作家。不过现在巴尔扎克的作品得不到足够的重视，也没有多少人去读。所有人都知道他的成就，但所有人都说不清他到底有什么成就。巴尔扎克是否应该跻身于那些最伟大的小说家之列呢？答案模棱两可。他的小说有一些缺陷，特别是品位的问题，不过这在他自己的时代并不突出。巴尔扎克的问题在于，他写的东西很像通俗作品，还是侦探小说类型的通俗作品。在他笔下，人物性格缺乏成长变化，而且人物似乎有智力缺陷。还有一个问题，他没有一部代表作。我在巴尔扎克最有名的作品中选取了三部，这些并不能代表他，但也选不出其他更好的作品了。也许读者要读上五六十部作品，才能对巴尔扎克产生感情。人生苦短，巴尔扎克以罕见的精力描述了自己所在社会的最广阔内容，这点没有人能和他相比。

巴尔扎克就是司汤达笔下的“外省年轻人”。《高老头》的结尾处有一经典的场景——野心勃勃的年轻人拉斯蒂涅望着脚下巴黎的灯火，发出呐喊：“现在咱们来斗一斗吧！”从拉斯蒂涅身上能找到很多作者的影子。年轻的巴尔扎克有一次抓起一支笔，在一幅“小班长”（拿破仑的绰号）的画像下面写道：“拿破仑用剑没做到的，我用笔来实现。”

巴尔扎克一直保持着这样的征服欲，他像疯子一样生活，五十一岁就英年早逝，可能就像传言一样喝了五万杯咖啡的结果。虽然不谙此道，巴尔扎克还是对金融活动乐此不疲。他把时间消磨在文学作品中最荒诞不稽的风流韵事里。负债累累的他不停地写，从黑夜到白天，如此持续了二十年，有时一天工作十四到十八个小时。或者只有专门的研究者才能弄清他到底写了多少书，可能有三百五十多本，其中一百本左右被他自己命名为“人间喜剧”。下面是巴尔扎克自己对这一疯狂而包罗万象的写作计划的描述：“这是一个广大得难以计量的计划，除了包括历史和社会批评之外，还要分析它们的罪恶，解释社会运行的原理，我相信我有这样做的权力……把我的书命名为‘人间喜剧’。”上面的话暗示他希望自己能够与但丁（30）一较高下，虽然两者几乎完全没有可比性。

不过，这部反映当时法国社会状况的巨著没能完成，巴尔扎克没能活到那一天。《高老头》《欧也妮·葛朗台》《贝姨》仅仅是这座未完工的大厦的三块石头。《高老头》反映了父亲对两个女儿非理性、非功利的爱，就像是中产阶级的李尔王（39）之爱，虽然其中没有考狄丽娅（李尔王的第三个女儿）；《欧也妮·葛朗台》关注的是人的贪欲；《贝姨》写出了女性的报复心。像巴尔扎克的很多其他作品一样，这三部小说都讲述了人的偏执的一面。

以上三部小说，一部以巴黎的社会生活为背景，其他两部发生在外省社会中。三部小说都体现出巴尔扎克所有作品共有的全部特点：力量、活灵活现的细节描写。依靠这种才能，巴尔扎克成为现代现实主义中某一流派的旗手。和我们现在的时代一样，巴尔扎克的时代也是有人发家，有人破产，所有人爱财。那个时代最大的罪恶不是言而无信、见利忘义，而是家庭破产。巴尔扎克比以往任何作家都更深入地理解金钱，所以我们可以将他视为当代经济小说的开创者。

所有这些长处还不是最不可思议的。在这些长处之上，我们必须提出一点，那就是他具有创造静态下人物性格的魔鬼才华。马尼费太太、葛朗台、葛布塞、高老头、塞萨·皮罗多……他笔下的人物即使不够复杂，也具有极高的真实度。令人叹为观止的作品数量，对现实的把握能力，与现实生活方方面面如此贴近的种种具体而微的生动描写：读者不能不对这位有缺陷的文学大师献上自己的敬意。

克里夫顿·费迪曼

69. 拉尔夫·沃尔多·爱默生

1803—1882年

《选集》

梭罗（80）的影响力越来越大，相比之下，他的朋友爱默生的影响力则下降了不少。梭罗更富勇气，更擅长把握自然状态下的真理，这让他在后世拥有更大的影响。爱默生写了不少空洞和重复的话，但是他首先应被视为他那个世纪美国的核心思想家，其次还为美国人的一些似乎永恒不变的态度做了奠基。最后，在爱默生最好的时光里，他具有超凡的力量、智慧、纯朴和鲜活，同时毫无疑问是英语写作者里面最好的格言作家。出于这些理由，我们应该读一读爱默生的作品，不过不要读太多。有时他的文辞虽然优美，但缺少内容。爱默生从未学会如何调配和浓缩大量的资料。

爱默生是康德先验主义学派的带头人，这一学派将流行的种种理想主义拼凑在一起，再向人们传授。毕业于哈佛大学的爱默生当了教师，继而又当上牧师，后来他发现自己对圣餐礼“缺少兴趣”，就不再干这个了。但是爱默生从未抛弃这两种身份，于是他成了非职业的慈善牧师。他向人们传递精神财富，不依靠神学的力量，也不借用任何上帝的具体内容。作为演讲者，爱默生到处旅行，他是一个思想不成体系的圣人，净化了那个扩张时代轻浮的道德气氛。这件事他干得比所有专职牧师都要好。

爱默生是美国人民性格的第一个重要代言人。一般我们含糊地将这些性格归结为乐观主义、理想主义、民主、扩张、个人主义，他推崇美国人引以为傲的独立精神。在《美国学者》一书中，爱默生发表了一篇被老霍尔莫斯称为“知识分子独立宣言”的文章，这一文章一直被后世传诵。他强调美国人拥有与众不同的新奇思想，他希望美国人体会“人与自然最原初的联系”，他还强调“个人的无限”以及个人思想的完整性。

爱默生认为宇宙是完美无缺的。绝大部分美国人也相信如此，虽然和爱默生的理由不完全相同。无论如何，他强调意志、灵感、开放性的未来力量，这些对人们始终都有吸引力。有时人们会将爱默生的积极和乐观庸俗化，从拉尔夫·沃尔多·爱默生到比利·格雷厄姆（美国基督教福音派传教士）往往只有错误的几小步距离。

我推荐读者读一读爱默生的名为《自然》的小册子，这本书在1836年第一次出版，书中包括了作者不规范的哲学思想的大多数内容；还有《美国学者》、论文《历史》《论自助》《代表人》中关于柏拉图（12）和蒙田（37）的部分；论述梭罗的文章；最杰出的是《英国人的性格》，写的是所在他那个时代的事情，但以我之见是爱默生作品中拥有最久远生命力的。

克里夫顿·费迪曼

70. 纳撒尼尔 · 霍桑

1804—1864年

《红字》

只要列出一打最优秀的美国小说，《红字》就毫无疑问会入选，无论从哪个角度考虑，可能有人对此事疑惑不解。霍桑写作这本书的年代和书中提的17世纪新英格兰的清教徒时代已经十分遥远。从今天来看，清教徒时代更是非常古老。同时，是否真的有一个像霍桑描写的充斥着罪恶的社会，这一点还有待研究。最近的考察表明，清教徒们比起小说中描写的要放松得多。最后，海斯特、丁梅斯代尔之间的通奸和赎罪，其意义也许局限在教条的基督教道德体系之内。生活在弗洛伊德之后的人们，第一次看《红字》可能很震惊："这有什么大不了的吗？"

我们尽可以对小说中浓重的清教徒伦理一笑置之，但是我们无法对小说本身一笑置之。《红字》能够长久地触动人心，虽然它没有反映出霍桑作品最有名的特质。在读者看来，小说只是不期然讲了一个由通奸引起严重后果的故事，不期然反映了过去一个社会的历史，其实我们读到的是有关人性的深刻寓言。小说使用的象征恰好对霍桑和他的时代有特殊意义，但那也只不过是些象征，并不刻板固定的象征，对任何时空的人类状况都有意义。

用道德象征举例说明，在这部优秀的黑暗小说的结尾，作者写道：

“真实！真实！真实！如果不能自由自在地向世界展现你最坏的一面，那么起码展现包含你最坏一面的特征！”有说教意味？是的。但这不也是对压迫的控诉，对心灵净化的渴望吗？净化的唯一途径是直面自我，而不是自欺欺人。与此类似，我们知道齐灵沃斯的死亡不可避免，在任何一个社会，那些否定生活的人只会得到如此下场。我们还感到，像霍桑表述的那样，当对某一事物的爱和恨达到极致之后，爱与恨的区别就消失了。

换言之，《红字》对我们来说不再是两个青年男女通奸的故事，而是一部道德心理小说。霍桑像心理学家一样体会到清教徒内心的痛苦，而且明白普通人深藏于心的罪恶和恐惧。所以从这一视角出发，《红字》不再是文风落伍、充满说教色彩的经典。评论家马克·范·多伦说霍桑“拥有任何文学作品中都少见而宝贵的不朽品质，那就是足够严肃的想象力”。我们渐渐明白他这话的意思了。

霍桑曾写道，他的工作室“应当被叫作鬼魂屋，因为就在这间屋子里，无数鬼魂般的幻象迎面而来”。一般人的生活大多数时候是平凡而乏味的，不过即使是最普通的人也会有“鬼魂屋”的体验，而霍桑就是“鬼魂屋”的历史学家。

除了《红字》，霍桑的其他作品也值得一读再读，比如几篇不长的寓言故事：《好小伙布朗》《教长的黑面纱》《胎记》《拉伯西尼医生的女儿》。

克里夫顿·费迪曼

*71.*亚历克西斯·德·托克维尔

1805—1859年

《论美国的民主》

如果在八九十年前编写这本书，托克维尔之名可能不会在列。他的名著《论美国的民主》的第一部分出版于 1835 年，之后虽然一直有人研究，但是获得应有的认可是百年之后的事情了。托克维尔最终被认为是优秀的社会学家和政治评论家，优秀的“美国实验”理论家。

托克维尔出生在法国一个小贵族家庭，因此终其一生对保守主义和贵族德行都有深厚的感情。他具有强大的逻辑思维能力，故而能够看出民主是未来的大趋势；同时他植根于传统，得以客观冷静地观察这一趋势的源头和深度。

1831 年 5 月 11 日，年轻的托克维尔和才华出众的同伴博蒙特一起来到美国，他们旅行的公开目的是考察并总结美国的刑罚制度，两人在美国和加拿大一共走了七千英里（一万一千千米），1832 年 2 月 20 日坐船回到法国。他们在北美的九个月正好赶上“杰克逊民主革命”的前期，大有收益。1835 年和 1840 年，划时代的作品《论美国的民主》的前两部分先后出版。托克维尔的另一部著作《旧制度与大革命》尽管深度稍逊，但创新力和《论美国的民主》旗鼓相当。这两部著作是托克维尔不朽思想的硕果。从 1839 年到 1848 年，他曾先后出任法国下议院议员和法国外交部部长，我认为政治生涯对于托克维尔来说是在浪费时间。

粗略地说，托克维尔是这样一种人：自由派贵族，和拉法耶特是一类人，但有自己的头脑。《论美国的民主》有双重目标：对美国的民主制度（对作者而言，很大程度上就是指平等主义）进行描绘分析；通过观察和分析，用这种制度指导欧洲特别是法国的未来政治理论和实践。很多公正的评论家认为，《论美国的民主》是（也会继续成为）关于美国的最具智慧、最深刻、最有预见性的著作。

托克维尔也不可避免地犯了很多错误，他的预言也有很多并未实现。但是，只要读过《论美国的民主》（顺便说一句，这本书逻辑清晰，文笔优美），你就很难不被作者敏锐的感知力、强大的理解力、理智和预见性折服。在托克维尔的时代，现代资本主义还未成形，但是他已经看到了它的未来、它的力量、它的弱点和它能做到的一切，比之后的马克思（82）对其要认识深刻。在一个半世纪之前，托克维尔警告我们要小心“多数人的专制”。他已经描绘出我们所在的“大众时代”的轮廓，同时他看出我们的时代能够缓和、控制政治和社会整齐划一的危险。他认识到自己所在的社会和我们所在的社会，有很大程度是一脉相承的。

以下的话反映了托克维尔最根本的直觉：“一个新世界需要一种新的科学政治。”他认为这样一种新的科学政治正在美国慢慢形成，当然这个过程充满矛盾和冲突，需要付出艰苦的努力。托克维尔对自己的意见非常清楚：“我看到的东西和别人看到的没有什么不同，只是我看得更远罢了。当他们将注意力集中到明天时，我考虑的是整个未来。”

我们对托克维尔最感兴趣的可能是他的观点对当今时代惊人的适应性。当美国还是个农业大国时，他预言商业和工业将会对所有人产生吸引力。他预见了我们的实利主义，也看到了我们的理想主义，他预见了工业发展的不平衡。最重要的是，他预见了我们未来的力量，我们希望如此——我们的未来是伟大的。

克里夫顿·费迪曼

72. 约翰 · 斯图尔特 · 穆勒

1806—1873年

《论自由》《妇女的从属地位》

约翰 · 斯图尔特 · 穆勒是天才中的一个典型。如果想进一步了解他的生平，可以读读他的《自传》——并未高调地自我介绍，却是非常有趣的一本书。

他的父亲老穆勒对杰里米 · 边沁崇拜之至，后者经常和“实用主义”联系起来。“实用主义”虽然听上去缺乏想象力，但却有十分周详的目标，重视实用和理性。实用主义认为社会行为的目标是：为最多数的人提供最大限度的幸福。这一目标似乎忽视了人们在性格和精神气质上的差别。穆勒幼年就是在这种教条的气氛中成长起来的。狄更斯 (77) 曾利用葛擂硬这一人物夸张幽默地反映实用主义者的形象。

穆勒完全是在崇尚逻辑的父亲的教育下长大的：三岁读希腊作品，十一岁开始读罗马统治史，十三岁时的学问可以与英国大学毕业生相比拟。这种强迫式教育最少省去他十年时间，因为这段时间大部分天赋一流的人也得浪费在学校体制中。但这种教育也有缺陷，穆勒坦言自己“从来不是个孩子”。对理性的过分重视引发了他二十岁时的精神危机。穆勒用自己年轻的思维和坚韧的毅力渡过危机，阅读在这其中也发挥了作用，华兹华斯（64）的诗对穆勒体会到人生情感的存在起了重大作用〔这段经历似乎推翻了奥登（126）的一句名言“诗什么也不能做”〕。

由于此次精神危机和哈里耶特·穆勒夫人（1830 年两人相识，1851 年结婚）的影响，他决定成为作家、国会议员、社会改革家，让“实用主义”更人性化。和其他“哲学激进者”一道，穆勒催生了一股思潮，之后百年，从女性选举权的斗争到罗斯福新政的众多改革运动都受到这一思潮的推动。穆勒的《妇女的从属地位》一书可以说在人类自由发展史上具有里程碑式的意义。

穆勒觉得《论自由》是自己除了《逻辑体系》之外最有可能长久传世的著作。《论自由》的笔法很有英国味：客观、冷静、能言善辩、不乏温情。没有任何相似的作品可以将个体向国家要求权利论述得如此详尽。他强烈主张保护少数民族，思想和言论自由应该得到最大限度的保证。穆勒的核心思想是：“只有出于自我保护的目的，人类个体或集体干涉任何其他个体或集体的行动自由才是有理由的，也才是有权利这样做的。”在现代，国家控制一切这个理想还远未能实现，但值得我们为之奋斗。

穆勒可以算是他自己所在时代英国思想最纯粹的代表。在美国，他可以引为同道的是梭罗（80）和爱默生（69），虽然穆勒不像前者那样激进，也不像后者那样辩才无碍。

克里夫顿·费迪曼

*73.*查尔斯·达尔文

1809—1882年

《贝格尔号纪行》《物种起源》

假如不是幸运地被邀请到“贝格尔号”上做环球考察航行，查尔斯·达尔文的一生大概会这样度过：在乡下做教区牧师，索然无味地布道，业余时间研究自己喜爱的地质学和博物学，在乡村知识分子聚会的时候向大家做庸常的观察报告。即便是在这种平实的背景下，达尔文的观察能力和演绎推理能力也可能同样出色。而实际上，他向大家展示的是阿根廷的化石、安第斯山脉的地质情况、加拉帕戈斯群岛的雀类。他的天分觅得生根之地，由此开花结果。达尔文有惊人的才智，更有不妥协的诚实美德，这两点让他在一条并非自己全心全意要走的路上走下去，最后成为人类科学史上最伟大的革命家之一。

达尔文家境富裕，生活安定，家里从不指望他赚钱养家，只期盼他能明智地运用自己的才能。他的爷爷是诗人、自然哲学家伊拉兹马斯·达尔文，外公（同时也是他妻子爱玛·韦奇伍德的爷爷）约书亚·韦奇伍德是一家有名的制陶厂的创始人，拥有大量财富。两家共属于一个大社交圈——既是因友谊结成的，又带有为科学的原因。本杰明·富兰克林和化学家约瑟夫·普里斯特利也经常参与圈中的社交活动。年轻的达尔文对昆虫、石头兴趣浓厚，对其他专业则一视同仁，不怎么喜欢。在爱丁堡大学和剑桥大学几年平静的生活后，他没有什么更好的职业可以从事，只好接受被任命为一名牧师。他属于那种典型的家庭条件优越的年轻人，在家庭影响下，出任工作闲适的乡村牧师，生活得波澜不惊。

但是，1831 年罗伯特·菲兹罗伊船长打破了达尔文平静的生活。菲兹罗伊打算驾驶“贝格尔号”对南美的海岸进行两年的考察，他需要一个年轻人和他同行。实际上，他是想在漫长无聊的旅途中找一个同阶层的人作为精神和思想上的同伴，这个年轻人最好是自然学家。他选择了达尔文，达尔文不顾父亲的强烈反对，毅然决然选择了这次旅行。正是这次旅行（为期五年，而不是预想的两年）改变了他的人生轨迹。

达尔文时刻以积极的态度去探寻世界的自然奇迹。他仔细研读过莱伊尔的开创性著作《地质学原理》，在剑桥大学参加过物种从伊甸园形态“变形”的讨论，他也非常明白化石绝对不仅仅是诺亚洪水后的遗存。在“贝格尔号”上，他非常努力地工作，为他日后的崇高声誉打下了基础。无论“贝格尔号”在哪里靠岸，他都会登陆收集标本，考察那里的地质层，骑马深入内陆几公里找寻新的材料，有时一走就是几周。他的助手也常常忙得不可开交，为他保管骨头、兽皮、石头和压制好的植物标本。后来达尔文将这些成吨的材料全都运回了伦敦。

五年重要的海上考察生活成为达尔文第一本畅销书《贝格尔号纪行》的素材。这本优秀著作既是科学考察报告又是游记，在书中的每一页上都体现出作者的活力、好奇心和对生活的热爱，都放射出作者充满建设性的海上旅行的光芒。只要对自然和环球旅行有一点点好奇，你就能通过阅读这本书体会到快乐；如果你热爱自然和旅行，那么这本书更是一块宝石。

1836 年，达尔文返回英国之后再也没登过船。之后他与表姐爱玛结婚（他最疼爱的一个孩子夭折了，这是典型的维多利亚时代的悲剧），把自己的家安置在肯特郡一栋宽敞舒适的房子里，开始了自己对生命结构的伟大研究。从达尔文的日记中可以发现，早在1837年，他就已经开始研究自然进化选择理论。然而他不断投入到理论研究领域，却又多次置之不理，今天我们可以用压力过大来解释他经常染上的莫名其妙的病。达尔文清楚地知道，自己的研究成果会面对挑战《圣经》中的神创论的现状。这种挑战将会给很多他喜欢和尊敬的人带来痛苦，因此也会让他感到痛苦。首当其冲的就是爱玛，她的信仰要比丈夫传统得多。在这段时间里，达尔文对"贝格尔号"运回的资料的分析从未停止，他还发表了详尽介绍藤壶的论文。他还与养犬人、驯马师、鸽子饲养员交流经验（本来像达尔文所属的中上层阶级是不会和这些"下等人"有什么来往的），在家禽饲养者进行的人工选择中寻找自然选择的种种线索。

之后，一个意料之外的外部压力给了达尔文最大的推动力。1858年，他收到阿尔弗雷德·华莱士的一篇论文，后者居住在东印度群岛，是自然学家和专业博物馆标本收藏家。这篇论文的提纲就是关于自然选择进化论的——正是达尔文二十年来苦苦思考的问题。他回信提议和华莱士共同研究，然后将论文提交给伦敦林奈公社。华莱士很高兴地接受了建议。自然选择进化论终于被摆到了大众面前，立时就在人群中掀起了激烈的论争并一直持续到今天。（华莱士不像达尔文那样拥有优越的社会地位，也没有接受过正规的科学训练，他得出的进化论观点，依靠的是自己敏锐的观察力，而非持续深入的科学工作。华莱士对进化论的贡献应该得到更高的评价。他的科学考察报告《马来群岛科学考察记》和《贝格尔号纪行》一样是宝贵的著作，两者可以一起阅读。）在合作了第一批论文之后，达尔文写出了《物竞天择，适者生存之物种起源论》，完整地叙述了进化论的理论。这本书并不容易阅读，不过越是难读懂的地方，越是能给读者更多的启发。达尔文深知自己的理论有不少缺点，化石的年代存在断层，同时没有人观察过新物种是如何进化的（这是不可能完成的任务，一个进化过程需要很多代的时间）。最重要的问题是，达尔文和他那一代人对于基因的原理还一无所知。（发现了基因原理的格里高利·孟德尔曾给达尔文寄过一篇论文，在论文中他介绍了自己那些著名的实验。不过达尔文可能根本就没读过，要不就是完全没发现论文的价值。孟德尔后来在一本毫无名气的杂志上发表了自己的论文，一直到20世纪早期才引起人们的关注。）基于以上原因，在《物种起源》中，达尔文的证明过程是一种“蛮干”，他用大量实际的例子来弥补“蛮干”的缺点，缺乏证据便诉诸模拟和令人信服的推测。这部著作不是以思辨的精妙取胜，它依靠的是足够大的勇气。与此同时，达尔文展现了他洞察力之敏锐——他观察的东西都是别人观察过的，但他却能有新发现——这让作为学术著作的《物种起源》不会令人生厌。

达尔文的理论并没有征服世界，恰恰相反，它一诞生就引来众多科学家和宗教权威的反对。进化论赢得人们广泛的接受是一个渐进的过程，但是在《物种起源》问世之后，所有反对进化论的举动都只能是对现状的一种维持，虽然可能取得一定的成功，而最终只能眼睁睁地看着达尔文获得胜利。阅读《物种起源》如同亲眼见证一场进步的科学革命，同时也是在认识人类最有力量的头脑之一。

约翰·S. 梅杰

74. 尼古拉 · 瓦西里耶维奇 · 果戈理

1809—1852年

《死魂灵》

只看标题，这本书可能不是很吸引人。实际上你读过之后就知道“死魂灵”指的是那些俄国佃农，他们死了之后，名字仍然留在税务登记册上，等到下一次人口普查才会消失，所以书里的故事不会像名字那样让人毛骨悚然。

果戈理的生活并非春风得意，他只能得到很少的遗产，年轻时生活得周折不安。他想做律师，结果没做成，后来在政府里当过小职员，演过戏，教过书。他终身未婚，死得很早。传言他是在深度昏迷中辞世的。果戈理人生的最后几年，成了一个宗教狂热者。他在写作领域里取得巨大成功，但那些小说和戏剧引起的“震动”却让他不敢相信自己的成功。果戈理在欧洲漫无目的地游荡，还曾到过“圣地”。在临死之前，他烧毁了《死魂灵》第二部的手稿。现在残存的只有一小部分，内容是关于善如何战胜恶的。

古怪的果戈理即使没有惊人的天分，仍是俄国散文的奠基者，他为俄国也为世界留下了一部不可磨灭之作。陀思妥耶夫斯基（87）谈到过果戈理那些有名的短篇：“我们都是从《外套》中走出来的。”这个评价就像海明威（119）对《哈克贝利 · 费恩历险记》（92）的评论一样。在自己反传统才能的推动下，果戈理突破盘踞在俄国文坛上的形式主义和僵化主义，就像马克·吐温对美国文学所做的一样。在他不受传统束缚的风格影响下，俄国文坛又涌现出几位大师。

我给《死魂灵》写过一篇“简介”，《洛丽塔》的作者纳博科夫（122）用“可笑”来评价它，原因是我把《死魂灵》称为一部伟大的喜剧小说。我想纳博科夫一定认为我的观点（很多人的观点一致）令人不快。可能他也反对我的其他一些观点（这些观点也有不少人认同），类似果戈理在书中想表达自己对俄国封建制度的不满——作者没有自成体系的固执思想。纳博科夫坚持说《死魂灵》不是让读者笑的，它是一部恶魔般的小说。《死魂灵》确实是一个梦魇，还笼罩在超现实主义的色调之中。果戈理经常被拿来和狄更斯（77）相比，其实他与爱伦·坡（75）的的共同点更多。我为《死魂灵》着迷，这可能让同样喜欢它的纳博科夫不大舒服，但这可能正好证明了果戈理读者的差异性。

无论如何，《死魂灵》都是一部引人入胜的奇书。小说结构松散，内容生动逼真。主人公是一个性情温和的流浪汉，他在俄罗斯大地上漫游，看到了19世纪早期俄国生活的画卷，真实而富有强烈的讽刺性，嘲讽中带有忧伤。难怪普希金读完果戈理的第一章后，叹着气说：“上帝啊，我们俄罗斯多么悲伤啊。”

我无法评价原文，但这无碍于为其推荐一个译本，只推荐一个。它来自伯纳德·吉伯特·格尔尼，这个译本读上去令人舒适。其他译本就我个人而言，对果戈理精神的理解有一种外国人的僵硬感。

克里夫顿·费迪曼

*75.*埃德加 · 爱伦 · 坡

1809—1849年

《爱伦 · 坡短篇小说集》

即使不算是最伟大的作家之一，爱伦·坡也是最不幸的作家之一，他已成为命运坎坷的天才的代表。

爱伦 · 坡的一生命途多舛，他的不幸一部分来自同时代人和他的隔阂，更多地要归于自己灾难一样的遗传特质和脆弱。他的父母是流浪艺人，他自己在一个富商的监护下成年，但经常和监护人争吵。爱伦 · 坡先后从弗吉尼亚大学和西点军校中途退学，原因都是不断地犯错。他曾和十三岁的表妹结婚，但年轻的妻子却早早离世。这一严重打击对爱伦 · 坡一生的毁灭是决定性的。他开始的几卷诗并不引人注目，本来记者做得很好，但因为处理不好人际关系，这一职业生涯也以失败告终。他深陷在疯狂、幼稚、有缺陷的爱情里，周围是毒品和酒精，虽过度工作但依然穷困不堪，最后悲惨地死去。在本书列举的作家中，爱伦 · 坡的不幸命运可以说是无与伦比的。即使习惯冷嘲热讽的斯威夫特（52）也对友谊和赞赏产生过兴趣，爱伦 · 坡则从未如此。

一直以来，他的诗都受到欢迎。法国读者甚至曾经为之疯狂，但是爱伦 · 坡有价值的诗或许半小时就能读完。爱默生（69）曾经把他叫作“叮当诗人”（指他的诗韵律简单），很明显，爱伦 · 坡比这绰号所说的好得多，但用现在的眼光看，他的大部分诗作确实显得单薄做作。

关于爱伦·坡的故事、对话和一些评论文章，直到今天读起来依然有滋有味，虽然在文体上错漏之多让人难以忍受。爱伦·坡的头脑不是天赋出众型，也不是聪慧机敏型，但擅长源源不断地涌出创意之泉，这和同时代大部分美国作家的思想贫瘠有天壤之别。詹姆斯·拉塞尔·洛厄尔有名的评论可能说出了事实："五分之三的天才加上五分之二的编辑才能。"

爱伦·坡最伟大之处在于，他开创了各种文学领域中的多种形式，既是开创者，又是发展者。《莫格街谋杀案》《失窃的信》《金甲虫》这三篇小说使得他开创了侦探小说这一文学形式，而且将这一形式的特质表现得淋漓尽致。评论家霍华德·海克拉夫特赞美地说，这种文学形式的基础完全是由爱伦·坡打下的，他还列举了现代侦探小说的十大因素，每一种都包含在爱伦·坡的故事之中。同时，爱伦·坡也照亮了现在所说的科幻小说的发展之路。他的"纯诗"理论对19世纪后期法国象征主义运动产生了影响，进而深刻影响了现代伟大诗人叶芝（103)。他为小说的"统一效果"下了定义，做了进一步解释。在爱伦·坡奇奇怪怪的小说里能发现不少现代心理学的先声，例如死亡意愿、人格分裂（可以参考他的短篇小说《威廉·威尔逊》）等主题。爱伦·坡的孤独和苦闷几乎为我们所生活的20世纪的文学定了调子。尽管有这样那样的错误，他仍然是美国最重要的文学批评家，从文学基本理论出发，他做过大量评论和论断。

今天很多评论家提出，美国文学的两大主要特质会有交叉的现象：一个是乐观实用、民主精神；一个是强大的悲观主义、忏悔、贵族色彩，深入发掘内心的黑暗之地。后者最初的典型就是爱伦·坡小说中的人物。可以这样说，爱伦·坡不只是一个浪漫主义哥特式小说家。

76. 威廉·梅克匹斯·萨克雷

1811—1863年

《名利场》

萨克雷是一位受伤的巨人。萨克雷有一米九的个子，却没让人觉得他有多强壮。和狄更斯（77）不一样，他被良好的教育塑造成一个英国绅士。相比之下，狄更斯的小说有更多的活力，而萨克雷的小说具备独有的细腻和纯熟。

1833年，萨克雷丧失了他两万英镑的全部遗产。尽管他在写作上有天分，但若不是这次不幸，可能他永远不会靠写小说和散文来维持生计。1840年，他妻子生下第一个孩子后精神失常，她比萨克雷多活了三十一年，但神志却再也没有清醒过来。这桩悲剧是他作品里忧伤氛围的源头，也影响了他对女性角色的塑造，可能萨克雷是想通过这种手段来平复由于妻子精神失常而造成的内心波动。

在19世纪的风流浪子里，萨克雷原本应当自得其乐。他不像艾米莉·勃朗特（79B）那样有嘲笑时代的习惯，后者生活在自己嘲笑的上流社交圈外，而萨克雷生活在那里，写的也是那里。

维多利亚时代的人需要什么，萨克雷就提供了什么——一种既安全又刺激的东西。他最好的小说《名利场》〔书名取自班扬（48）的作品〕的主人公为一个女人，她游走于社会，并在此寻找机会，时而处于高峰，时而处于低谷，接着又有小小起色。在萨克雷的笔下，她的性格不是十分清晰。在人物外貌描写方面,他是惜墨如金的大师。作者小心翼翼地夸大维多利亚时代的理性女性，并将其在艾米利亚身上再现出来。维多利亚女王用家庭道德取代更为严苛的道德标准，萨克雷也会经常在小说里对她表示敬意。

《名利场》是具有双重性立意的著作。一方面，全书弥漫着尊崇和忧郁的气息；另一方面，小说尽情地揭露了人性中的软弱、以自我为中心、妄想以及妥协的卑鄙手段。读者心里知道，他们的祖国英格兰和萨克雷笔下的拿破仑时代没有什么区别，也是一个名利场，又卑下又虚伪。作者同时努力应付着两样东西：读者挑剔的头脑和他们固执的偏见。

《名利场》中的冲突掩藏在作者高明的技巧之下。萨克雷讲故事讲得多么娴熟雅致！他控制书中的“玩偶”时又是多么挥洒自如！他的笔调又是多么符合传统品味！他讽刺起宽容而玩世不恭的俱乐部常客又那么让人舒服！他令我们觉得他讲起故事来那么可爱和了不起，这是一份多大的光荣！因此，虽然我们传统的偏见和维多利亚时代的截然不同，虽然我们的小说更露骨地描写性，而萨克雷是那么隐晦，我们还是可以兴致勃勃地读《名利场》。

我们可以观赏拿破仑时代的英格兰以及欧洲大陆上层社会的全貌,可以满怀兴趣地阅读竭尽巧思架构的故事情节。我们更能品味“名利场”的完美代言人——蓓基·夏泼。毋庸置疑，蓓基·夏泼是一切让读者迷恋的、美丽奔放的女冒险家（例如郝思嘉）的“老祖母”。蓓基·夏泼保证了萨克雷的这一杰作在历史中永不彻底失色。蓓基·夏泼身上体现了人性中一种简单的对立：男人总是（有可能的话）和好女人结婚，在背地里喜欢坏女人；女人因为知道自己有生育下一代这一责任，所以经常成为道德的坚决拥护者，但心底却欣赏放荡的魅力。尽管研究得不够深入，精通世事人情的萨克雷还是看透了人性这矛盾的一面，于是在蓓基·夏泼身上将它充分地表现了出来。

克里夫顿·费迪曼

77. 查尔斯 · 狄更斯

1812—1870年

《匹克威克外传》《大卫 · 科波菲尔》《远大前程》《艰难时世》

《我们共同的朋友》《老古玩店》《小杜丽》

假如你读过的评论一般为八百字左右，而评价狄更斯可能用下面的一个个单词就行了:小扒手道奇、迪克·史威乐、弗洛拉、莎芮·甘普、米考伯先生、萨姆·威勒、尤利娅·西普、迪克先生、贝勒·维尔福、乔、郝薇香小姐、潘波趣舅舅、维米克、邦布尔、佩克斯列夫、尼克贝夫人、奎尔普、罗莎、查班得、福利特小姐、巡警柏凯特、德伐日太太……只要你读过狄更斯，看到这些名字，你记忆的大幕就会被拉开，眼前满是栩栩如生的各色人物，其音容笑貌真切动人。

如果有两个全世界都能接受的小说家，那么一个会是托尔斯泰(88)，另一个恐怕就是狄更斯了，也许后者会更受欢迎一些。哲学家乔治 · 桑塔亚那曾历数狄更斯的种种缺点，比如对宗教、科学、政治乃至艺术冷淡，但仍断言狄更斯是“人类最伟大的朋友之一”。可能因为太受读者喜爱，直到不久之前才有人敢于评论狄更斯，用来比拟他的不是大家喜爱的家具，而是陀思妥耶夫斯基（87）那样雕塑似的作家，他和陀思妥耶夫斯基一样，激情澎湃，拥有狂放的想象力。

我想读者小时候至少读过《大卫 · 科波菲尔》，也许还被强迫读过《双城记》——虽然这是狄更斯最糟糕的一本小说。如果重读狄更斯的作品，我有以下几个方面的建议：

1. 虽然孩子们很喜欢狄更斯，但他绝不仅仅为孩子或未成年人写作。理解狄更斯的作品很容易，但他是一位严肃的艺术家。虽然狄更斯常常利用高级喜剧的手法来表现生活，但他依然是严肃的，他绝不只会创造滑稽奇怪的人物。如果不相信，可以看看他有没有常常用强烈的、充满现代感的象征手法。《我们共同的朋友》中的“土堆”是个很好的例子。

2. 狄更斯在作品中所表现的哀愁对他自己的时代意味着什么，这对我们的时代来说毫不重要。一味追求与作品中的感伤情绪共鸣，或者一味放任自己的好奇心，只能增加我们全面了解狄更斯的难度。奥斯卡·王尔德的话人人都该牢记：“我们必须有一颗石头做的心，才能在读小内尔之死时不笑出声来。”

3. 如果狄更斯笔下的人物像某些人说的那样“漫画化”，那为什么他们仍然占据着我们的大脑，到今天还能触动我们的心灵？

4. 狄更斯不缺少激情，但缺少快乐。童年的不幸遭遇（他的作品里有多少流浪儿啊！）一直缠绕着他，显而易见他也不是一个称职的丈夫和父亲。他在作品中微妙地反映了他的激情和不幸，还带着一种愧疚的感觉。狄更斯思想的深度随着年岁一起增长。相比之下，《匹克威克外传》的调子还是轻松的（虽然也有舰队监狱的场景），《小杜丽》的情绪就是痛苦的，而他去世前没写完的《埃德温·德鲁德之谜》更是一本低沉而晦暗的书。“快乐的文坛圣诞老人”这一提法让读者更难看到狄更斯的完整面目。

5. 如果狄更斯只是个“畅销”作家，为什么今天还拥有读者？为什么当时和他一样“畅销”的司各特现在却悄然无声？

我只是想提醒一下读者，和莎士比亚（39）的情况相似，我们最好抛开小时候和高中阶段对狄更斯的理解。他作品中的很多意义是用维多利亚时代的眼光看不到的，那正是我们要追寻的东西。

克里夫顿·费迪曼

78. 安东尼·特罗洛普

1815—1882年

《养老院院长》《巴赛特的最后纪事》

《尤斯达丝的钻石》《红尘浮生录》《自传》

在我们这个时代，不少天才小说家为混口饭吃而奔走，如当侍者、开出租，等等。那个年代，年轻的特罗洛普的情况也差不多。他出身于边缘中产阶级家庭，父亲缺乏谋生能力。家里的钱足够让他进学校，但不够让他在等级阶层严明的公立学校里过快活日子。毕业后，他在邮政局当初级文员。特罗洛普的活力和开拓精神在工作中展露无遗，他很快得到晋升，到爱尔兰工作，同时开始业余写作。他最初几部小说的背景就是爱尔兰，与后来自信的文风相比，当时的风格还有些幼稚。特罗洛普后来步步高升，进入了邮局的管理层，生活得比较宽裕了，他还发明了邮箱（特罗洛普之前，人们要亲自到邮局寄信）。

特罗洛普经常在每天早饭之前以每小时一千个单词的惊人速度写作。〔这本《一生的读书计划》推荐的作者中，恐怕只有巴尔扎克（68）的疯狂写作速度可以和他相比。〕1855年，他出版了第一本畅销书《养老院院长》，给自己带来了丰厚的收入。1859年，他的写作已经相当成功，于是辞职不再做公务员，开始了自己的职业写作生涯，偶尔在休息时出来处理些简单公务。1882年特罗洛普去世，最后的遗作《斯卡伯勒的婚约》在1883年出版。我的书架上摆放的《特罗洛普全集》，位列最后的就是这本小说。

有件事很不公正，特罗洛普“畅销”的成就和令人惊叹的高产好像夺走了他应有的权利——生前和死后赢得更高评价和更多声誉的权利。我想问问吹毛求疵且过分自信的批评家们，一个人有如此多的作品，如此多的读者，怎么可能没有一点优点呢？我想特罗洛普的大部分作品一直在印刷，一直有对它们感兴趣的读者，而重新审视这位作家，在现代西方文学中给他一个合适的位置，则是最近二三十年的事情。读特罗洛普好比吃花生，一旦开始就停不下来。特罗洛普给我们的不是一些精神垃圾食品，而是一些真正美妙的东西。

这里我只推荐特罗洛普的四部小说，读者可以自己去读他更多的作品。虚构的巴赛特大教堂是特罗洛普多部作品的背景，《养老院院长》是其中的第一部。小说讲的是一位对人情世故太过无知的牧师的故事。这位牧师一门心思在养老院里用善行使上帝荣耀，他的平静生活被另一位牧师打破了。比起做善事，后者更希望把工作做好。巴赛特城系列小说的最后一本是《巴赛特的最后纪事》，读者可以读读这本书，看看里面的小城、牧师和绅士。接下来可以读读《尤斯达丝的钻石》——是他另外一个系列中的一本，继续讲述贵族派政治家金雀花王朝的柏利瑟（后来被称为奥姆尼姆王）的故事，着重笔墨写了他聪明又有野心的妻子。小说通过心理学的视角彻底分析了金钱对人际关系的作用。还有一部小说《红尘浮生录》是特罗洛普六十岁的时候写的。主人公梅里莫特，一位诡计多端的金融家，是特罗洛普笔下很少出现的反面人物之一。一群人有足够的情报和能力，但最终还是落入梅里莫特用金钱和婚姻设下的陷阱。这简直是一幅美妙而富于讽刺意味的《清明上河图》。最后可以读读《自传》。这本书反映了特罗洛普丰富多彩的一生，从心理角度展开的观察如此敏锐、细腻，比起那些虚构角色的故事毫不逊色。

我可以告诉读者一个有关我的小习惯：我喜欢特罗洛普，特别在旅行途中读他的作品最多，你不妨也试试。特别是企鹅出版社的版本，内容丰富，装帧紧凑，易读又足够长，足以应付绝大多数的恐怖的远途旅行。特罗洛普为我提供了消磨时间的好伙伴。

约翰·S. 梅杰

79. 勃朗特姐妹

勃朗特一家住在约克郡北行政区哈沃斯，勃朗特姐妹和她们的哥哥布兰威尔——从某种角度讲是“垮掉的一代”的先行者，在父亲的牧师宿舍里走完了短暂的生命之路。除了自己的想象力，只有描写乡村农民残忍行为的故事能让他们找点乐子。三姐妹的小说都缺乏现实生活的气息和那种打开菲尔丁（55）的小说就会扑面而来的东西。从小到大，她们都十分热衷于在想象中构建复杂的王国，把那些古怪美妙的王国的历史和人物记录下来。像别的孩子沉迷于玩具一样，勃朗特三姐妹总是沉迷于文学幻想中。

夏洛蒂没能活到三十九岁生日那一天；艾米莉三十岁的时候死于肺结核；安妮二十九岁就匆忙辞世。小妹妹安妮留下了两部小说《艾格尼斯·格雷》和《女房客》，不过其成就远比不上姐姐们的那些杰作。夏洛蒂和艾米莉的伟大之处在于，虽然她们所生活的家庭非常封闭，但她们依然能够在不长的生命中紧紧抓住想象之翼，不停地写出一部部作品，其中的两部小说直到今天仍然充满鲜活的生命力。

79A.夏洛蒂 · 勃朗特

1816—1855年

《简 · 爱》

有一次，一位女士问塞缪尔 · 约翰逊（59），在他的词典里为什么要把“骹骨”[①]定义为马的“膝盖”。“无知，女士，纯粹的无知。”他回答道。为什么这本《一生的读书计划》的前几版里，我遗漏掉了《简 · 爱》？一时疏忽，亲爱的读者们，纯粹是一时疏忽啊。我年轻时读过《简 · 爱》，当时觉得它虽然挺有趣，但也不过是一部迎合女性口味的老掉牙的爱情小说。所以不久之前我才又强迫自己重读一遍，这才发现自己当年的狭隘。

我手里这本《简 · 爱》的护封上这样写道:《简 · 爱》是“文学史上的有关伟大爱情小说”，大多数读者都认同这种说法。这是一部激情之书，强烈的情感冲击力之强，轻易地突破了平凡而过分拘束的笔法，喷薄而出。如果《简 · 爱》是一部话剧，它也会十分出色。它最合适的读者群是十二三岁的儿童，而且比起男生而言，它更适合被女生阅读，但这并不影响小说的价值。现代青年人的浪漫有过多“过分纵容”的文化背景，但是在根本上，浪漫依然存在，从未被动摇。要是我说错了，《简 · 爱》早就没有什么读者了。

可以说《简 · 爱》的主题是爱情，不过更准确地说，是简需要别

① 对应的英文单词为“pastern”。——编者

人的爱，罗切斯特也需要别人的爱。有时我很奇怪：为什么很多现代小说用它们并不具备的浪漫情调做主题？我们能够想象得到，用现代人的术语来说，生活在小说幻梦中的年近三十的夏洛蒂该有多么压抑啊。

也可以把《简·爱》当成一部成长小说来读：“丑小鸭”变“白天鹅”——就勃朗特姐妹而言，这种成长只存在于想象中：简从桑菲尔德大厅三楼的走廊走下来（在罗切斯特先生出来之前），她似乎看到了更为广阔的人生，“一个永不完结的故事，从我的想象中诞生，滔滔不绝地讲述出来，它无限的活力来自无止境的事件、生命、火焰、感情，那是我渴望但在现实中感受不到的。”确定无疑，夏洛蒂是在说自己，还有她的妹妹们。

这个看似老掉牙的故事实际上非常“现代”。例如，尽管夏洛蒂在小说里只是曲折地暗示，但我们无疑可以发现罗切斯特之前的妻子是个“色情狂”，冷酷的圣约翰·里沃斯则是个压抑的书呆子，虽然这种解读并不符合夏洛蒂的初衷。当时夏洛蒂用来描述阁楼里疯子的手法，今天斯蒂芬·金用来吓唬读者、吸引读者。

拜伦式英雄的吸引力是《简·爱》超越时间的价值之一，尤其小说里的英雄还是个“有点老的男人”，是个需要对自己的生活做出改变的男人。他就是性格复杂的罗切斯特先生。这个人讽刺别人和自己，在嘲笑中生活。罗切斯特的不幸是他自己的性格造成的，而他又想制服吞噬自己灵魂的“自我”。他是“忧虑时代”诸多作家笔下的典型，这些人包括小说家诺曼·梅勒或者菲利普·罗斯。

《简·爱》是最早的女性主义小说之一。19世纪流行的观点是女人“应该待在家里做补丁，补袜子，弹钢琴，绣布包”，《简·爱》一直温和地反抗这一说法。相对之后成千上万本以“反抗权威”为主题的小说，《简·爱》也可以被视为它们的先行者。

尽管有点老套，读者还是会觉得故事太有吸引力了，文笔旧一点又有什么关系。实际上，夏洛蒂在小说里投入的热烈信仰和智慧征服了我们，让我们不再计较表述方式是那么老旧，古板得像情节剧。

最近恰好读过奥斯卡·王尔德的一句话："因为没有受过良好的教育，所以我们只能从女作家那里读到天才的作品。"说得好。当女人在教育程度上和男人持平时，她们写出的东西也就和大部分男性作家差不多了，不再带给人惊奇。《简·爱》中满是热情的"哭泣心灵"，能够使它在这本《一生的读书计划》中得到应有的地位，因为它有足够的魅力。

79B.艾米莉·勃朗特

1818—1848年

《呼啸山庄》

艾米莉·勃朗特与简·奥斯汀（66）都是牧师的女儿，但她们只有这一个相同之处。不过谈论艾米莉·勃朗特时，不讲讲简·奥斯汀就好像缺了点什么似的。她俩生活在不一样的世界里，一个创造了家庭喜剧的完美经典，一个写出的悲剧与家庭事务全无关系。一个将激情关在门外，一个自己就是激情的象征。简·奥斯汀对自己极富教养的小生活圈子心知肚明，对生活透彻的洞察和天生灵活的头脑催生了她的作品。艾米莉·勃朗特了解的仅仅只有约克郡的沼泽地和自己的家人，很难找出她这部唯一小说的生活来源。

《呼啸山庄》在不少方面都显得有点儿荒谬。它保留了勃朗特姐妹幼年梦幻般的氛围，但却是一个噩梦。小说依靠情节来吸引读者：魔鬼一样的希斯克利夫报复所有阻碍他得到凯瑟琳·恩肖的人。“剧中剧”的叙述方式让人摸不着头脑，小说的语言脱离现实，希斯克利夫和凯瑟琳是仅有的生动鲜明的人物形象。

不过，我们还是没有理由地觉得《呼啸山庄》有意思，可能我们是把它当作梦幻而非名著来对待。小说的内容笼罩着一种紧张感，哪怕情节再老套不过，这种紧张感还是使我们折服，至少也让我们不安。

艾米莉·勃朗特是作品极富原创性的作家，她读过那个年代的爱情诗和哥特式小说，但是她的作品却独辟蹊径。当时哥哥布兰威尔的恋情可能给正在写作的她一些真实的灵感，但是小说真正的、最根本的源头却无从寻觅，它只能来自艾米莉·勃朗特那质朴、原始、火山爆发般的想象力。以前没人见过，以后也不再有。

克里夫顿·费迪曼

80. 亨利·大卫·梭罗

1817—1862年

《瓦尔登湖》《和平抗争》

梭罗的一生好像都在自说自话，但他死后这些话却有千百万人在倾听，或许有上亿人也说不定。从甘地的“非暴力不合作”运动（对马丁·路德·金有影响）以及英国工党过去的政治主张中，都可以找到梭罗思想的痕迹。虽然他已经去世一百多年了，从他生存的年代到我们所在的今天，《瓦尔登湖》（《和平抗争》也是同一类型的）都是最有影响力的著作之一。在现在这个不断进步的社会中，《瓦尔登湖》向世俗社会挑战的呼声显得更为急切。《瓦尔登湖》和《哈克贝利·费恩历险记》(92）可以称得上是美国两大“核心”宣言。梭罗的散文既有趣，又有活力，充满智慧和生气，在美洲大陆第一次出现这样的文章。这些原因就足够让我说服你去读读《瓦尔登湖》，也许你也应该花心思读读他更多的好文章。

梭罗没有花时间去刻意挣钱。他从小就下决心为社会的需要而非自己的愿望而工作，他从事过多种职业：小学校长、调查员、做铅笔的工人、园丁、手工业者，甚至还做过暴风雪和暴风雨的监测员。他勤奋地写作（梭罗很少闲下来，他比任何一位五十岁的董事会主席干得都多），主要为一家大杂志社供稿，至今有些文章还未发表。为报纸杂志撰文和出版自己的著作，带给梭罗的收益可谓微不足道。他的第一本书印了一千册，卖出去不到三百册。梭罗说："我现在有一个图书室，里面有近九百卷书，其中七百多卷是我自己写的。"他一生和爱默生（69）、康科德文人圈、先验主义者们的交往不断。而设下陷阱捕猎的人和农民更是与他来往密切，他们都是朴实的劳动者，生活在梭罗热爱的大自然里。不过，和梭罗交流最多的还是他自己。他每天在居住地周围的小树林里、田野里散步，他敏感的眼睛里记录着存在的一切：土地、水、空气的流动，他相信这些是生命得以延续的源头。梭罗一直在不停地思索。

爱默生称赞梭罗自食其力、不拘一格、单纯质朴、深思冥想——他确实当得起这样的赞美。他的世俗生活乏善可陈：一次平淡无奇、早早结束的恋情（梭罗无疑是个伟大的人，但不是个理想的男性）；在瓦尔登湖畔生活的重要两年，他用二十八美元盖了房子，建起了围墙，几乎与世隔绝；因拒绝向"不道德"的政府缴纳人头税而被投入监狱一夜；在公众场合勇敢地反对约翰·布朗。

不需别人来评价，梭罗是自己评论自己的高手。不过读者也要注意一点：他很危险。梭罗不是革命者，却比革命者还激进，他的激进简直可以比得上耶稣了。他自己反对整个社会的风尚，他用隐居来反对发明、机器、动力、工业、进步，反对强大的政府。"简单化"，梭罗用这个词来概括一切。如果所有人都直截了当地接受这个词，像梭罗一样，那么我们的文明将在一夜之间沧海桑田。

梭罗看到"人民生活在沉默的绝望中"（这句话被无数次引用），他想要完全掌控自己的生活。事实上，他是在"生活"，而非适应、积累、假设、改革、竞争。他的这种价值观，对天赋不及他、无法享用和阐释自然的人来说，并没有什么诱惑力。梭罗对人生的意义的全面阐释不以他的生活观为基础。

这个过着半隐居生活的古怪北方佬，信奉朴素的个人主义，不信任国家，对 7 月 4 日（美国独立日）毫无特别感觉。但他不仅是美国作家中最“美国”的，同时也具有最长远的生命力。这一点儿也不奇怪。

克里夫顿·费迪曼

*81.*伊凡·谢尔盖耶维奇·屠格涅夫

1818—1883年

《父与子》

在俄罗斯19世纪的四位伟大小说家中，屠格涅夫的声名最为不显，可能原因就像权威专家所说的：屠格涅夫的风格是过分精细和煽情的，以至于没有哪个译本能够让它原汁原味地呈现出来而不丧失光彩。另外，可能是他作品的某些主题已经不再流行："多余的人"——19世纪四五十年代，有吸引力而老态龙钟的沙俄贵族；男女之间没那么你死我活的斗争——占统治地位的是女性，男人是较弱的一方；早恋、不顺利的恋情、记忆里的爱情，感情中如此种种的哀伤之美；还有他永恒的主题——失败的变化。

屠格涅夫的母亲就像童话故事里吓人的老妖婆，给儿子留下一生不灭的恐惧和绝望，这些情绪也渗透到他的作品中。屠格涅夫一生追求丑陋而极负盛名、令人着迷的女歌者宝琳，这对他伤痛的灵魂毫无益处。在欧洲，他像宝琳身后紧紧跟随的一条狗——主人偶尔表现出的怜悯就能让他开心不已（如果这种开心是真的的话）。为了获得所谓的幸福，屠格涅夫选择在宝琳家附近的地方居住，甚至当宝琳和丈夫在一起时也不愿离去。可以肯定的是，宝琳扭曲了他对女性的认识，女人让他又怕又爱。

屠格涅夫多年来在祖国和西欧之间奔走，他的最后二十年基本上是在巴黎和巴登度过的。和乔伊斯（110）一样，他也是个国际流浪者，靠介绍大城市的文化来扩展祖国人民的视野。无论空间上和祖国相距多远，这两位“西方化”的作家都是从家乡汲取自己最本质的灵感。19 世纪酝酿着 1917 年的“十月革命”，那时的屠格涅夫对政治抱有淡淡的冷漠，内心也充满对自由、启蒙精神和人道主义的怀疑。所以即使能马上得到知识分子的喜爱，保守派和激进派还是对他的作品不屑一顾。

他的一些短篇作品（特别是《猎人笔记》里的好几篇）文笔优美无比，不过给屠格涅夫带来永恒光荣的还是《父与子》，看书名就知道这本书写的是两代人之间的冲突。我觉得有些小说家更擅长此类题材，例如塞缪尔·巴特勒，他写过《众生之路》。

但《父与子》有更强的魅力，它是将这一因素（两代人的冲突）和俄国人的性格融合起来的第一部经典之作。屠格涅夫没有陀思妥耶夫斯基（87）那样的直觉，但他笔下的巴萨洛夫——《父与子》的中心人物——确实是 19 世纪的一位几乎可以称为伟大的“虚无主义者”（屠格涅夫自己创造的词）。时光流逝，俄国的虚无主义者变出了种种不同的形式：恐怖分子，无政府主义者，唯物主义者，科学论者，最后还有富于奉献精神的共产主义者。屠格涅夫在《父与子》中也充分展示了自己写作的其他特点，特别是简洁的文笔和不属于俄国风格的清晰形式。不过以我之见，这本书成功与否，关键还得看巴萨洛夫带给人的影响。

克里夫顿·费迪曼

82. 卡尔 · 马克思（1818—1883年）
弗里德里希 · 恩格斯（1820—1895年）

《共产党宣言》

思想会结出果实，这句话在卡尔·马克思身上得到了最好的验证，恐怕这连他自己都没有想到。也许他会这样说："无产阶级必然胜利，我只不过一生都在为认清这些事实而奋斗，并轻轻地把无产阶级的斗争往前推了一下。"但是，1917 年以后的历史似乎更倾向于证实以赛亚 · 柏林在《卡尔 · 马克思：他的生平和环境》里的第一句话："论对人类的影响，在 19 世纪没有人比卡尔 · 马克思更直接，更深入，更重大。"仅仅因为这个理由，《共产党宣言》也值得推荐（他的朋友恩格斯也有一份贡献）。西方人不大喜欢马克思，大多数西方国家也拒绝他的理论，但如果我们对他和他的朋友一无所知，那我们就和文盲差不多了。

卡尔 · 马克思是德国犹太人，属于中产阶级知识分子。1849 年之前，已成年的马克思在科隆、巴黎、布鲁塞尔的报纸杂志工作占去了他大多数的时间。后来他被迫离开德国，移居英国。他生命最后三十四年的大部分光阴都消磨在伦敦大英博物馆中，这里被看成共产主义运动的"孵化器"。马克思一生没有经历多少大事，辞世之后和他相关的事件才开始不断发生。

《资本论》是卡尔 · 马克思的主要作品，不过如果你不是爱钻研的学生，即使推荐这本书也是劳而无功。

《共产党宣言》读起来很流畅。它不是文学著作，而是具有里程碑意义的宣言。一开始，马克思和恩格斯写《共产党宣言》只是为1847年“共产主义联盟”提供一个平台，后来这份宣言却成了整个共产主义运动的纲领性文件，特别是对1917年后的运动而言。用明了而略加文饰的话来说，《共产党宣言》为经典共产主义提供了主要理论：任何一个时代，只有用生产方式和交流方式才能完全解释清楚；人类文明的历史就是阶级斗争的历史；无产阶级要想从资产阶级的压迫中解放出来，不能指望简单的政治革命，而要倾覆整个社会，这个时刻已经到了。

《共产党宣言》一开始就有一句著名的话：“一个幽灵，共产主义的幽灵，在欧洲的上空游荡。”结尾还有同样有名的三句话：“无产阶级在这次革命中失去的仅仅是锁链，得到的将是整个世界。全世界无产者联合起来。”

我们不能认为《共产党宣言》已成为过去的、历史的文件，它对现实的影响在今天仍然是铁一般的事实。

克里夫顿·费迪曼

83. 赫尔曼·麦尔维尔

1819—1891年

《白鲸》《代笔者巴特贝》

二十五岁时的麦尔维尔已经经历了足够丰富的人生，让他的笔下有了足够丰富的素材。他在很多条船上当过水手，例如商船“圣劳伦斯号”、捕鲸船“阿克修涅特号”、澳大利亚三桅帆船“露西·安号”，还为小型驱逐舰效力过。他在大西洋和南方诸海航行过，在马克萨斯群岛被食人部落俘虏过，还过了四周“宽容监禁”的日子。在此之前，麦尔维尔受过一些浅薄的无目的教育。结束自己的冒险之后，他在欧洲和巴勒斯坦进行过短暂的旅行。多姿多彩的经历、热爱思考、出类拔萃的创造力，所有这些让麦尔维尔写出了包括《白鲸》在内的一系列作品。其中《比利·巴德》《前桅哨》在作者死后多年才出版，都是开卷有益的作品。《泰比》以作者自己二十五岁时误入食人族部落的那段经历为素材，取得了巨大的成功。之后他的作品反响平平，后半生的麦尔维尔只是个孤独的无名之辈。当然，《白鲸》（1851 年）得到了足够的关注，但是知音寥寥。直到麦尔维尔死后三十年的 19 世纪 20 年代，才又有一些较真的学者“复活”了大白鲸。麦尔维尔的声誉日隆，而且一直经久不衰，伟大小说《白鲸》的地位也被世界承认。

麦尔维尔在给好友霍桑（70）的一封信中说：“我写了一本洁白如羔羊的邪恶之书。”很有趣的话，很微妙的讽刺。他认识到《白鲸》

中的玄学和对宗教的叛逆不会令守旧的家人开心，所以这句话也是一种客观公正的叙述。《白鲸》并非为了“邪恶”而写，而是写“邪恶”，同时缺少哪怕一点儿基督教因素。

《格列佛游记》(52)、《爱丽丝漫游奇境》(91)、《哈克贝利·费恩历险记》(92)、《堂吉诃德》(38)，这些小说都属于同一种类型，即作者丰富的想象力需要从两个或更多的方面去理解，《白鲸》与它们同列。

少年男女可以快速阅读里面自己喜欢的部分，把它看成极有吸引力的海洋故事：有一条用象牙做的假腿的老船长追逐着宿敌大白鲸，最后和它同归于尽。成年之后，各个年龄段的人会认同这本书是一部充满冲动的书：深度分析种种困扰，解释生命的悲剧性。这些特质让《白鲸》与陀思妥耶夫斯基(87)的作品，甚至与莎士比亚（39）的作品相比也毫不逊色。对英语有感受的人会不由自主地被这本富有悲剧性的书感动，就像管风琴的音栓全部被拔出来一样，空气流喷涌而出。

《白鲸》既不晦涩难懂，也不能让人一目了然。读过的人都会觉得，老船长亚哈和白鲸（还有船上其他人物）并不仅仅代表他们自己。他们究竟象征何物，每个人有自己不同的看法。有的人认为“大白鲸”象征整个宇宙的邪恶，大自然沉默得无情，敏感而精力充沛的人会感到自然的冷漠，并意识到自己受困其中，黑暗的大自然一直在亚哈的头脑中挥之不去。对他而言，大白鲸不光是一条真正的鲸鱼，还是自我心灵“太平洋”中的一只翻云覆雨的怪物，要毁灭它只有自我毁灭一条途径。《白鲸》既不是使人忧伤的作品，也不是令人恐惧的作品，但也绝没有乐观的因素在其中。

评论这么多年《白鲸》，我曾经想把自己的感触总结一下。现在，在第五次读这本书的时候，我的感受还和第一次读时一样，没有变化：“《白鲸》是美国最为伟大的杰作。美国最自由的人是爱默生（69）和惠特曼（85），而《白鲸》的内涵比他们的思想还要深邃复杂，它凭借征服的文字闯进‘世界极远的神秘之地’。它或许和高雅的风格不沾边，还有些固执难懂，但它无疑是美国献给世界文学的一份礼物。它层次多样，内容广泛，一个桀骜不驯又暗自害怕的灵魂飘荡在冥界，感受孤独，恐惧孤独。”

《白鲸》出版两年之后，篇幅比较长的短篇小说《代笔者巴特贝》在一份杂志上刊出。这个故事只有麦克维尔能写得出来。巴特贝式的根深蒂固的钝性，恐怕也只有塞缪尔·贝克特（125）的天赋能够反映。但在1853年〔爱伦·坡（75）1849年就去世了〕的美国，除了麦克维尔，没有其他人能够用想象力创造出这种主题的故事。实际上，当时好像找不到能理解“巴特贝”的人，有些评论者以为这是一篇幽默故事。

巴特贝用无言的“我不想”使自己脱离与他人的接触，他“纯洁而无趣，可敬又令人鄙夷，自己无法从孤独中解脱”。问题在于，作者是如何想象并创造了这五十页的故事呢？而麦克维尔确实能这样做——编织一个让人难忘的故事。它的主人公缺乏理性，不懂人情世故，对生活只会“永远说不”，在他所有的同胞以巨大的热情生活和建设强大国家时，他还是在说“不”。

用今天流行的话说，也许在弗洛伊德（98）那个时代之前，“巴特贝”已经对“死亡意愿”做出了研究。也许它属于“另一个我”这一文学类型，就好像康拉德的名作《分享秘密的人》（100）一样。可怜的巴特贝与其创造者麦克维尔似乎有着某种神秘联系，巴特贝也许是麦克维尔的自况，其中有他的孤独，有他同自己所在时代的纷纷扰扰的物质世界的远离。

这是一个令人难以安眠的故事。

克里夫顿·费迪曼

*84.*乔治·艾略特

1819—1880年

《弗洛斯河上的磨坊》

《米德尔马契》

可能只有文学史家注意到了，如果用股票交易市场来比喻文坛，那很多知名作家的股价都有过浮动，虽然不是大起大落。过去几十年里，萧伯纳（99）和华兹华斯（64）的“股价”下跌了几个点，奥尼尔（115）、福斯特（108）、卡夫卡（112）、多恩（40）、博斯韦尔（59）、托克维尔（71）的“股价”上升了几个点。乔治·艾略特的“股价”可算大涨特涨，以受人尊敬的英国评论家F.R.利维斯为代表，学者们的大力支持对此起到了积极的作用。

普通的西方读者也许还能记得在高中被迫读《织工马南》时的场景。也许是被作者的尊容吓着了，到现在一回想起来还是会像一匹伤心而聪明的小马一样逃开。乔治·艾略特和诸多作家相似，都是被摄影师和肖像画家害苦了的“不幸的人”。

不过，乔治·艾略特还是有很多有趣之处。她原名玛丽·安·伊万斯，出身于华威郡一个中产阶级商人家庭（父亲原来是木匠，后来成了房地产暴发户）。艾略特起初就对学习很感兴趣，这对她以后的职业很有帮助。十几岁时她是虔诚而狭隘的教徒，读了很多书，在和不少非教徒交流过后，她迅速摆脱了教条主义。抛弃上帝和永生，她用对义务的付出平衡一切，“义务”在抽象意义上与“永生”似乎有相通之处。

父亲去世后，艾略特搬到伦敦居住。她成功地从事于需要付出脑力的新闻工作，与诸多文化名人有所往来，例如赫伯特·斯宾塞、约翰·斯图尔特·穆勒（72）等。1854年，她的人生伴侣似乎确定下来了：与学富五车的记者和传记作家乔治·亨利·刘易斯在一起，两人的关系长期、不合法而又是公开的。刘易斯的妻子精神不正常，与别的男人生了两个孩子（唉，这些维多利亚时代的人啊），和丈夫处于分居状态。直到1878年刘易斯去世，艾略特都和他保持这种关系。两人生活美满，受人尊重。刘易斯死后一年半，艾略特和美国银行家约翰·W. 克劳斯结婚。那时她已经六十岁，新郎比她小二十岁。艾略特真是一位意志如钢的女人。

艾略特的坚强意志不仅仅体现在忙碌的生活上，还体现在她的小说中。艾略特的小说给很多读者的感觉是：冗长而缺少趣味，过多的思想，说教性过强，特别是《罗慕拉》，让人不由自主地体会到作者对人物的外貌和内心真实再现的才智。艾略特的小说无声无息地为现代文学做了领路人，如果没有这些作品，现代小说的进步会更为艰难。就像D.H. 劳伦斯（113）说的那样：“这一切都是乔治·艾略特开创的，她发挥了实际作用。”从现代小说的产生来看，或许斯特恩（58）更早，但是他的小说《项狄传》因为太过奇怪而被英国主流文学边缘化，而艾略特正好在主流文学之中发挥了导向的作用。艾略特的写法在当时十分新颖，她用这种形式来描述人心所承受的精神重压。她的小说不拘一格，从中找不到狄更斯式的快乐结尾和经典的浪漫爱情。在她所写的故事里，有着超越大多数前辈作家的一流智慧，还有她自己的价值观。艾略特甚至着笔于写知识分子——这一题材在乔伊斯（110）之后很常见，但在简·奥斯汀（66）、菲尔丁（55）或者狄更斯（77）

的作品里是不存在的。

《弗洛斯河上的磨坊》的前几章具有自传性质，叙述了主人公独特的童年光阴，细腻深刻，温润舒缓，令人着迷，就像《哈克贝利·费恩历险记》(92) 一样有趣。书中塑造了格莱格姑妈、普利特等一些生动形象的小人物，虽然那时的生活环境已经一去不复返，但这些人物形象依然保有鲜活的生命力。还有值得怜悯的玛吉，在苦难的世间奋力发挥自己的恋爱天赋，这种努力今天仍非常感人。《弗洛斯河上的磨坊》和作者的其他作品一样，具有严肃的道德性——不僵化狭隘，而是心灵世界的自然流露，包容阔大，善于思虑，富于力量且有人道关怀。只要读几个小时就会发现，乔治·艾略特的作品虽然有很多说教，但其重要性不可抹杀。

在今天，《米德尔马契》不仅被认为是艾略特的名作，同时也是英国传统小说的核心作品。1919 年，伍尔夫（111）在一篇文章中就将它称为"为数不多的写给成年人的英国小说之一"。它非常迎合当时的趣味，用复杂、曲折的情节讲述几对情人和夫妇的职业经历。小说还有一个主题，就是 1832 年"修正法案"首次通过之前对政治和社会的辩论。读者更感兴趣的应该是对具有地方特色的社会生活的全方位描写，还有女主人公多罗西娅·布鲁克承受的性失败和精神冲击。面对小说里所写的不幸婚姻，维多利亚时代的读者可能会感到不安。细致的心理分析，深厚的同情心，作品的这些魅力直到今天仍然不减。

伟大的小说有的可以快读，有的需要慢读。《米德尔马契》应该慢慢读，它不会让读者大踏步向前，这是一部舒缓前进的作品。

克里夫顿·费迪曼

85.沃尔特·惠特曼

1819—1892年

《诗选》《民主远景》《草叶集》

初版序《回头看看走过的路》

我听见美国在歌唱。我赞美我自己。我散步，还邀请了自己的灵魂。我戴着帽子在自己的屋子里任意出出进进。我发现任何人的脂肪都没有我自己骨头上的甜美。我是人，我痛苦，我存在。我自相矛盾吗？好吧，我是自相矛盾的。通向印度之路。我在世界的房顶上发出粗俗的吼声。一个女人在等着我。当我给予，给予的是我自己。长长的黄土路可以引我到想去的地方。被选出来的人的无耻无限。开拓者！哦，开拓者！迈出永远摇动的摇篮。最近紫丁香在庭院开放的时候。啊，船长，我的船长！一座有最伟大男人和女人的伟大城市。美国自己就是一首长诗。物质占有狂。这些美国的州。伟大诗人不可或缺的伟大听众。我镇定自如，放松地立于大自然。未曾被教育过的强者。（《草叶集》）

我没有给上面的句子加上引号，因为在我们的头脑和记忆中就不存在引号。力量之源是惠特曼的语言而不是内容。他全面投入自己的灵魂，想要变成国家的游唱诗人，代表“神圣普通人”的声音和民主的缪斯。可是美国没有游唱诗人；芸芸众生没有神圣感，也不想有；民主也不想让缪斯来陪伴。惠特曼热爱祖国，总是用不懈的激情来表达对祖国的爱，不过也许他从未认清过自己的祖国。他广受欢迎不是因为被“未曾被教育过的强者”接纳，而是因为他创造力澎湃，是神奇新语言的创作者。

惠特曼的思想是有多个源头的，包括第一批称赞他才华的人中的爱默生（69），他诗歌的节奏也源自《圣经》等作品。尽管如此，在诗歌领域他是一位真正的革命者。他自由变换、抑扬顿挫、像波浪一般的诗句，他新奇（有时甚至荒谬）的语言控制方式，他对词汇充满勇气的使用——所有这些都帮助解放了美国的诗歌，而且在国外也影响深远。他对性的坦率也无疑有助于反叛文雅的传统。

前三版《草叶集》（1855 年、1856 年、1860 年）汇集了惠特曼 90% 的名篇。之后的作品更像是以前作品的复制，更像是散文而非诗歌。惠特曼有点儿想表现得像个内行，如果读者更喜欢能激发想象的词，那可以说他戴着“面具”。

惠特曼是同性恋者，恐怕只有明白了他对男人的看法，才能明白他对民众的奇怪想法。

一方面，惠特曼的作品原创性强，他有农民式的狡黠，但智力一般。他想象狂放的预言性诗句让读者亢奋，他动听的悲歌让读者动心，他还能让读者看见一系列上蹿下跳的神奇小人。这些不是小把戏，足可以令惠特曼成为美国最伟大的诗人。

另一方面，惠特曼过多地思考如何将自己的缺点变成美德。他没有接受过高等教育，也没有丰富多彩的生活经历（即使惠特曼热衷于讲述他的传奇故事），他写诗依仗的是足够多的智慧，而缺少经过三千年积淀下来的西方文明的影响。所以他勇敢地代表美国时，给人一种狭隘的感觉。当他说自己“既不雕饰，又不礼貌”的时候，恐怕也不是理直气壮的。

惠特曼不管价值的等级，他赞美一切创造物——总是激发出人的情感，也总是荒谬绝伦。惠特曼认为一切都是平等而神圣的。“和撒那[①]”的次数出现过多，让读者们开始生厌。诗人西德尼·拉尼尔完全同意这种想法，他讽刺惠特曼“因为密西西比河很长，所以美国人都是上帝”的言论。

类似的批评不绝于耳，有的更加苛刻，但是“惠特曼”存活了下来。他粗野的叫声被当作真正的美国之音，被英国和欧洲大陆急不可耐地接受下来（因为这和他们对美国的天真想象一致），所以在那里喜欢惠特曼的人比在美国还多。不过有一定文化程度的美国人（而不是惠特曼喜爱的工人阶级）还是比较能接受惠特曼奇妙激昂的诗句。倒不是他能代表美国发出的真正声音——弗罗斯特（106）才是更真实的美国之音，而是因为他超越时空限制的圣歌，差不多与荷马（2, 3）一样，诉诸读者最本质的感情——关于死亡，关于自然，歌颂在最文明的人们心中依然留存的“神祇们”。惠特曼赋予诗歌的形式不守常规，虽然他觉得自己是新时代的号手，但实际上他的文风有点儿近似前古典和前基督教的风格。

除了这三篇重要的散文作品，下面列举的这些诗也是值得阅读的：《我自己的歌》《我对带电的肉体唱歌》《大路之歌》《轮渡布鲁克林》《回答者之歌》《阔斧之歌》《迈出永远摇动的摇篮》《和生活之海一起退潮》《当我听到学问渊博的天文学家》《在弗吉尼亚树林费力踱步》《裹伤者》《最近紫丁香在庭院开放的时候》《有一个孩子向前走去》《暴风雨的壮丽乐曲》《通向印度之路》《哥伦布的祈祷》《一只沉默而耐心的蜘蛛》《现代岁月》。

克里夫顿·费迪曼

---

① 和撒那：hosannas，赞美上帝之语。——编者

86. 古斯塔夫·福楼拜

1821—1880年

《包法利夫人》

《包法利夫人》最初以连载形式问世。当时居然有人控告这部作品违背道德和宗教，福楼拜不得不当众做自我辩护。他打赢了官司。《包法利夫人》的文学性替代了其道德关注，但后者造成的麻烦远未结束，还是有很多读者对这部作品表示不满，其中还包括其他的小说家和评论家。在这里我得说，虽然我喜欢《包法利夫人》，认为它是当之无愧的名著，但我对它透露出来的超脱态度还是感到震惊。

与巴尔扎克（68）不同的是，福楼拜是纯粹且专注的古典型艺术家。他的父亲是鲁昂的一名外科医生。他曾在巴黎短暂修过法律课程，但觉得索然无味。1844 年，福楼拜得了神经疾病，开始隐居起来学习和习作，其间经历过旅行和风流韵事。天性不乐观的作家失去了爱人，作品被大众误解，自己又因过分追求完美而痛苦……所有这些让他天生的忧伤更浓重了。

福楼拜写道："思想依托形式而存在。"在他那里，形式不是结构或者模式，而是一种复杂的东西。形式包含而不限于以下诸多元素："完美的词"，精巧灵动的节奏，半谐音，像回声一样的排列组合，像建筑一样错落有致的符号。福楼拜在《包法利夫人》上投入了五年时间，之前的法国作家无人有如此认真的精神。

福楼拜认为艺术家是在道德宇宙之上盘旋的精灵，艺术家的任务不是判断、解释、说教，而是理解和完美地记录。只要自己的作品不那么情绪化，不那么令人感到遗憾，作者的任务就算完成了。和《格列佛游记》(52）一样，《包法利夫人》传递出的信息是消极的；和斯威夫特一样，福楼拜也不热爱人类。《包法利夫人》表现的情感是冷漠的，带着对人类的厌恶，但在我看来它还是一部完美的作品。

无论这一观点是对是错，没有人能否定《包法利夫人》的影响。此后诸多小说反映了理想生活和灰色现实的对立，它们应该归功于福楼拜的这本小说。包法利夫人是“瓦尔特·米涅”式人物系列的第一人，她的名字“包法利”成了她“病症”的象征——狂热而不健康地认为自己比真实的自我更为优越。千千万万的男女反抗生活，有的用白日梦，有的用实际行动。也许他们并不是生来就是要反叛的，《包法利夫人》起了推波助澜的作用，就像一位青年看完歌德的《少年维特之烦恼》(62）后自杀了。

被大多数评论者推荐的《包法利夫人》是一部杰作，但不能涵盖福楼拜的全部内涵。我特别建议大家读读他的短篇合集《三故事》，其中《简单的心灵》居然表现出对基督教的同情，在伟大而忧伤的福楼拜身上，这可算是件难得的事情。

克里夫顿·费迪曼

87.陀思妥耶夫斯基

1821—1881年

《罪与罚》《卡拉马佐夫兄弟》

陀思妥耶夫斯基的工作和生活如同一出戏剧，痛苦、暴力、危机四伏的情绪以及自我放纵充斥其间。他写作生涯的全部都笼罩在焦虑之中，这种焦虑是他作品里真实情绪的一个反映。读者知道这一点很有必要，毕竟读陀思妥耶夫斯基的作品好似身处冥府地狱。

和福楼拜（86）一样，陀思妥耶夫斯基也是医生的儿子，在年幼时就被大人领着看到了种种痛苦、病态和死亡的场景，这些场景被深深刻在他的脑海中。陀思妥耶夫斯基十五岁那年，性格温顺的母亲死了。不久之后的1839年，父亲也死了——也许是家里的农奴杀了他，也很有可能是因为中风。年轻的陀思妥耶夫斯基独自一人，无所依傍。困扰他一生的癫痫病可能就是这时候缠上他的，这种容易发作的疾病或许也为陀思妥耶夫斯基带来了某些灵感。1849年，因为和一群激进梦想家关系密切，陀思妥耶夫斯基被下狱并被判处死刑。在行刑队开枪的前一刻，他获得了减刑。这一经历深深地刺激了他。之后他被发配到西伯利亚劳改营过了四年非人的生活，《死屋手记》对此有所记载。此后，陀思妥耶夫斯基又在亚洲一个偏僻的哨卡当了四年兵。

陀思妥耶夫斯基的第一个妻子患有精神病，第二个妻子是他的秘书，好像对他的疯癫和狂暴相当宽容。他抛弃了年轻时激进的乌托邦梦想，皈依宗教，变成了一个东正教教徒、保守主义者、大斯拉夫主义者，但这些依然不能概括陀思妥耶夫斯基的全部。在信奉基督和撒旦之间的徘徊造成了他性格的矛盾，他的语言有时让他看上去像个善良的欧洲人——当然还有明显的俄国特征。在生命的后半段，陀思妥耶夫斯基在写作方面非常有成就，在传播俄国风格方面也很成功，但他并不比之前幸福。癫痫病时刻威胁着他，他还经常为债务愁眉不展，有段时间甚至成了一个赌棍，同时能够确定的是，他的性功能也衰退了。

这就是为世人奉献众多不朽之作的那个人。他的小说为尼采(97)和弗洛伊德（98）提供了诸多思想之源，还对诸多非俄作家产生了影响，例如托马斯·曼（107)、加缪（127)、福克纳（118）；他们对恐怖的理论和实践的戏剧化让我们联想起列宁、斯大林和希特勒。可以这样说，陀思妥耶夫斯基对20世纪要遭受的苦难有一种直觉，他的作品也因这种直觉而更具吸引力。

完全理解这位奇怪的作家是很困难的。陀思妥耶夫斯基思想的核心是上帝，他的故事是关于寻找上帝、证明上帝存在而进行的努力。饱受痛苦的作者也许只有在痛苦罪恶的宇宙中旅行长长一段时间后，才能看到爱与和平。他小说的头绪繁多，罪恶、变态心理、宗教神秘主义纵横交错。陀思妥耶夫斯基被看作心怀怜悯的布道者，但是在他身上却难以发现真正的神圣。

《卡拉马佐夫兄弟》被公认为陀思妥耶夫斯基主题最深刻的作品。不过如果只想读他的一本书的话，还是选择《罪与罚》吧。《卡拉马佐夫兄弟》终究是未完成的，尽管并不是悬而未决。《罪与罚》写得更简练，有引人入胜的破案情节。当刺激小说看，当幻想小说看，或当两种因素跨界的小说来看，全看读者自己的取舍。沉浸于他那些昏暗、有魅力、异常生动的故事中，读者会感觉自己好似经历了难挨的一生，这种感觉可以持续很久啊。

克里夫顿·费迪曼

88. 列夫·托尔斯泰

1828—1910年

《战争与和平》

比起其他伟大的小说，《战争与和平》是最经常被赋予“世界上最伟大的小说”这一称号的作品。读者不必望而却步，再伟大的作品也是可以描述的，并不那么难读，甚至都称不上深奥。只要我们能鼓起勇气弄清一些小小的危险事件，这部拿破仑时代的编年史巨著就会像在阳光下写成的一样，变得明明白白。陀思妥耶夫斯基（87）是描写潜意识和反常事物的大师，而托尔斯泰则是描写意识和正常事物的大师，他能将这些写成长篇大作。他用慈爱与平和来写作，虽然小说人物的名字古怪，时代久远，但对我们来说却有兄弟姐妹般的亲密感。

第一次读《战争与和平》的人会有以下三种困难：

1. 小说长得惊人，不过和《堂吉诃德》（38）类似，《战争与和平》也有许多缩写版本。

2. 人物有着古怪的名字，他们之间的关系和行动十分复杂，很难有清晰的印象。对此我只能说，坚持读下去的话，这些会明白起来的。

3. 故事有太多的支线，导致理清它们困难重重。很多批评者认为这是这部伟大杰作唯一的缺陷，屠格涅夫（81）是个形式主义者，托尔斯泰和他不同，他的文字是蔓延开来的，他想到什么就写什么——你抓住作者就不能放手。假如慢慢读（这本书本来就需要缓慢闲适的阅读速度)，读者可能会发现把握其中的支线情节并不那么难，至少不比在《汤姆·琼斯》(55) 中应对那些到处存在的评论文字更难。

许多年前，我在评论《战争与和平》时，特别强调了这部书的三个优点：包容、自然、永恒。十五年后再读，我又发现了它的新优点，那就是托尔斯泰对发掘读者心灵深处的东西很有心得，他的作品也令人们更了解自己。再一次读完之后，我发现这部作品居然如此简单甚至平淡。托尔斯泰曾说："对生活和艺术来说，唯一必要的事，就是讲真话。"从小的方面来说，这不难做到——海明威 (119) 在描绘斗牛时讲的也是真话。但要像《战争与和平》一样，以整个人类生活为主题，做到讲真话就无比困难了。

托尔斯泰做到了。这部巨作描写了拿破仑入侵给整个国家造成的影响，托尔斯泰在这里没有说谎也没有逃避，他抓住生命的本质，用真实而发人深省的语句体现着每一个人物的内涵。所以，《战争与和平》可以说是一部最具理性的小说，虽然它的部分内容是关于战争和毁灭的。这种理性的态度来自作者对自己笔下人物的热爱，对"代代前行"的关注，对生活万象的尊敬。

可以比《战争与和平》读得更为畅快，时间也更短一点的是托尔斯泰的经典爱情小说《安娜·卡列尼娜》。希望读者把两本书都读完。

克里夫顿·费迪曼

89. 亨里克 · 易卜生

1828—1906年

《戏剧选集》

这本《一生的读书计划》提到的剧作家中，易卜生不算是最伟大的，其作品可读性也不是最强的，但他可能是对现代戏剧影响最深远的。他开始写作时，欧洲流行机械、缺乏生气、拘于形式的戏剧模式，易卜生仅凭自己就打破了这种模式。他把戏剧看成自己终生的职业，将戏剧变成论坛，让颠覆性的思想经常出现。他创造了一种新的理想主义，他戏剧的重心在人物而不在场景。他还是萧伯纳（99）的老师，可以说是西方现代社会剧的开创者。

易卜生的父亲是个挪威商人，他八岁时，父亲因生意失败破产，之后易卜生在艰难困苦中度过了自己的童年和少年时代。他从二十几岁开始写诗，还写了一些浪漫的历史剧，不过做得最好的还是舞台监督和戏剧导演。1864 年，易卜生获得旅行奖学金后，离开挪威去了罗马。之后的二十七年，除了两次时间不长的返乡，他一直在德国和意大利居住。这段时间是他创作的高峰期，易卜生完成了其创作的大部分戏剧。这些作品震惊了整个欧洲，让全欧为之欢呼。死前几年他得了神经性疾病，他活得时间不短，但是否幸福并不确定。

读者最少可以从三个角度了解易卜生。

和美国记者H.L.曼肯想的一样，很多人都认为易卜生不是一个提倡除旧布新的作者，而是“一个技术惊人的写作者”，一个手段高超的艺术家。在一个崭新的背景——舞台上，易卜生讲述着有一定头脑的人都会接受的思想，而不是教训观众。曼肯引用了易卜生的一句话：“戏剧家应当提出问题而不是回答问题。”

萧伯纳是易卜生的门徒，他认为适当地提出问题本身就是一种革新行为。相信柏拉图（12）也会同意这一观点，他记录了苏格拉底的话，某种意义上令其不朽。萧伯纳的观点是：易卜生的巨作为19世纪的中产阶级开辟了一条路，让他们摆脱了虚伪的“善”和所谓的“理想主义”。萧伯纳将易卜生视为自己真正的老师，甚至可以这样说：易卜生是“萧伯纳崇拜主义”的老师。不管萧伯纳自己的理解与真实的易卜生有多少距离，都可以这样说。易卜生的作品，特别是以婚姻、女性地位和传统崇拜为主题的戏剧，不仅对作者的同代人，而且对之后人们思想的影响也是决定性的。我的合作者提醒我：易卜生对西方以外广大世界的深刻影响不应忘记。他指出，《玩偶之家》的译介深刻改变了中国和日本文坛：一出戏让整整一代作家获得了自由。

易卜生的第三个身份是诗人，他的诗歌很少被翻译出来。早期的散文诗剧《培尔·金特》尽管没有什么国家主义倾向，但是以挪威人的立场来看，那是一部描写自己民族性格的奇特的讽刺性史诗。一些“社会戏剧”，例如《玩偶之家》《群鬼》《海达·高布勒》也许很快就没人再记得，而《培尔·金特》《建筑师》《当咱们死人醒来的时候》这些象征意味强烈、充满难以理解的奇思妙想的作品，最终会被认为是过去两个世纪中不可多得的戏剧佳作。

上面提到的戏剧作品按写作时间排列，我认为最细腻的作品是《培尔·金特》和《野鸭》。至于哪部是易卜生的最佳作品，目前还没有绝对一致的意见。不管怎样，推荐读者读一下《培尔·金特》《玩偶之家》《群鬼》《人民公敌》《野鸭》《海达·高布勒》《当咱们死人醒来的时候》。

克里夫顿·费迪曼

90. 艾米莉 · 迪金森

1830—1886年

《诗集》

艾米莉 · 迪金森的人生波澜不惊，但她却能窥见人类最本质的生存状况，这个难解的谜团让读者为这位诗人着迷。她写道："灵魂选择她自己的伴侣——／之后——关上了门"；还有"这是我给世界的信件／它从不写给我"。大门打开了，回信已经来了，这位隐居者已经跻身于世界经典诗人的行列。

艾米莉 · 迪金森生在殷实之家，先后在安赫斯特大学、蒙荷利约克女子学院读书，毕业那年十八岁。她终生未婚，从三十岁开始一直没有离开过自己的家和喜爱的花园，直到辞世。四十几岁之后，艾米莉 · 迪金森只穿白色的衣服。涉及情爱的文字可以在诗人的书信中找到，不过好像这种浪漫的能量只在诗作中迸发出来。

艾米莉 · 迪金森一共留下一千七百七十五首诗，不过在诗人生前得见天日的作品可谓凤毛麟角。我们可以说，艾米莉 · 迪金森的作品是一种独语，连标题都没有。她运用语言和性格一样率性而为，充满新鲜感，很难找到一个合适的词来形容。面对下面这样的诗句，评论家们只能绝望地闭上嘴。

藏在最高的仓库中，

在梦中度过白日，
无所事事的小草，
我愿自己是一堆干草。

读艾米莉·迪金森的诗作，不要奢望立刻能理解得比较好。她的想法常常浓缩而奇怪，让多数读者产生在阅读上的挫败感。还有的时候，她的句法本身就让人愤怒。读艾米莉·迪金森的作品应该让自己服从于作者的音质音调，一口气读上二三十首，不要再多了，这时看看你得到了什么。然而，不是每个读者都喜欢这种印象主义般的阅读。要是你希望了解作者奇怪的比喻究竟有何含义，解读宗教与爱时为何笔法怪异，那么辛西娅·格里芬·沃尔夫写的《艾米莉·迪金森》值得你读一读，会对你的问题有所帮助。

艾米莉·迪金森的作品中经常体现出梭罗（80）和爱默生（69）坚定的个人主义，先验主义也并不鲜见。

我想了解有钱人——或许只是感觉——
大商船——一位伯爵——
我确信自己——尽管只剩一个小钱——
却是所有那些人的主宰

1945年，艾米莉·迪金森出版了一部名为《诗意醉人》的诗集。书名来自诗人自己的词汇，指的是创作时诗人心中沸腾的创见。破折号是诗人独有的商标（看看之前引用的诗篇），这不是因为艾米莉·迪金森不会用标点符号，最大的可能性是破折号能够表达她写作时情绪的反应，表达思想和词语涌入头脑时的急促呼吸。

艾米莉·迪金森的“交际圈子”是她自己的花园。花朵、蜜蜂、夜莺、蜘蛛、蒲公英、枝丫、树叶、毛毛虫……是她永远的伙伴，她的密友。诗人的隐喻都来自这些小东西，以此来描述自己对人生的感悟。有时她把单词首字母大写，用来表达更多的含义。她写道：“一所监狱能够成为朋友——”

艾米莉·迪金森希望自己的心声能被听到，但当时的她只能自言自语，多年之后，她才有了那么多倾听者。

克里夫顿·费迪曼

91. 刘易斯 · 卡罗尔

1832—1898年

《爱丽丝漫游奇境》《爱丽丝镜中世界奇遇记》

有的读者或许觉得，刘易斯 · 卡罗尔列入这个《一生的读书计划》里是一个阴差阳错的意外。不，他本来就应该在这里，因为即使他自己不知道——有这个可能，但刘易斯 · 卡罗尔确实向人们证明了荒诞世界和理性世界有一种并不简单的奇妙联系。他不是作为一位青少年经典作家被我收进本书的，因为那样的话，格林、安徒生、科洛迪、E.B. 怀特等不少于一打的作家都应该被这本书收录。刘易斯 · 卡罗尔的当选是因为他的魔力不仅对孩子们有效，同时也征服了无数成年人。

《爱丽丝漫游奇境》《爱丽丝镜中世界奇遇记》这两本书出版于19 世纪六七十年代，实际上卡罗尔现在比当时更受欢迎，很多高级知识分子都是他的书迷，包括评论家埃德蒙 · 威尔森、W.H. 奥登(126)、弗吉尼亚 · 伍尔夫（111)、逻辑学家和科学家阿尔弗雷德 · 诺斯 · 怀特海、波特兰 · 罗素、阿瑟 · 斯坦利 · 爱丁顿，还有很多哲学家、语言学家和心理学家。

刘易斯 · 卡罗尔本名查尔斯 · 路特维奇 · 道奇森。他的父亲是教区长，他自己有七个姐妹，可能这使他看上去有点缺乏阳刚之气。

十九岁之后，刘易斯·卡罗尔一直待在牛津大学基督教会学院，从学生到数学老师，后来又成为系主任。据我们所知，他一直单身。卡罗尔的生活体面而快乐，有点儿学究气，在学术领域与人进行过几次小小的争论，爱好广泛（他是出色的摄影先驱，发明过非常像透明胶纸一样的东西）。写作是他生命中的一种激情表达，也是吸引小女孩的魔力来源。

刘易斯·卡罗尔作为数学老师很平凡，还有点儿循规蹈矩，但他却是亚里士多德（13）逻辑学的优秀学生——不彻底的演绎法是“爱丽丝”系列小说众多不明显的特点中的一个。总体来看，卡罗尔有点儿奇怪，时而和蔼可亲，时而狂暴易怒，时而小心谨慎，时而羞涩腼腆(他甚至常常用灰黑色的手套来遮盖双手)。他的思想似乎十分传统，但如果读他的信件或日记，他那令人大吃一惊的闪耀的洞察力会让人想起弗洛伊德（98）或爱因斯坦。

不可否认，卡罗尔的内心是分裂的，维多利亚时代的很多人都是这样。敏感而好奇的读者可以在作者的小说里找到他心灵分裂的蛛丝马迹。童年的世界、梦的世界、荒诞的世界、理性的世界，它们或者来自意识，或者来自直觉，在《爱丽丝漫游奇境》中被融合在了一起。它们有些部分合在一处，时而交叉，时而交融，一起改变着自己的形态。这种情况赋予《爱丽丝漫游奇境》复杂的感觉，最重要的是，它变得不那么现实了。成年读者会对想象奇特的幽默感报以笑容，但同时也会觉察到这不仅仅是写给天真的小孩子的，因为书中偶尔会出现光与暗之间的意识领域。

很多年前，我评论过卡罗尔，从中引用下面一句话来做结尾：“他热爱孩子，热爱孩子的世界，而对于梦的世界，他也是抱着同样的热情去探索的，虽然这种热情少了几分刻意，即使对象是噩梦也是如此。

噩梦中充斥的内疚和恐惧，正是许多孩子生活的主题，因而也是成年人生活的主题。所有因素结合起来，让‘爱丽丝’小说经久不衰，拥有广大的读者。”

克里夫顿·费迪曼

92. 马克 · 吐温

1835—1910年

《哈克贝利 · 费恩历险记》

小时候读过《哈克贝利 · 费恩历险记》的读者大部分还是认为这是一本“男孩子的书”——这当然是一本“男孩子的书”，而且还写得非常出色。欧内斯特 · 海明威的名言正好和这种看法形成对比：“马克 · 吐温的一本小说《哈克贝利 · 费恩历险记》是美国一切现代文学之源。”真相就在这两种看法之中，第二种似乎更为客观一点。

马克 · 吐温（原名为塞姆 · 朗赫恩 · 克列门斯）写这本书写得十分艰难。也许他压根没料到自己的作品能够和梭罗的《瓦尔登湖》（80）相提并论，这两本富于开创性的小说并肩而立，在19世纪的美国居于中心地位。可以说，这本书不是作者深思熟虑的结果。在马克·吐温的潜意识里，他幼年丰富想象力的河流仍然奔流不息。作者将自己的少年时代写入书中，甚至在不知不觉中，也将共和党的初始岁月写了进去。不仅仅是这样，哈克天生善于和人交流（哈克不是个普通人，他是个天才），不过他十分反感所谓的“文明”，这种精神上的分裂实际反映的是美国之魂的分裂。美利坚民族本来是要“照亮这片土地”，另一方面却更渴望将“这片土地”变成一个巨大的工厂。在两种愿望之间的美利坚民族备受煎熬。此外，至今仍在美利坚民族道德感中存在的种族紧张情绪，在哈克身上也同样有所表现。你可以再读读这一章:“哈克不知是否应该告发吉姆，吉姆是一名逃犯和奴隶，但同时也是哈克不经意间结交的朋友。”

本书缺乏感伤情调，书中工业化之前的美国处于“自然状态”，充满暴力、谋杀、仇恨、贪欲和危险。做过领航员的马克·吐温明白密西西比河的美无与伦比，更知道这条河的多变和险恶。但是，所有美国成年人都热爱自己祖国的过去和未来，在读这本书的时候，都能强烈地意识到，这是对“失去的天堂”的伟大赞美。美国的南方和北方都感到阿伯马托克斯事件一旦发生，那种充满朝气的新鲜的自由就永远离去了。当接受过良好教育的伯利克里时期的希腊人读荷马（2，3）的作品时也会产生同样的情绪，《哈克贝利·费恩历险记》就是美国版的《奥德赛》。

马克·吐温针对自己另一部没那么伟大的作品《汤姆·索亚历险记》说过这样的话:“它本是一首诗，只不过用散文表现，同时拥有世俗的气质。”这个结论对《哈克贝利·费恩历险记》同样适用。它是一首赞美诗，赞美的对象是怪里怪气、迷茫、冲动却仍十分美好的美国青年。

海明威的名言包含上面提到的一切，同时还提供了更具体的意见。海明威将马克·吐温视为美国第一位创造性运用本土方言的伟大作家。《哈克贝利·费恩历险记》有意识地背叛了传统英语的文学写作手法，以日常生活中含混不清的发音为原型，放弃表音的准确，制造出一种截然不同于以往的语言韵律，这部作品使我们看到了“非学术化”语言的广阔天地。

虽然马克·吐温的后期作品拥有较多的世俗色彩和城市味道，但它仍无愧于惠特曼（85）“致敬”的“非教育培养的强者”，也无愧于“伟大作家”的名声。不过这样一来，和同时代作家亨利·詹姆斯（96）相比，两人分别引领了美国文学和思想领域迥然不同的两种传统。马克·吐温拥有乡土风味的幽默感，准确地说他的作品属于大众文学，而亨利·詹姆斯的文学有明显的“盎格鲁－欧洲－美国”特色，善于深刻的分析，在最好的状态下有贵族气。

克里夫顿·费迪曼

93. 亨利 · 亚当斯

1838—1918年

《亨利 · 亚当斯的教育》

亨利 · 亚当斯是典型的大世家子弟，他可以称得上是美国第一家庭的后代，美国第六任总统约翰 · 昆西 · 亚当斯是他的祖父，美国驻英国大使查尔斯 · 弗朗西斯 · 亚当斯是他的父亲。他吸引人的地方是，他出人意料地放弃了家族的政治传统，从事别的行当。

如果按照家族传统，亨利·亚当斯长大后就会身居高位为国出力，坐上总统的位置也不是不可能的。但是，亨利 · 亚当斯成长为一名学者、知名历史学家、颇有权威的老师、哲学家、环游世界的天才，他写下众多优美的信件，美国最细腻的自传也出自他手，虽然他从来不是什么政坛大人物，但他对美国的影响也极为深刻——即使这种影响并不是直截了当的。他说过："只要我能发挥某种作用，那我的角色就和政治家没有两样。"他几乎熟识美国和英国所有的政坛要人，所以他是一个称职的讽刺观察家，从内到外他都带有讽刺性。

从一个角度观察（这也是他自己的角度），亨利·亚当斯并不成功；从另外一个角度看时，他又是一个成功者，只不过这种成功在他死后才到来。没有雄心，没有能力延续家族的传统——这是他失败的重要原因，他认为自己在 19 世纪所受的教育更重视的是忠于事实的写作和严格的道德说教，这种教育使亨利 · 亚当斯与 20 世纪格格不入，因为 20 世纪重视的是能源、科学和工业，以上也是《亨利 · 亚当斯的教育》一书的主题。作为一个成功者，对自我的不满（这种不满正好成就了他现实的职业）让他更加深入了解自己及不适应的那个时代。他的作品，尤其是《亨利·亚当斯的教育》，可谓愤怒之蚌孕育的珍珠。

《亨利·亚当斯的教育》采用充满讥讽的第三人称口吻，是亨利·亚当斯剖析自己、解释时代的一种尝试。19 世纪晚期的物理学对作者的影响很大。他认为文明就像物质，受到冷酷规律的支配而不断发生变化、退化。他还认为，西方文明发展到 13 世纪，已经达到一种和谐统一的境界，圣母玛丽亚是那种境界的象征；而他自己所处的时代越来越远离和谐，开始了一种多样性进程，不断加速退化，未来能够预料到的只有一系列愈发严重的灾难，发电机是这个时代的象征。《亨利 · 亚当斯的教育》是一本充满智慧的高雅著作，读者能够亲身感受到其中的美妙。亨利 · 亚当斯对悲剧经常保有的预见性是他激进情绪的源头，所以《亨利 · 亚当斯的教育》在讨论“真理”之外还有一种诗歌的独特味道。

批评家保罗 · 埃尔默 · 莫尔责备这本书具有“感伤虚无主义”，带有亚当斯特征的悲剧情怀有时确实令人感到厌倦。然而，只要你看一下今天的世界就可以知道，并没有一位作家能够像亨利 · 亚当斯那样对未来有如此清晰的认识。人类曾经经历的几次灾难已经被他说中，很明显，我们离他的其他预言也并不遥远。和谐渐渐远去，退化逐渐加速，这就是我们的时代现状。亨利 · 亚当斯具有深刻的想象力，所以才能在 1862 年预见到这一切，他写道：“最终，科学会成为人类生活的主宰，人类会引爆这个世界而走上自我毁灭之路。”

亨利·亚当斯从来就不是一个乐观主义者，1885 年他的爱妻自杀，让他越发消极、悲观。他自视清高，心怀种族偏见，更不用提他对自己的那些虚情假意的批评。然而，对《亨利 · 亚当斯的教育》这一伟大著作来说，他的缺点同他的优点，都有助于他收集材料。身为亚当斯家族的一员，他写不出“忏悔录”；作为作家，他的目的不是揭露人类的内心，而是从一位历史人物的角度去阐述一些不可动摇的观点，而这位历史人物正是他自己。《亨利·亚当斯的教育》这本书充满智慧地分析了迷宫般的头脑，同时也分析了在作者看来变动且退化着的社会，这一社会是作者无比了解的。这是一本独一无二的优秀著作。

克里夫顿·费迪曼

94. 托马斯·哈代

1840—1928年

《卡斯特桥市长》

托马斯·哈代来自多塞特郡，生命中的大部分时光都是在郡的首府多尔切斯特之外度过。多尔切斯特周围是美丽而荒凉的古老村庄(哈代称之为威塞克斯)，哈代小说里的主要人物都在这里生活。作家的父亲是建筑工人，他从八岁开始接受正规教育，一直到十六岁，之后去了多尔切斯特和伦敦，在建筑行业当学徒。哈代二十七岁时开始写小说，开始了在这个领域里二十多年的成功。小说《无名的裘德》(1895年）出版后引发了诸多争议，原因也许是书中的某些段落和写法令人震惊，这件事让敏感的哈代转而写作他自己最爱的诗歌。他一生共写了一千多首诗，其中包括史诗剧《列王》，这首诗反映了波诡云谲的拿破仑战争时代的全景。很多人认为哈代写诗的要比小说好。自然，哈代应该被列入值得好好阅读其作品的二十几个英国诗人之列。

就像但丁（30)、康拉德（100)、司汤达（67)、麦尔维尔（83)、亨利·詹姆斯（96）等人一样，托马斯·哈代也是接受了一段时间的考验才获得今天的地位。我们的《一生的读书计划》并不被风评时尚牵着鼻子走，我们关注的是其长久影响力与吸引力已经得到公认的作家。哈代就是这样的作家，毋庸置疑，他可以排到中间位置，这一位置是举足轻重的。

哈代去世时八十八岁。就像他的一生跨越了两个世纪，他的作品也构架起了维多利亚时代小说和现代小说之间的桥梁。对于当时的种种禁忌：关于性的，关于宗教的，关于哲学的，即使思想上特立独行的乔治·艾略特（84）有时都会表示屈服，而哈代则用他的小说进行充满勇气的挑战。达尔文（73）的思想、19世纪“机械宿命论”的宇宙观，都对哈代有所影响，他认为人类不过是大自然的“玩偶”。哈代的思想在灰暗和忧伤的情绪中徘徊，他不仅接受外来理论的影响，而且自己天生热爱就思辨。他的幽默感和他对乡村奇特风景及天气的敏感抹去了他作品中的一些忧伤色彩。分析一下现代小说就可以知道，忧伤是它们整体的情感基调。哈代的一些小说首先表达了这种忧伤，在一些同时代作家的盲目乐天主义面前，哈代第一个站出来提出挑战。

《还乡》《德伯家的苔丝》《卡斯特桥市长》无疑是托马斯·哈代最出色的小说。《卡斯特桥市长》最明显地表现了哈代作品的艺术特色：错综复杂的情节，掌控自如的结构，时而出现的“情节剧”因素，例如《秘密文件》；敏锐捕捉的空间与过去时光，极大地加强了小说的真实性；描写在乡村中生活的人物时，他往往充满了同情，这一点常常被拿来与莎士比亚（39）相比较；对一组悲剧命运的描写是详细而不动声色的；而且哈代还有自己独特的气质——在沉默的思考中显现出的悲悯。

一开始，一个男人在拍卖自己的妻子，这让读者的心立即被牢牢抓住。一页又一页，读者们充满兴趣地阅读，他们关心“自我放逐者”韩洽德是怎样为了赎罪而设计自己的毁灭的。

美国批评家戴斯蒙·麦卡西这样谈论哈代：“描写悲剧的文学应当为痛苦和灾难添加悲壮的色调。”从这一标准出发，抛开其风格和品位不论，写出了《卡斯特桥市长》的托马斯·哈代，也可以称得上是一位真正的悲剧大家。

克里夫顿·费迪曼

95. 威廉 · 詹姆斯

1842—1910年

《实用主义》《心理学原理》《宗教经验之种种》《真理的意义》

威廉·詹姆斯，心理学家、哲学家；亨利·詹姆斯（96），小说家。两人是仅仅相差一岁的兄弟，威廉·詹姆斯是哥哥。虽然兄弟二人的性格差异比较大，但这不妨碍他们兄弟之间深厚的感情。弟弟生来就比较挑剔，往往只将注意力集中在高贵的品质上，思考力虽强却不善于推理，同时缺乏高度概括抽象的能力；哥哥有点儿像爱默生（69），生来赞同民主，充满热情而不乏幽默感，科学、宗教、道德问题都是他关注的热点。弟弟完全是一个艺术家，他影响世界的手段只是小说；而哥哥是一位富有激情的老师，他用人格魅力影响人类。亨利·詹姆斯选择英国上流社会和知识分子圈子，而威廉·詹姆斯则对当时生机无限、日渐崛起的美国充满感情。哥哥热衷于参加公众活动；弟弟对人事交往则不感兴趣。英国哲学家阿尔弗雷德·诺斯·怀特海将哥哥称为“讨人喜爱的天才”。弟弟同样是天才，不过不那么“讨人喜爱”（虽然他的坏脾气有时候看起来也有些吸引力）。

下面要说的是推荐阅读的作品。只要读过威廉·詹姆斯的书都不会后悔，但以下列举的三本书能够让读者真实、客观地了解他的思想和人格魅力。从某些方面来看，《心理学原理》已经被超越，但这本书依然是威廉·詹姆斯生命力最强的作品。阅读这本书需要花点力气，它在用戏剧化手法表现人类思维活动方面极其成功。后来作者自己曾说这本书的主题是“令人厌恶和小气的”，相信读者不会同意这一自我论断。“实用主义”这个词和威廉·詹姆斯密不可分，但是推荐《实用主义》这本书更主要是因为它和美国的民族性格密不可分。如果读者读过约翰·斯图尔特·穆勒（72）的作品，也许可以明白《实用主义》对穆勒的重要性以及原因。《宗教经验之种种》是宗教心理学上具有里程碑意义的著作，也是威廉·詹姆斯最有趣的一本书，它生动地体现了作者所说的“实用测试”的真正内涵。

“实用测试”听上去并不复杂，对许多人也具有相当的吸引力。不过，“实用测试”也受到了很多哲学层面的非议，我们对此不详加讨论。简单地说，威廉·詹姆斯认为思想产生的结果的实际效用，决定了思想的意义和正确与否。一个问题即使无法被现实地加以解决，但若它可以影响人类的行为，那它就是一个“真”问题。由此可见，威廉强调的是结果而不是原因。在《宗教经验之种种》中，他确定无疑地说，宗教信仰与其他大脑状态无异，同样是受神经系统限制的，而且“它的重要性不应用它的原因来评价，而应用它的结果来评价”。所以，宗教即使不是绝对的“真理”，对每一个个体和人类整体来说，它仍然是有价值的。“真理”并非绝对领域，而是一个功能性的概念。思想作为工具才能体现价值，人们也只能用“工具主义”来评论它们。总而言之，“对人类有用的思想才称得上‘真理’”。威廉·詹姆斯笔下的道德理想纯粹且至高无上，“有用”绝不是指经济利益，将作者的“实用主义”庸俗化地理解为“有用即有价值”显然是以偏概全的。

“实用主义”远远不能概括威廉·詹姆斯思想的全部，虽然“实用主义”是他思想的核心，也是美国并不清晰的国家理念（如果美国有国家理念的话）的核心。这一点读者应该明白。不过这不是我推荐他作品的主要原因，其主要原因是威廉·詹姆斯自己。他的活力四射，对整个世界的敏锐感受，开放的思考方式，乐观有趣的性格，再加上自然清新的文笔，使他成为思想史上最具吸引力的人之一。你可能不喜欢他的“实用测试”(有固定宗教信仰和道德准则的人一定不会喜欢)，可你仍然能通过阅读他的作品感受到生机和希望。威廉·詹姆斯是创造“可能”的哲学家，他创造的“实用测试”俘虏了众多读者。阅读威廉·詹姆斯的作品肯定会获得意外之喜。

克里夫顿·费迪曼

96. 亨利 · 詹姆斯

1843—1916年

《使节》

亨利·詹姆斯，美国心理学家，哲学家威廉·詹姆斯（95）的弟弟。他在世上度过了平稳的七十三年。他从未结过婚，据我们所知，和他有亲密关系的男女均少得不能再少了〔伊迪丝 · 华顿（102）确实是个例外，但两人之间只有纯洁的友谊〕。1876 年，他下定决心移居英国并安定下来，在亨利 · 詹姆斯漫长而勤奋的一生中，可能是最具决定性的一个选择。在之后的岁月里，亨利 · 詹姆斯将大部分时间用在写作上，他还曾几次回到美国——那是他的出生地，也曾到欧洲大陆旅行，他喜欢到朋友家或餐馆吃饭，直到他去世。

这样的生活可能缺乏趣味，但亨利 · 詹姆斯的生活状态可能在他的那个世纪最具活力。他没有经历过什么大事但又经历了一切——他观察、感知、辨认、思考一切，最后将所有一切巧妙入微地放进自己的小说中。作家将一切事物都涂上艺术的色彩，亨利 · 詹姆斯的作品就是他的自传。

他被康拉德（100）称为“心思细密的历史学家”，如果在更广的范围内理解“心思”一词，这个词也具有意识的含义，那这一评论是恰如其分的。作家十分擅长把握作品有趣人物之间的微妙关系，对于所有情境他都可以用尽可能的方法去解读。至少在他的主要作品中，作家选择描写的对象都具有深刻的内涵，对自己强大能力的认知在某种程度上塑造了他熟练的写作技巧。所有这一切都需要敏锐的感知力和不平凡的智慧，都需要有寻找恰如其分地描写他所要表达的观点和主题的能力。从艺术家的角度来看，亨利·詹姆斯是美国小说史上最杰出的人物。

亨利自认为《使节》是自己最优秀的作品，这部在他晚年时写出的小说没有以往作品中的过度阐释——这也是读者经常抱怨的。(菲利普·圭达拉有一句名言描述亨利·詹姆斯一生的三个时期：詹姆斯一号、詹姆斯二号、詹姆斯老骗子。) 在《使节》这本书中，作家完美而平衡地使用了自己的力量，处理了自己的一个重要主题——欧洲大陆道德现实主义对执拗、偶尔非常幼稚的美国人道德观的影响。他在其中运用了最高层次的喜剧手法，看到“喜剧”一词就把这本书从严肃小说的行列里排除出去是大错特错的。实际上，在充满智慧的同时，这部作品也不乏厚重。提高生命力，加强感知力，用智慧去攫取和解释经验——这些都是书中反复、严正地重复的主题。书中的主人公史崔泽对年轻的比尔汉嚷道：“全力以赴地活着，活着，活着，活着！”史崔泽是这样一个角色：他全神贯注地准备随时迎接新经验（唉，太晚了)，我想作者是想通过他来创造一个独一无二的美国典型吧。

亨利·詹姆斯的小说需要细细品读，《使节》也不例外。书中的每一行字都意味深长，只有从整体考虑才能理解其中潜伏的含义。读者几乎找不到作者所说的“低贱、武断的笔法”。也许读者用于阅读《使节》的时间会是用于阅读《汤姆·琼斯》(55) 的十倍，但也可能会得到十倍的收获。

亨利·詹姆斯不是那种因一书而成名的作家，他创作力旺盛。小说、长短篇故事、回忆录、自传、评论、游记，他都写得有模有样，不过除了戏剧外，他在这方面表现得十分糟糕。除了《使节》，我再向读者推荐他的另外两部小说：《一位女士的画像》和《螺丝在拧紧》。

克里夫顿·费迪曼

97.弗里德里希 · 威廉 · 尼采

1844—1900年

《查拉图斯特拉如是说》《论道德的谱系》《善恶的彼岸》

尼采，赞美超人的狂想者，自我膨胀、狂欢不止的超人，生命中却只有失败、孤独、卑贱和病痛。尼采的父亲是萨克森州路德教会的牧师，虔信宗教的女性亲戚将尼采抚养长大。他在学校学习古典哲学，成绩非常突出，二十五岁就成为瑞士巴塞尔大学的希腊语教授。十年后的 1879 年，尼采因病而辞职。他一开始很尊敬瓦格纳，后者对尼采也有较深的影响。罗素有一个评论："尼采的过人之处很像齐格弗里德，唯一不同的是他还通晓希腊语。"但是，后来瓦格纳逐渐被庸常、反犹太主义、德国种族主义击败，乃至成为令人厌恶的《帕西法尔》中那样的宗教狂热分子。尼采逐渐远离了这位伟大的作曲家，直至最后完全绝交。从 1879 年到 1888 年，他游荡于德国、瑞士和意大利，独自生活在破烂的公寓里。不过，正是在这九年时间里，在最恶劣的条件下，尼采完成了自己的大部分作品。1888 年 12 月的一天，有人看见尼采伫立在都灵街头，抱着一匹马痛哭，他已经疯了。死前的十一年，尼采一直是疯疯癫癫的——也许是因为一般性梅毒痴呆，但没有确切的证据。

今天尼采仍然是一个广受争议的人物，他的作品反映出作者天才和白痴的两面性，他好像游离于现实之外。（例如，他看待女性的方式就好像男性傻瓜。）尼采去世一百多年之后，已经有无数关于他的评论和阐释，但关于这位不凡的人还没有一个公论。那些生来就习惯于控制自我、喜欢礼貌、崇尚理性、受制于一般常识的人，认为他又可气又好笑；而另一些人将尼采奉为货真价实的预言家、破坏虚假道德的建设者、拥有敏锐直觉的心理学家、弗洛伊德（98）的先行者。大部分人对尼采的认识介于上述两种说法之间。

有一种错误认识有必要在这里提及。崇拜尼采的人并不能总是正确地解读他的著作，纳粹主义者和法西斯分子对他的思想更是加以篡改和利用：歌颂战争、冷酷、“关于血的思考”、精英阶层——更准确地说是他们推测尼采会“歌颂”这些，在天有灵的尼采可能会对希特勒及其同伙采取蔑视的态度。他对德国的民主主义非常不满，从来不是反犹太主义者。他这样概括德国人：“在过去四百年，每一次深重的罪恶都令他们的良心感到痛苦。”在某种意义上，尼采是欧洲的良民，是法西斯分子仇视的文化的守护者。他对政治的影响力不容忽视，但这和他是法西斯分子原型的说法不能画等号。

虽然尼采认为自己是欧洲良民，实际在某种意义上，他处于西方传统之外。作为一个革命者，他走得比劳伦斯（113）和马克思（82）更远。有时候，好像只有少数人才能令他产生尊敬：苏格拉底之前的思想家们，苏格拉底（12）和几位艺术家暴君，例如罗马皇帝兼西西里岛国王腓特烈二世，尼采将基督教斥责为“奴隶的道德”。对于同情、宽容、和谐及种种传统美德，他都不屑一顾。他喜欢的是“对力量的欲望”，对此人们有种种不同的理解。尼采对穆勒（72）的民主人道主义深恶痛绝，用自己一贯的敬称“那个傻瓜”来称呼他。尼采赞美英雄，赞美狄俄尼索斯，赞美人类头脑中的非理性因素，他用一种含混的“永久循环论”来代替一般的进步概念。他认识到，积极向上的力量普遍存在于英雄经历的苦难、狂喜的悲观主义和悲剧体验之中。总而言之，尼采是不会让人感到轻松愉快的。

他是个语言天才，他的语言肆无忌惮。他的詈骂和反讽令人印象深刻；他创造的意象多变而动人；他的头脑历经沧桑，时刻产生奇思妙想。如果他的才能不受控制地发展，不仅会被千夫所指，而且会极具危险性。一方面，尼采否定了上帝，上帝似乎故意让他陷入疯狂。另一方面，像易卜生（89）、萧伯纳（99）一样，他为当时和后来的时代指出了我们自身的许多伪饰、懦弱和伪善。

建议如果可能的话，阅读被称为“尼采便携本”的版本，那本书翻译出色，其中的注释和其他方面对阅读也很有帮助。大家可以完整地读读《查拉图斯特拉如是说》这一不同寻常的作品，也可以读读《善恶的彼岸》的选篇《看哪，这人》，可能的话，还可以读读《反基督徒》。

克里夫顿·费迪曼

第五部分

*98.*西格蒙德 · 弗洛伊德

1856—1939年

《作品选》（包括《梦的解析》《性学三论》《文明及其不满》）

弗洛伊德在 1939 年 9 月 23 日去世。W.H. 奥登（126）写了一首诗来纪念他，在此我引用这首杰作中的一句：

To us he is no more a person（对我们来说他已不再是一个肉身）
Now but a whole climate of opinnion（而是一种思潮的完全代表）

这是全诗的核心。弗洛伊德是我们精神世界的一个重要组成部分，正是这点让很多人感到困窘和恐惧。弗洛伊德、弗洛伊德的信徒们以及他的对手，几乎已经涉足了人类精神和行为的每一个区域。这事是好是坏，还是好坏参半，你得自己做判断。

当我们谈论莎士比亚（39）时，经常有这种观点：我们大部分人以为自己了解莎士比亚，其实我们了解的只不过是流传下来的关于他的各种看法和意见，弗洛伊德同样适用于这种批评。我们之中的很多人依然相信以下观点：弗洛伊德的学说鼓励性许可证，“他在一切事物中看见性”，他只不过把坦白的地点从神父的忏悔室转移到了精神病医生的长沙发上。这些观点和其他几十种庸俗化的错误，可以通过对弗洛伊德主要著作的阅读来改变。

弗洛伊德一开始学习的是医学，主修临床神经病理学。1884 年，他开始对布鲁尔的工作感兴趣，后来两人开始合作。布鲁尔在治疗一位女癔病患者上取得了一些成功，他的做法是鼓励她在被催眠的状态下“说出”她的过去。这个病例很典型，它标志着精神分析学的诞生。实际的开创者弗洛伊德，尽管并非是个谦逊的人，但也总是将之归功于布鲁尔。弗洛伊德用“自由联想”代替催眠，找到了建立自己体系的关键。1896 年，他将自己的新学说命名为精神分析学。从此，弗洛伊德将自己剩余的时光都投入为这一次心理过程新概念寻求最大可能的发展。面对误解、辱骂和道德歧视，他坚持不懈地工作，提高自己的洞察力，拓展自己的经验。1938 年，纳粹主义者烧毁了他的著作。由于弗洛伊德已经饱受口腔癌的折磨，纳粹分子就没有对他采取通常对待弱者、善良的人以及非雅利安人的做法。弗洛伊德在缴纳了一笔巨额赎金后被准许移居英国，在那里度过自己非凡、多产的一生的最后几个月。

精神分析学包括两个内容：一个是科学（至少对其拥护者而言），一个是方法。它既是关于精神生活的理论，又是治疗精神病症的具体方法。无论是理论还是方法，都是建立在少数几个基本概念的基础上的。它们现在看上去平淡无奇，但在一个世纪之前却不是这样。比如潜意识，压抑理论，幼儿期性欲的形成力量（弗洛伊德没有发明“俄狄浦斯情结”，他只是观察到它），伪装恐惧和欲望的梦境，以及更为普遍的决定人类行为、令人恐惧的非理性力量。

弗洛伊德及其追随者在缺乏足够严谨论证的情况下，会将新的观念运用到看上去远离精神疾病的领域，例如宗教、道德、战争、历史、死亡、幽默、神话、人类学、哲学、艺术和文学。特别是在文学领域，弗洛伊德产生了巨大的影响，尽管并不都是正面的。

我必须在这个新版本中提醒读者，如果奥登活到今天，那我开头引用的那两行令人尊敬的诗句，或许也需要接受验证。过去二十年，众多学者对弗洛伊德理论的正当性进行了一次又一次的验证，对其证据的有效性和价值提出疑问。更重要的是，相比弗洛伊德来说，今天我们对脑电行为有了更多的认识，这些新知识促使我们对弗洛伊德在梦的解析方面的工作提出问题。毋庸置疑，弗洛伊德去世后，在聪明才智的交易所里，“弗洛伊德股票”的指数下跌不少个点。

抱着对你阅读选择的尊重，我要提醒你，阅读弗洛伊德的作品会遇到两个困难。第一，弗洛伊德的作品数量众多。第二，弗洛伊德的思想是不断变化和发展的。这意味着一部早期著作(同样是有价值的)可能会被一部后期著作超越，尽管是在局部上。我在这里列出八部作品。专家们可能对这几本有所争议，认为其他的作品更值得推荐。前五本按时间顺序排列，包含大部分基本原理；后面三本同样按时间顺序排列，特别关注的是弗洛伊德在哲学层面的思索。

《梦的解析》

《日常生活的精神病理学》

《性学三论》

《精神分析运动史》

《精神分析引论》

《超越快乐原则》

《自我与本我》

《文明及其不满》

我建议从以下三本开始阅读:《性学三论》《梦的解析》《文明及其不满》。

克里夫顿·费迪曼

99. 萧伯纳

1856—1950年

《戏剧和序言选》

在一个世纪的大部分时间里，萧伯纳解释、宣传着自己和自己的作品。萧伯纳活了九十四岁，如果不是从娘胎里，那也是从摇篮里他就开始思考了；他身后留下的是沉甸甸的三十三卷作品集，其中包括戏剧、序文、小说、经济学论文、时事小册子、文学批评、戏剧批评、音乐批评，以及多种多样的关于他所处时代的各种大小事宜的新闻写作。和那些被推崇的巨人一样，萧伯纳是走向前方的，即使前方的道路并不明晰。事实上，他不是用几句话就能说清楚的人。

但或许，我们能用一句话对他做些解读，一句萧伯纳自己的话："理智也是一种激情。"他在漫长的精神旅程中取得的成就是否被认同并不重要，重要的是下面牢不可破的事实：萧伯纳启发几十万甚至上百万人开始对理性的求索充满激情，或者至少他令智力活动在人们当中盛行。他是酶，他是催化剂，他是酵素。他没有创造自己的理论体系，也没有建立一个学派。但如果你读过半打他最好的作品，戏剧或者序文，你将会感到焕然一新，心灵受到触动，有时甚至被改变。

这种时候，更多清高的批评家们会忽视他，或者盯住他的缺点不放，这些缺点包括：缺乏更多形式的"理智的激情"，缺乏古希腊人或者莎士比亚（39）笔下的悲剧情怀，缺乏诗学意味。我认为，萧伯纳是朴实自然型的散文写作者，他的人格魅力一直影响着他人，在这一点上，萧伯纳可以和伏尔泰（53）、托尔斯泰(88)、约翰逊博士(59)相提并论。

牢记几个简单的事实，会帮助我们更好地阅读萧伯纳。

第一，他是爱尔兰人——或者就像他自己说的那样："我是个普普通通的爱尔兰人，祖先生活在约克郡。"萧伯纳对自己生活的英格兰持有一种冷淡而嘲讽的态度，英格兰人并不容易理解这点。

第二，他是费边主义者，从来没有从对马克思（82）的兴趣中解脱出来。萧伯纳自己承认，在他的作品中，经济知识"起到的作用类似解剖学在米开朗琪罗作品中发挥的作用"。

第三，他坚信人类精神向前发展的可能性。萧伯纳在《人与超人》中借用代言人唐璜的话说："我告诉你，如果我能在头脑中构想出比自己更好的东西，我便要想方设法将它变为现实，或者至少为它的实现扫清障碍，否则我会一直感到不安。"

第四，萧伯纳可能是有史以来最出色的思想"炫耀家"，他合理地使用自己的才能——机智、归谬法、滑稽、出奇制胜、辱骂、讥讽以及多种多样的舞台小花招，将社会学、经济学、政治学、哲学领域里常人难懂的观点植根于读者和戏剧观众的心中。在舞台中心，萧伯纳总是在不知疲倦地"布道"。

下面列举了萧伯纳四十七部戏剧中的十一部（他比莎士比亚多写了十部戏剧，觉得自己作为剧作家比莎翁强多了——但别忘了他的人生比莎士比亚长两倍）。不要忽略这些戏剧前面的序言，那都是杰出的散文，比戏剧本身更具说服力，也更全面。《安德罗克里斯和狮子》的序言就令人震惊，其主要内容是关于基督教前景的。列出的戏剧按出版或写作的时间顺序排列，产生于1894—1923年，这正是萧伯纳创作精力最旺盛的时期，因此这些作品也能够反映出他思想的演变过程。这些作品是:《武器与人》《康蒂坦》《魔鬼的门徒》《凯撒和克丽奥佩特拉》《人与超人》《芭芭拉少校》《安德罗克里斯和狮子》《皮革马利翁》《伤心之家》《长生》《圣女贞德》。

克里夫顿·费迪曼

100. 约瑟夫 · 康拉德

1857—1924年

《诺斯特罗莫》

1895 年，托马斯 · 哈代（94）放弃了写小说，同年，约瑟夫 · 康拉德出版了自己的第一部作品《阿尔迈耶的愚蠢》。英国传统意义上的小说已渐渐死去，一种新小说正逐渐兴起。前者往往意味着冗长流畅的叙述、大量的人物动作描写、直截了当的性格塑造；后者的特征则是新奇的形式、多种多样的写作方法以及对人物心理活动越来越多的关注。劳伦斯 · 斯特恩（58）、奥斯汀（66）、乔治 · 艾略特（84）和哈代，他们为新小说的诞生开辟出一条道路。而康拉德正是那个让新小说成熟起来的人，无论是主题还是写作方式。因此，阅读康拉德的作品可以帮助我们更好地理解其他作家，比如亨利 · 詹姆斯（96）、D.H. 劳伦斯（113）、乔伊斯（110）、托马斯 · 曼（107）、普鲁斯特（105）、福克纳（118），还有不在本书之列的法国作家安德烈 · 纪德。

怪诞、哀伤、高贵，这些概括了康拉德职业生涯的特色。他厌恶情感外露，令人肃然起敬。康拉德生于波兰，家人为波兰的解放事业献出了生命，他十二岁就成了孤儿。十七岁时康拉德向西而行，就像一个“也许能实现梦想的男人”。康拉德在新世界努力工作，同时从未忘记自己是波兰贵族的身份。在几年中，他的生活充满冒险和奇异的因素，曾经为拥戴卡洛斯（西班牙王位竞争者）的人走私武器。成为英国公民之后，康拉德做了一名海员，在英国海运局工作了二十年，做到船长的职位。世界各大海域都留下了他的身影，尤其是作为他大部分小说背景的东印度。之后，他做出了一个经过深思熟虑而具有重大意义的决定。康拉德离开了大海，尽管满怀留恋。此时的他已经是个成熟的男人，使用的不是母语，却像一个欧洲大陆作家那样来阐释世界。这位波兰裔的水手最终成为用英语写作的伟大小说家中的一员。(这是我广受认同的个人意见。)

开始的几年，他的作品无人注意，有时还遭到误解，但这并未磨灭康拉德的创作热情，他继续埋头苦干。他使用了一系列新鲜的写作方法——对维多利亚时代而言，为自己的每一篇小说都寻找完美的形式。他重视的是挖掘人物心理的深度，而不在意挖掘出来的是光明还是黑暗。康拉德通过曲折的方式表现各式各样的感情，其中象征手法的运用十分成功（例如《诺斯特罗莫》中的“银矿”）。关于人在面对某一道德处境时反映出的本性，康拉德希望能通过创造合适的写作风格来表达自己的意见，这一点和福楼拜（86）的相似。康拉德认为自己是全力以赴、不惜代价的艺术家。狄更斯（77）和萨克雷（76）对待读者是友好的，而康拉德的朋友是他自己的想象力。

《诺斯特罗莫》并不容易阅读，细细品味是最好的方法。和《汤姆·琼斯》(55）的明白晓畅相比，《诺斯特罗莫》的情节曲折、变化多端，是康拉德呕心沥血之作，也是他的一部杰作。

在读这本书之前，很多关于康拉德的错误认识应该被澄清。

首先，康拉德不是写“海洋故事”的作家，更不是冒险小说家，而是一个心理小说家，他只是对海洋之类更为熟悉罢了。

其次，康拉德不是靠“异国情调”吃饭的作家，尽管他写了很多关于东印度的作品，而且小说中的异域风情浓厚，但这一切都服务于康拉德探索人性深处的兴趣。

最后，康拉德表面上给人“浪漫主义者”的印象，实际上他是以摒除一切感情的目光来观察，他笔下的人物在人性忠诚、坚忍和理解方面是被完全真诚地表现的。康拉德从不逃避，他认为人生是一场梦，却在这场梦中寻找安全感。与辛克莱·刘易斯相比，康拉德才是真正的现实主义者。

康拉德的小说《白水仙号上的黑家伙》的序言中有一句话，这句话经常被评论家引用，我也要引用一下：“我努力想要用文字的力量使你们听到、感受到——最重要的是看到，只有这样，这才是一切。”我们必须明白康拉德的“看到”到底是什么意思，他不像印象派画家作画那样使用自己的语言，他说的“看到”是指当头脑和想象力完全释放的时候，才能具有的某种富有深度、清晰甚至带来痛苦的洞察力。理解了这一点，我们才能认识到康拉德的这句话是一种简洁的总结，关于他与理想读者之间的理想关系。

关于康拉德，读者还可以读一读三篇中篇小说：《黑暗之心》《走投无路》《青春》。

克里夫顿·费迪曼

101. 安东 · 契诃夫

1860—1904年

《万尼亚舅舅》《三姐妹》

《樱桃园》《短篇小说选》

读契诃夫的剧本总是有种隔靴搔痒的感觉，读者需要将想象力与剧本结合在一起才行。他的剧本适合在舞台上演出，让演员念出每一句、每一字。和萧伯纳（99）的整齐划一、直截了当不同，契诃夫剧本的对话就像真实的对话一样普通，不如充满了停顿，还有不经意的动作、偶然的跳跃、突然的过渡、片段的思想、不甚合规范的语法，等等。契诃夫有意识地用这些不怎么符合逻辑的对话来表现人物内心深处的矛盾、困惑和挫折感。

契诃夫没有固定模式。他有着与医生背景相符的客观和冷静，他关注的焦点不是改变你的想法，而是告诉你关于人类心灵的真理。让读者发现日常琐碎生活下掩盖的东西，才是契诃夫的目的。身为一个作家，他只能选择文字作为自己的工具。契诃夫把文字视为屏风，他做的只是指出屏风上的漏洞，这样读者就能窥视到屏风背后的事实。在这些方面，契诃夫和易卜生像在其他方面一样，都为戏剧艺术贡献了一些新东西。之后契诃夫的严肃戏剧完全不一样了。

我在这里推荐契诃夫的三部戏剧，它们的主题都是“多余的人”。狭隘的知识分子、小贵族、小地主和小官僚，所有这些活在戏剧中的人都是多余的。他们成天无所事事，看到的只是自己颓废的生活。他们只敢说些豪言壮语，但怯于行动。这些人都能看到自己身上的软弱，就像《万尼亚舅舅》中所说的："这个屋子里的东西开始不对劲儿了。"读者会自然地联想到，"屋子"说的就是沙皇统治下的俄国。《三姐妹》中的图森巴赫男爵说："是时候了，一朵乌云正向我们扑来，一场狂烈的暴风雨将要清洗我们！"（《三姐妹》写于"十月革命"爆发前十六年。）在同一剧中，奥尔加茫然地自我安慰道："我们受苦，也许后面的人会幸福吧。"

契诃夫不是"左倾"人士，更不是革命者。读者不要搞错了，他没有革命思想，只不过喜欢思考罢了。他不欢迎1917年，他头脑里的不是政治而是思考。契诃夫的思考是悲观的，更确切地说，是充满忧郁的。他描写狭隘的小资产阶级时，忧郁而非愤慨。在一封写给朋友的信中，契诃夫说《樱桃园》（很多读者认为这是部忧郁的作品）"不是正剧，而是喜剧，从某种角度说甚至可以算是闹剧"。

契诃夫笔下人物的情绪往往带有普遍性，就像《三姐妹》中军官切布狄金的话："这有什么两样？"契诃夫并不是一个虚无主义者，在现实生活中他慷慨、遵循传统道德、富有同情心。他对人生没有总体和固定的看法。人的行为是难以预测和捕捉的，契诃夫的兴趣在于发现这种行为，在这方面很少有剧作家能够超越他。他会对朋友说："让舞台上的一切和现实一样复杂、一样简单吧。"

契诃夫的剧作并不能反映广泛的社会生活。如果想要知道他对其他俄国人（包括农民）的想法，需要阅读他的短篇小说。契诃夫是短篇小说大师之一，像推动现代戏剧革命一样，在短篇小说领域，他也做出了革命性的贡献。

克里夫顿·费迪曼

102. 伊迪丝·华顿

1862—1937年

《乡土风俗》《纯真年代》《欢乐之家》

伊迪丝出身于纽约的上流社会，但家里不是特别富裕。年轻的时候，伊迪丝是个害羞而喜欢读书的人，比起亲身参与上流社会的社交活动，她更喜欢观察这个圈子。“老纽约”家族为了满足虚荣，兢兢业业地守护着日渐缩水的财产和从荷兰祖先那里继承来的声望。百万“暴发户”们要挤掉“老纽约”家族，爬到上流社会的圈子里，这些都被伊迪丝记录下来。在第五大道宅邸的会客厅里，在人行道朴素的褐色石头屋子里，在高雅的宾馆里，在简陋的出租屋里，在时髦的避暑胜地，伊迪丝处处可以发现写作素材，一生用之不尽，从而跻身于她那个时代里最受尊敬的小说家行列。伊迪丝去世之后，她的声望渐渐下降，仅仅被当作已经过气的“畅销书作家”。最近她的作品声誉开始回升，得到了应有的评价。

作家本人的生活和小说一样具有文学色彩。1885 年，伊迪丝开始了与波士顿人特迪·华顿波澜不惊的婚姻。特迪富有但没有妻子的才情，缺乏生活情调。伊迪丝在无所事事的富足生活中消磨了几年光阴：在马萨诸塞州的罗尼尔市建造自己的梦想之屋——“山峰”，经常流连在萨拉托加、纽波特、纽约的上层社交圈子里。这段时间，她开始将儿时的文学梦变为现实：短篇小说集《高尚的嗜好》（1899 年）获得了一些好评。20 世纪初的几年，她按部就班地写了多部小说，成为真正有声望的作家。与此同时，伊迪丝的婚姻出现了裂痕（丈夫挪用了她的信托基金，花在更听话的女人身上），她自己长时间住在欧洲。1906 至 1909 年间，她认识了莫顿 · 富勒顿，并深深地爱上了这个男人，可惜对方却是个粗俗的下流货。1913 年，伊迪丝离婚，从此她和文化界的有名男人只保持纯粹的友谊，最著名的有亨利 · 詹姆斯（96），以及沃特 · 贝瑞和伯纳德 · 贝伦森。（伊迪丝最著名的短篇小说，1911 年出版的《伊坦 · 弗洛美》的基调十分灰暗，反映出作者对婚姻生活的幻想已经完全破灭。）伊迪丝在欧洲永久定居下来，靠着不断增加的稿费过日子。在豪华的巴黎公寓，在法国南部的花园别墅，她频频以作家的身份热情地招待崭露头角的文学新人们。

孤僻的童年生活和失败的婚姻造就了伊迪丝坚韧的性格，使她更加自觉而努力地进行写作——不仅要畅销，更要成功。在她的诸多优秀作品中（很难说哪一本更为出色），我特别推荐的是《乡土风俗》（1913 年），这本书的女主人公昂汀 · 斯普拉格充满征服欲，每一次的成功都难以满足她；还有《纯真年代》（1920 年），讲述 19 世纪 80 年代纽约的情感故事：一位男青年对初恋情人重燃爱火，同时又无法抛弃未婚妻；还有伊迪丝第一本广受欢迎的书：《欢乐之家》（1905 年），我认为女主人公莉莉 · 巴特是作者创作的最细腻的人物。莉莉和蓓基 · 夏泼（76）一样，为了在社会中确立自己的位置不择手段。两者不一样的地方在于，萨克雷努力让自己和读者都讨厌那个活力十足的女冒险家（把她写成一位不称职的妈妈），而伊迪丝则抱着对主人公深深的同情来写莉莉的悲惨命运。但她也知道，在僵化、挑剔的社会中，这种命运注定是自己无法改变的。

在所有的作品中，包括上面推荐的几部，都可以发现，伊迪丝观察世界的眼睛是充满同情而不留丝毫情面的。

克里夫顿·费迪曼

103. 威廉·巴特勒·叶芝

1865—1939年

《诗选》《戏剧选》《自传》

除了莎士比亚（39）和乔叟（32），本书还收入了多位英美诗人。在这些诗人中，叶芝会被后人给予合理的定位，而且我相信他的位置一定不会在最后。

叶芝不是通俗易懂的作家，他是复杂的，仅仅依靠阅读选集中的一些文字，读者是难以理解叶芝的。叶芝不仅是一位诗人，他的作品包括诗歌、戏剧、回忆录、散文、文学研究论文、民间童话故事、神秘主义哲学、信件、讲演录、翻译索福克勒斯（6）的作品，数量惊人。和歌德（62）一样，叶芝漫长的一生分为几个阶段：写《奥辛的漫游》（1889 年）的是年轻的凯尔特梦想家，写《最后的诗和戏剧》的变成了衰老的诗人，中间的跨度是巨大的。读者需要阅读叶芝的大量作品才能理解这一跨度中发生了什么。而且还要了解爱尔兰、爱尔兰的灵魂、爱尔兰的形态，这些都是叶芝试图寻找和塑造的东西。

基于以上原因，我推荐叶芝的《自传》——只包括一卷作品的精选集。《自传》包括他对 1902 年生活的回忆，1909 年日记的节选，1909 年为爱尔兰戏剧家辛格逝世所写的一些短文，还有 1923 年去瑞典领取诺贝尔文学奖时的获奖感言。

叶芝和叶芝的思想都在不断地成长变化之中。他的人生经历复杂，思想更是如此。通过剖析他的思想我们会发现以下信息：在美丽的斯莱戈郡度过童年；阅读英国浪漫诗人的作品；爱尔兰的神话故事和民间传说；叶芝领导的爱尔兰文学复兴运动；泛神论、唯心论、神秘主义、占星术、印度哲学；漂亮的爱尔兰女革命者莫德·冈——叶芝苦恋二十年的对象；叶芝妻子作为巫师的精神力量；维柯、斯宾格勒、汤因比等人的历史循环论。

叶芝的创作经历过一次大变化：从早期精美、含蓄、优美、富有启发性的抒情诗体，到晚年严谨、简洁、洗练、充满智慧和激情，同时又相当晦涩的诗体。在《1913 年 9 月》这首诗中，这一转变已经体现得很明显，叶芝用朴实的语调说："浪漫的爱尔兰死了，消失了。"

叶芝的成长与华兹华斯（64）相反。作为一个艺术家，叶芝是越老越伟大。不过，诗人在成长过程中还有来自政治和社会的痛苦，这种痛苦不是来自个人，而是出自他对社会的厌恶，"这一肮脏的现代之潮"。叶芝高贵的愤怒正是来自这种厌恶。

叶芝的思想偏见是贵族式的（甚至是封建的），神秘而具有象征性。他受布莱克（63）的影响很大，但布莱克的象征带有更多即兴创作的性质，而叶芝的象征则与自己的作品和人生紧密相连。如果你想明白他的象征，就必须了解这些东西，否则在阅读中难免会感到困扰、愤怒，进而失望，最后放弃。

叶芝给人的印象往往是深邃而难以理解的，他生活在满是奇妙意象的世界里，这些意象来自遥远的古代，来自东方，来自叶芝自己的神秘主义思想，来自爱尔兰的传说。不过阅读诗人的作品越多，你越能感受到他和现实之间的亲密关系。叶芝沉浸其中的是想象，而不是空想。他成熟的作品往往带有酸楚而清醒的悲剧性：

夜空中的烟火，

供养着人类流脂的心灵。
人的智慧不是为了孩子、乐观主义者和享乐派。
我必须躺在所有楼梯开始的地方，
就在心中邪恶的垃圾店里。

叶芝晚年的诗作《在本布尔山之下》，将骄傲、贵族气和对自怜的恐惧都浓缩进最后几行，他在告诉后人应该如何撰写自己的碑文。

没有大理石，没有老调重弹，
在附近开采出来的石灰岩上，
如他所愿刻上这些话：
抛出冷眼，
对生命，对死亡。
骑士，驶过！

克里夫顿·费迪曼

104. 夏目漱石

1867—1916年

《心》

1854年，海军准将马修·佩里来到江户湾，作为不受欢迎的不速之客，他结束了日本二百余年闭关锁国的历史。西方强迫日本开放，使日本国内连续十五年动荡不安，对危机持不同态度的人们甚至发动了内战。之后，有人向年轻的明治天皇（1868—1912年在位）[①]建议维新，推行更强硬的外交政策，增强日本的实力以抵御西方人。可能是因为日本人的纪律性和空前的团结，日本的努力很快有了惊人的起色。明治维新使一代日本青年接受了西方教育，这些人领导国家从传统和封建中走向满怀希望的未来，夏目漱石就是这些人中的一员。

夏目漱石生于明治天皇即位前一年（1867年）。出身于下层武士阶层的夏目漱石，是最早得益于日本教育体制改革的学生之一。他毕业于东京帝国大学，1900年前往英国留学，1903年回国成为母校的英国文学讲师。他接替的正是自己的老师、著名的美国亲日派拉夫卡迪奥·赫恩。1907年，他成为专职作家。此时的夏目漱石一方面对日本文化的异化忧心忡忡，焦虑不安，难以在西方文化的教席上待下

① 一般认为，明治天皇的在位时间为1867至1912年，此处似有谬误。下文中的“夏目漱石生于明治天皇即位前一年（1867年）”应改为“夏目漱石生于明治天皇即位那一年（1867年）”。——编者

去；另一方面，夏目漱石心情的低落也反映在创作上，一直到他逝世的 1916 年，他小说的调子越来越灰暗、绝望。

夏目漱石的前两部小说《我是猫》(1905 年)、《少爷》(1906 年)让他在日本大受欢迎，今天的日本读者依然十分喜欢这两部作品。这两部讽刺小说深刻剖析了西方化的日本城市的新精英，我认为《我是猫》拿腔拿调太严重，而《少爷》则太过伤感。两者都很难通过翻译被完美地表现出来，并由此得到其他文化圈读者的赞赏。如果他早期小说的特征是夸张和讽刺，那么《心》(1914 年) 这部作品的特质就是哀怨幽婉。

“kokoro”既可以指“心”,又具有“灵魂”“真实”“核心”等含义。书名中的“心”，和格雷厄姆·格林的《问题的核心》中提到的“心”，具有大致相同的意义。小说采取第一人称的叙述角度，而“问题的核心”却正好是年轻的男主人公无法表达的。小说中的主人公严重依赖自己的“先生”(老师，导师)。叙述者性格孤僻，在情感上倾向于传统日本（主人公尊敬为明治天皇去世而自杀的野木将军：臣下情愿为主上殉葬)，而在现实中居住的新日本，主人公却无法和谐地融入。其唯一的出路也许是向先生表白：“割开我的心，吮吸那温暖的还在流动着的血，这就是你的愿望。那时我还活着，还不想死……现在，我要割开自己的心了，用我的血洗你的脸……”

夏目漱石曾被认为是完全意义上的日本第一位现代作家，同时他也是日本明治时期少数促进了文学艺术现代化变革的知识分子和作家之一。

约翰·S. 梅杰

105. 马塞尔·普鲁斯特

1871—1922年

《追忆似水年华》

在一流的小说中，这本是篇幅最长的，至少在用西方语言撰写的作品中是这样。阅读这本书要花很大力气，但收获也会十分丰富。如果你对这部小说有感觉的话（很多人都没有），那么在未来的五至十年花时间读这部巨作，并使之成为你内心世界的一部分，是值得的。

《追忆似水年华》与《尤利西斯》（110）有相似之处，也许在细节上甚至让人想到《项狄传》（58）。不过从根本上来看，它是一部与我们讨论过的小说完全不同的作品。《追忆似水年华》包括故事情节、人物、时空情境，都趣味性十足。但作者真正关心的是一种“形而上学”的体系，虽然这一体系是通过戏剧化的方式呈现的。“形而上学”要回答的是：现实的本质是什么？普鲁斯特用自己毕生心血造就的杰作来回答这一问题。当然，他的回答仍不完美，因为他只能从自己的角度看待问题，但是他给出的答案却覆盖广阔的范围。

普鲁斯特家境富足，可以不用工作就生活得很好。他是个早慧的孩子，在第一次世界大战前的文化之都巴黎长大。他的母亲是犹太人，性格细腻敏感。普鲁斯特对母亲的依赖到了神经质的地步。毫无疑问，“恋母情结”是他最后变成同性恋者的原因，原本他是对男人和女人都感兴趣的。1905 年母亲去世，普鲁斯特的身体也饱受病痛之苦（尤其是哮喘），这预示了他今后的生活会是什么样子。他躲在一间昏暗、蒸汽弥漫、软木环绕的房子里，白天睡觉，晚上写作，偶尔才出门走走（通信是他与外界沟通的主要方式），缓慢、艰苦的努力终于催生出了一部杰作。

《尤利西斯》的主人公是一个地方——都柏林，而《追忆似水年华》的主人公是“时间”。普鲁斯特追求的是用艺术的方式表现“时间的形态”，说明“时间的形态”究竟是什么。传统小说家的各种写作手法在普鲁斯特这里完全看不到。对普鲁斯特来说，“存在”不是按照时间顺序排列的一连串事件，而是完整的过去，“那无限向后延伸的过去，那让我的心灵一直承受痛苦的过去”。

如何把握“过去”和“现实”？如果按照量子理论，那“现实”在某种意义上是无法把握的，因为“观察”这一行为本身就在改变着“现实”。普鲁斯特认清了这一点。于是他循序渐进，从各种不同的角度，尽其所能将“过去”的本来面目呈现给我们——碎片化的事件不是像流水般连续不断地出现，而是一个不停变化的整体。过去的片段印象会在我们的头脑里突然跳出来，不同的个体在迥异的时空环境下会对这些印象有不同的反应。普鲁斯特没有知难而退，而是跨越了这些困难。

过去可以从记忆中跳出，但是记忆不受我们控制。浸入茶水中的一小块点心的味道，天空掩映下高塔的形状——这些记忆碎片是微不足道的，但能唤起普鲁斯特的记忆之河和几乎消失的过去，这些是他生命的颜色。每时每刻都理解自己是不可能的，我们不是所有过往人生经历的静态总和——原因在于我们总是在内心重新体验过去的经历，因而“总和”也是在不断变化的。只有唤醒过去，我们才更接近当下每一刻的现实。因此，现实总是避开我们，生命呈现碎片化的状态令人感到困惑、悲伤。人类获得安慰的唯一方式是艺术（这也是普鲁斯特的信仰），只有艺术能用秩序梳理变幻多端的人生。

对“时间”概念的理解，以及对主观主义的崇拜，是普鲁斯特的一切创作之源，包括写作方式、冗长的句子结构，无一不来自这里。在普鲁斯特的作品里，时间弯曲如蛇，过去与现在在这里会面，各种各样的主题从记忆中跳出来，交叉盘旋，互相呼应。评论者都认为用一部宏大的交响乐来比喻普鲁斯特的作品比单纯叫它叙事小说更合适。

表现“形而上学”的概念不是普鲁斯特成功的唯一原因。细腻敏锐的感受力，令人咂舌的丰富记忆……他几乎拥有最出色的小说家应该具有的一切才能。例如，他对社会整体描写的深度超过以往任何作家（在广度上不能这样说）：普鲁斯特的《追忆似水年华》和萨克雷（76）的《名利场》不同，前者写出了整个贵族社会和中上阶层的痛苦与毁灭。关于爱，尤其是同性之爱，普鲁斯特用洞悉一切的眼光分析其本质。爱对于他来说常常难以理解，令人沮丧。他创造了半打以上令人难忘的角色，他们可以和小说史上长盛不衰的人物相媲美。普鲁斯特使用的文体晦涩难解，节奏缓慢曲折，与要表现的复杂主题契合无间。和以往的小说家不同，他的现实主义是象征主义者的现实主义，不是自然主义者的现实主义。假如他想，普鲁斯特可以将描写推到极致，但是他更倾向于放弃，放弃一切不能加强自己信念的细节。他相信事物只有被记住的部分才是现实。我们没必要知道这种不完美的现实，可惜我们必定知道它，这种局限注定了人生是一场悲剧。

有些人认定《追忆似水年华》是世界上最伟大的小说，有些人觉得它难以卒读，有的人的看法和一位杰出批评家一样，认为它“巨大但又渺小”。至于同意哪种观点，读者们要做出自己的判断了。我自己则愿意用埃德蒙·威尔逊的话来作结论：“依我看，普鲁斯特应被看作当今具有最伟大的头脑和想象力的人之一，他的能力和影响力可以和上一代的尼采（97）们、托尔斯泰（88）们、瓦格纳们、易卜生（89）们相比。他从相对论的角度来创造自己的小说世界：普鲁斯特第一次为小说界注入可以和现代物理学的新理论相对应的新元素。”

克里夫顿·费迪曼

*106.*罗伯特·弗罗斯特

1874—1963年

《诗集》

弗罗斯特生活的年代离我们有一段距离，但作为民族诗人，他可能是离我们最近的一个。他的选集不断出版，中小学生总是在课堂上遇到他写的比较简单的诗作。电视上、讲坛上、大学课堂里，到处都有他的身影，于是不喜欢诗歌的人也会对诗人那不同凡俗又令人不安的性格有所了解。这个国家十分喜欢用奖项表彰自己的公民，而弗罗斯特曾四次获得普利策文学奖。另外，令人惊异的才华，让他像一棵常青树，一位民间桂冠诗人。在一个诗歌备受冷淡的时代，弗罗斯特的成功提高了诗歌的地位，这是件令人高兴的事情。不过，事情的另一面是一位杰出诗人的形象变得模棱两可，丧失了完整性，这就让人沮丧了。

“文学开始于地理。”弗罗斯特这样说。不错，他的写作从波士顿北部丘陵密布、古老荒芜的土地开始，但他从来不是一位地方性诗人。弗罗斯特从地理开始，只不过他开拓的是荒无人烟的土地；他是个典型的美国人，只不过他发出的不仅仅是美国人的心声，他代表的是自己。弗罗斯特不像桑德伯格一样是人民诗人，后者的作品中经常出现的是农民、山民和寂寞的小人物。弗罗斯特和叶芝一样高贵，但比叶芝更合群，更富机变，更具幽默感。幽默和严肃在他那里常常掺杂在一起，例如，他随随便便地说："我已经抛开对民主的偏执，愿意放开下等人，让上等人完全负起照顾他们的责任。"此外，他的诗没有华丽的辞藻、复杂的句法，是朴实无华的（让诗句自己散发光彩），然而他的表现手法和想象力却非常发达。也就是说，弗罗斯特不是个"扬基佬"[①]，将低幼的哲学思想填进诗里，而是一个思想成熟、厌恶诡辩话语的诗人，他平淡的词句中蕴含着丰富的意义。

弗罗斯特不会将自己置于绝地。他会说："辩论的时候我从来不站在自己这一边。"还有类似的"我开玩笑的时候才严肃"。他对自己作品的看法令人难以想象："就像火炉上的冰块，诗歌必须自己融化。"梭罗（80）和爱默生（69）的独立甚至偏执，在弗罗斯特的诗中有所折射，他很好地吸取了两位作家的独特之处，但这些评论仍远远不能反映弗罗斯特的全貌。弗罗斯特是个难以归类的人，正如他的时代无法控制他，让他服从。相反，诗人总是为了自己隐秘、狡诈的目标利用时代："我会这样写自己的墓志铭：我与世界有爱，有争吵。"

《补墙》《摘苹果之后》《未选择的路》《雪夜林边小憩》，这都是我们熟悉而深受感动的诗。不过，要了解弗罗斯特讥讽、幽默、奇怪、飘忽不定的表面背后的思想，就要读读他不大知名的晚年作品。年纪越大，弗罗斯特的作品越难懂，越富有哲学意味，越大胆、尖刻、滑稽。不必着急，你有足够的时间细细品味他。

克里夫顿·费迪曼

---

① 扬基佬：Yankee，意即"美国佬"，起初含有嘲谑意味，现在成了美国流行的所有人都可接受的绰号，嘲谑意味淡了很多。——编者

107. 托马斯·曼

1875—1955年

《魔山》

有些作品讲述的是人类经验的碎片〔可能是很优秀的作品，比如简·奥斯汀（66）的小说〕，有些作品将这些碎片整合起来，像但丁（30）和荷马（2，3）的杰作就组合了本民族文化的碎片。《魔山》属于后者。如果读者能认识到这是一部包罗万象的作品，就能从阅读中获得更多的东西。梅·韦斯特曾经说过一句似乎关系不大的话："我喜欢从容的人。"托马斯·曼在《魔山》的前言中这样说："彻底才会好玩。"《魔山》就是一部彻底且好玩的小说。

小说内容如下：一位单纯的德国青年去瑞士一家肺结核疗养院探望正在养病的朋友，之后自己也染上肺结核，在那里住了七年。这段时间里他倾诉、倾听、思考、忍耐、恋爱，最后被卷入第一次世界大战。在阅读小说的过程中，读者慢慢发现，作者要叙述的不仅是一个男青年的成长过程，他的真正目的是用对话、象征、想象、梦幻、争辩、哲学思考等方式，将西方世界的精神碎片整合起来。

所有作家都在一场被赞美为"伟大对话"的活动中出场，从托马斯·曼身上可以窥豹一斑。很多作家对托马斯·曼风格的形成施加了自己的影响，这些名字我可以随手写出来，最受托马斯·曼认同的是这几位：歌德（62）、尼采（97）、屠格涅夫（81）、托尔斯泰（88）、康拉德（100）、惠特曼（85）、易卜生（89）和弗洛伊德（98）。从这个角度看，《魔山》是一部综合性小说。

换个方式，读者可以认为疗养院隐喻着欧洲，人物死于1914年暴力的欧洲（也可能是美国）。小说中的人物不是具体的人，而是各种思想感情和观念的代言人：赛特姆布里尼代表自由的人道主义，纳福塔是完完全全的梦魇（就像希特勒、墨索里尼、霍梅尼、萨达姆，还有那些未得势的恐怖分子），皮普孔就像我们熟悉的D.H.劳伦斯（113）笔下的人物。来自不同国家、不同社会阶层的病人，实际上代表的是西方世界的各种疾患。1924年时候的托马斯·曼对此深有体会。那么，这些西方社会的精神病会在20世纪末进入疯狂的转折期吗？

托马斯·曼的巨著包含了十多个主题和议题，其中有很多在今天的思想界依然是关注的焦点：精神分析和唯心主义；艺术、疾病、死亡之间的纽带；时间相对性（爱因斯坦对此进行了更深入的思考）；西方男性，特别是中产阶级男性的本质；艺术家与社会的关系；人类恰当的教育。作家独具匠心地将高深的理论思维和人物形象、小说氛围结合在一起。

《魔山》有两个世界，一个是精神世界，一个是人与人的关系所构成的世界。后者我们看得更清楚，因为它不受“平坦之地”噪音的干扰。“平坦之地”就是人类居住的地方，那里时钟总是在嘀嗒嘀嗒地走个不停。

康拉德、劳伦斯、乔伊斯（110）、托马斯·曼、普鲁斯特（105）和亨利·詹姆斯（96）能够让读者充分体会到阅读现代小说的乐趣。现代小说发展到今天，它的特点也逐渐显现出来：强烈的自我意识，对人性深处的探索，推陈出新、变幻的写作手法。18世纪和19世纪早期的英国作家写的小说相对单纯，而现代小说通过汲取全人类的创造力，展现了其不同的风貌。现代小说注重理性思维，突出特性。《魔山》这部诞生于忧郁的20世纪的不朽之作，可能是现代小说大趋势的最好代表。

其他值得一读的托马斯·曼的作品，我推荐短篇小说《威尼斯之死》和《马里奥与魔术师》。

克里夫顿·费迪曼

108.E.M.福斯特

1879—1970年

《印度之行》

E.M. 福斯特没有福克纳（118）、海明威（119）那样大的名气。福斯特只写了五部重要的小说，每一部都体现出不一样的魅力。其中有四部在第一次世界大战之前写成，最后一部《印度之行》在战后的1924年出版。书名提升了它的知名度——大家是通过改编后的电影熟悉这本书的，就像《看得见风景的房间》和《霍华德庄园》一样。即使20世纪小说家名单的权威性尚受到非议，福斯特仍然能跻身其中，毕竟这是个名额有限的名单。

首先，细心的评论者将福斯特列入最细腻的小说家之列。请注意，是最细腻，而不是最伟大。“伟大”看起来不适合福斯特，他自己也不会接受这样的赞誉。其次，尽管其作品数量不多，出版时间也比较早，但其意义非凡，而且极具现代性。

福斯特的作品悄无声息地得以保存下来，得益于他处理人类关系中重要问题的特有天赋。他的写作与报刊的平淡文风没有丝毫相似之处，相反，处处表现出精细、优雅和喜剧魅力——是喜剧魅力，不是嘲讽。有一种开放性观点（福斯特擅长描述这种开放性）认为，福斯特是一位不受规矩束缚的作家。他的价值取向是“文明”，不是盎格鲁－撒克逊文明，不是欧洲文明，而是不属于哪一个群体或派系的、超越时空界限的文明——心灵之路。

《印度之行》中没有英雄，也没有邪恶势力。印度人、穆斯林、英国人——他们一起“恶”，一起“善”。每一个人都有些高尚的品质，即使作者不喜欢他；他们都有些肮脏的小毛病，即使作者崇拜他。他们共同的缺点是无法相互理解和沟通，这本小说有种怪异美（马拉巴洞穴那一幕可否用美妙来形容还有待商榷），书中提到了印度民族主义、大英帝国主义、印度教的神秘主义，但捍卫或推崇哪一主题并不是这本书的重点，更不是它的全部。《印度之行》的可读性并不是建立在这方面，因为印度早已从大英帝国中独立。这本书真正要讲的是隔绝，是多恩（40）的话的反面——每个人都是自我孤立的一座岛，或许是我们自己，或许是命运，或许是上帝，扔给我们一段篱笆，每个人从此相互隔绝。另外，在书中还提到，人类之间脆弱的联系使得相互往来永远是困难和悲哀的。

如果你已经读过《印度之行》，可以重读一遍；若已经重读过，可以读一下福斯特的另一部小说《霍华德庄园》，很多人对它也评价甚高。

克里夫顿·费迪曼

109. 鲁迅

1881—1936年

《短篇小说选》

在鲁迅精力旺盛的20世纪20年代，一场现代文学运动在中国方兴未艾。1919年5月4日，中国学生游行反对《凡尔赛和约》中的丧权辱国条款，继而引发了“五四”新文化运动。鲁迅是这场运动的引领者之一，这一抗议运动在十年左右的时间里解放了一代知识分子和艺术家。年轻的作家和思想家批判中国传统文化和社会，按照自己的想法寻求替代品。

鲁迅原名周树人，他出生的家庭进步且富裕，他青年时曾和兄弟们一起学习西方科学、医学。(他的二弟周作人成为心理学家，三弟周建人成为生物学家和优生学家。) 后来，鲁迅放弃医学，将全部精力投入到“五四”新文化运动中，成为现代主义先锋作家和用小说批判社会的大师。1918年出版的短篇小说《狂人日记》〔书名有意取自果戈理（74）的同名小说〕，确立了鲁迅在文学史上地位。这篇小说用一个“狂人”的眼睛观察了中国“吃人”的旧社会。1923年出版的短篇小说集《呐喊》，收入了他最著名的小说《阿Q正传》。阿Q是个普普通通的中国人，每天稀里糊涂，得过且过，最后要被砍头的时候，还弄不明白自己为什么会死，作者用阿Q来隐喻一种朽烂的中国传统文化。鲁迅认为，面对西方文化与技术的挑战，人们对于这种腐朽的文化缺乏心理上的准备，只有投降一途。

从20世纪20年代中期开始，鲁迅和新生的中国共产党紧密地联系在一起，但他没有正式加入。在中国当时不断激化的内部矛盾中，人们很难不靠边站，完全独立是困难的，鲁迅坚持自己是独立的艺术家，虽然是有些“左”倾的。在我们看来，鲁迅的地位是清清楚楚的：无论在政治上谁对他进行了肯定或否定，鲁迅都是20世纪中国最伟大的作家。

鲁迅的全集或选集有很多译本。读读《狂人日记》《阿Q正传》及其他杰作，你会看到一位熟练而令人愉悦的故事讲述者、一位犀利无比的社会批评者。

约翰·S. 梅杰

110. 詹姆斯·乔伊斯

1882—1941年

《尤利西斯》

遇见《尤利西斯》意味着遇见了一本难以解读的天书。最好先承认，这座山峰不可能信步而行，但终究能够登顶，那时你会发现山下的景色是如何气象万千、壮美绝伦。

以下列出五条简单的建议，这些建议不会让你更快地理解《尤利西斯》或者从阅读中得到更多的快乐。列出这五条建议是为了消除读者的一些偏见，例如：这本书不过是个大笑话；这本书充满了污言秽行，不过是在众人中流行一时的玩意儿；作者不过是个疯狂的天才。足够明智的读者或评论家，至少应该知道《尤利西斯》自1922年出版以来的一些客观事实。

1.《尤利西斯》应该是继《神曲》(30)之后结构最完美、思虑最周全的文学作品。

2.《尤利西斯》是20世纪出版的小说中最有影响力的（没有更合适的词汇），它的影响是通过难以计数的作家传递出去的。

3.《尤利西斯》是用文字写成的最富于独创性的作品，它想象力十足，打破的清规戒律不止一条，而是成百上千条。

4.可能有人持不同意见，但大部分人认为《尤利西斯》与“颓废”“淫乱”“悲观”无关。与本书提到的诸多优秀作家的著作一样，《尤利西斯》中对生活的深刻剖析，反映出作者的思想境界早已不能用“狭隘”“个人情绪”“自我防卫意识”来界定。

5.《尤利西斯》不同于它的祖先《奥德赛》(3)，它不是开放的，而是深藏不露的，只有付出相应辛劳的读者才会寻得它的宝藏，就像贝多芬的弦乐四重奏，浸淫越深越能发现更丰富的内容。

在以上五条建议之后，我还有三点忠告：

1. 读读写于《尤利西斯》之前的《一位青年艺术家的画像》。这本书比《尤利西斯》好懂得多，虽然在成就上逊色于后者。主人公史蒂芬·代达鲁斯是乔伊斯自己的“自画像”，故事也发生在都柏林，和《尤利西斯》一样。

2. 先看一些出色的评论对阅读《尤利西斯》不无裨益。最好的短篇评论出自埃德蒙·威尔逊之手，斯图尔特·吉尔伯特和安东尼·伯吉斯则有很好的长篇论述。

3. 即使上面提到的你都读过了，阅读《尤利西斯》依然不是一件轻松的事情。行文中引用的意思、短语的功能、意义的细微差别、隐喻的暗示，它们会接踵而至，你不能想着都能弄明白，而是明白多少算多少，然后放下，一年之后再读一遍。

在阅读过程中，时刻关注乔伊斯的意图也很有必要：

1.1904年6月16日的24小时内，一群都柏林人在干什么、想什么，这是一条完整的主线。作者全力以赴地围绕这条主线进行写作。

2. 主人公史蒂芬·代达鲁斯可以被视为现代知识分子的典型，另一主人公利奥波德·布卢姆是史蒂芬的精神之父，一个不大不小的人物。这两个人在这段时间内的行动和想法，体现出作者的真正思路。

3. 乔伊斯尽力让《尤利西斯》和荷马的《奥德赛》在人物、事件上呈现平行结构：史蒂芬对应忒勒马科斯；布卢姆对应奥德赛（即尤利西斯）；布卢姆的妻子莫莉对应奥德赛的妻子珀涅罗珀，同时又是个不忠的妻子，即女妖喀耳刻。

4. 乔伊斯为了这部具有里程碑意义的小说，独创和发展了多种全新的写作方式，比如内心独白、意识流、戏拟的诗文、梦境、噩梦的碎片、一语双关、创造新词、不循常规的标点用法，或者根本不用标点，等等。普通的小说家提供人物思想供读者选择，而乔伊斯让思想在读者面前自然展现出来，混沌如梦幻，延续如河流。

敢于阅读《尤利西斯》已经很有勇气了，祝你们好运。

这部作品较好的版本是 1986 年古典书局（或者兰登书屋）出版的平装版，或是约翰·基德的版本（诺顿图书出版公司于 1994 年出版）。

克里夫顿·费迪曼

111. 弗吉尼亚 · 伍尔夫

1882—1941年

《到灯塔去》《达洛维夫人》《奥兰多》《海浪》

布鲁姆斯伯里文化圈的成员大都天赋出众、名声在外。其中有三个人直至今日声名不坠，而且影响与日俱增。他们是：伟大的经济学家约翰·梅纳德·凯恩斯、小说家E.M. 福斯特和小说家弗吉尼亚·伍尔夫。早在1941年，伍尔夫健在的时候，她就已经显现出决定英国小说道路的趋势。她的影响在不断扩大，我们可以负责地说，伍尔夫和康拉德（100)、亨利·詹姆斯（96)、普鲁斯特（105)、乔伊斯（110)（伍尔夫不喜欢他）等男性作家一样，具有顽强的生命力。

用程式化的话来说，伍尔夫证明了20世纪前二十五年英国流行的现实主义小说家，包括阿诺德·贝内特、约翰·高尔斯华绥、H.G. 威尔斯，并不具有把握小说艺术资源的广阔视野。在《班尼特先生和布朗夫人》这篇具有开创意义的文章中，伍尔夫认为这些作家只是看到了表面现象。她提出要深挖表面之下的东西，利用已经比较成熟的写作技巧，例如意识流、内心独白，舍弃直线式的叙述，充分借鉴诗歌的写作手法。虽然伍尔夫并不是时刻都能符合这些要求，但大部分时间她确实是在亲身实践着自己的艺术主张。

在推荐的四部小说里，《达洛维夫人》最简单易懂。小说的中心人物是一个有钱的女政客，伍尔夫围绕她展示了伦敦上流社会的风貌：一个极度自信的圈子。小说主要关注的仍然是爱和死。还有一些次要主题也很有意思，比如势利（作者本人就是个势利的人）、反特权，还提到女同性恋关系。伍尔夫会间歇性地精神失常，有时严重到要寻死的地步，不过正是这种疯狂体验使她得以深刻把握塞普蒂默斯·史密斯——一个因战争而患有精神疾病的退伍军人——的心理状态，把他塑造成和达洛维夫人一样令人印象深刻的人物。

读《到灯塔去》，让我们感觉自己好像不断进入人物的大脑，有时甚至连招呼都不打一声。这种感觉在读《达洛维夫人》和将要提到的其他小说时也会出现。小说人物来自伍尔夫自己对家庭的记忆，与其说那是一些"人物"，不如说那是一些"意念"。伍尔夫的小说情节不是按时间顺序来安排的，而是让随意出现的顿悟贯穿整个小说。她写道："……感觉之轮的一转之力，可以固定一个瞬间，穿透一个瞬间。"

《奥兰多》的女主人公奥兰多的原型是伍尔夫的一位贵族朋友——维塔·萨克威尔·韦斯特，她是作家兼外交家哈罗德·尼克尔森爵士的妻子。这部小说精致且充满想象，还涉及了一些英国历史，从伊丽莎白女王时代到 1928 年。伍尔夫在其中使用的某些手法让人想起后来的拉丁美洲魔幻现实主义（132）。小说还包含了一些戏剧元素。也许可以这样说，《奥兰多》和伍尔夫作品的关系就像格雷厄姆·格林和他作品的关系。

《海浪》是伍尔夫最难懂的小说。六位特权阶级人物，男女各一半，从孩提时代到青年，从大学阶段到中年，他们好像被人拉着飞快前进。这里没有通常意义上的行动，只有六个人依次的灵魂独白。其中一个，伯纳德说："没有人能从勺子里捞出什么东西，没什么大不了的事情。"即使最敏锐的读者也不能全部弄懂每个人物说的是什么，想的是什么，感觉到的是什么。通篇弥漫着一种朦胧美。《海浪》不是伍尔夫最成功的作品，但可能是20世纪前半期最具原创性的发展小说。

克里夫顿·费迪曼

112. 弗兰茨 · 卡夫卡

1883—1924年

《城堡》《审判》《短篇小说选》

如果我们只考虑西方的话，或许 20 世纪有五位作品具有独创性的作家对同一世纪中其他写作者的影响最大。卡夫卡的名字应该列入其中。他应该和乔伊斯（110）、普鲁斯特（105）、叶芝（103）、T.S. 艾略特（116）同列。卡夫卡死后二十年，诗人奥登（126）写道："提到谁与我们时代的关系能与但丁（30）、莎士比亚（39）、歌德（62）和他们时代的关系相比，卡夫卡是我想到的第一个名字。"法国诗人、戏剧家保尔 · 克洛代尔的赞美更无保留："除了拉辛，他对我来说是最伟大的，剩下的只有弗兰茨 · 卡夫卡。"

这些赞美都是在卡夫卡最"热"的时候出现的，我说"热"是卡夫卡的名声部分来自邪教式的崇拜。不过同样真实的是卡夫卡小说中的噩梦，反映了一个灰暗时代的混乱和精神上的贫乏，这种反映如此经典，以至于到今天依然有力。

不过在卡夫卡活着的时候，人们从未注意过这些。卡夫卡的巨大声誉都是死后才获得的，而且这种声誉只有少部分来自卡夫卡的作品：三部不完美的小说，十几篇短篇小说，格言体断章，一些书信。有些人认为卡夫卡的名望来自预测的能力，就像司汤达（67）、托克维尔（71）一样。1924 年卡夫卡辞世，但他的想象似乎是对之后世界命运的准确预言：纳粹德国的恐怖，现代政府难以避免的官僚主义，人类精神的丧失和寻回精神的希望，每个人都有的罪恶感，人性的异化。博尔赫斯（121）说："卡夫卡，一个创造荒谬而哀伤故事的人，一个拥有冷酷直觉的人。"

卡夫卡的一生不曾有虚伪的幸福，没有受过伤害，也没有遭遇过战争，他交友广泛。（不过后来，他的三个姐妹被纳粹杀害，卡夫卡如果活着，也许不会太惊异。）卡夫卡敏感到有些神经质，不过这对他创造那些有影响的小说有益无害。他的父亲是个物质主义者，虽然是个犹太人，却像普鲁士人一样严密控制着儿子的生活。卡夫卡的两部重要作品《城堡》和《审判》反映了这种控制欲。当然，小说中的意象纷繁复杂，不能仅仅用个人经历来进行解读。小说还提到人的自卑和负罪情绪，《审判》的主人公认为自己有罪，但不知道别人到底控告他犯了什么罪。《城堡》的主人公也有类似的遭遇，他与官僚机构周旋，却发现接近体制和权威是不可能的——权威在一定意义上意味着救赎。

卡夫卡的小说没有什么阅读障碍，他的风格是平静、清晰、简单的。但在表面的伪装之下，在普通的意象、平淡无奇的故事之下，是现代人惴惴不安的现实。可以这么说：卡夫卡有自己的目标，但他是否有通往目标的道路呢？卡夫卡不属于任何教派，也没有神秘主义色彩，但他确实是个虔诚的教徒。写作不是卡夫卡谋生的手段，而是他向难以理解的上帝祈祷的方式。他笔下的主人公和大多数人一样，有着迷茫、孤独以及对自我身份的不确定感，但仍在尽力寻回隐约感受到的尊严（城堡象征尊严）。即使在宇宙的秩序中难以容身，也一定有某个地方可以接纳他们。在这个意义上，卡夫卡和博尔赫斯一样是形而上学的小说家，虽然后者没有表现得那么痛苦。

卡夫卡在短篇小说中同样预言了在我们时代横行的反人性、恐怖主义和官僚专制——典型代表就是《变形记》和《在流放地》。这些令人毛骨悚然的故事笔调平静，其中关于罪与罚的寓言直击那个焦虑年代的内涵。

虽然已经去世八十多年，但卡夫卡的影响至今丝毫未减。天赋和过度敏感，令他能完美地创造一个梦境，这个梦境让我们想起自己所在的真实世界。

克里夫顿·费迪曼

113. D.H.劳伦斯

1885—1930年

《儿子与情人》《恋爱中的女人》

令人难以置信的是，劳伦斯死于肺结核时才四十五岁。从 1911 年出版第一本书，到 1930 年去世，其间几乎每一年他都有一本小说面世。实际上，他于 1930 年出版了六部，去世后还出版了十几部（还不算信件）。他写了很多东西，游历了很多地方，认识并影响了很多人，凭兴趣干了很多工作。他对自己的主张坚定不移，经常和人吵得不亦乐乎。劳伦斯是小说家、诗人、剧作家、散文作家、评论家、画家和预言家。他身材单薄，长着络腮胡，内心却有股熊熊燃烧的火焰，他也是那个时代最具活力的人之一。

劳伦斯出生在诺丁汉郡，父亲是煤矿工人，母亲受过良好教育，性格十分敏感。幼年时母亲的过分宠爱造成了他的依赖性，《儿子与情人》的前一部分清楚地表现了这一点。劳伦斯学习成绩优异，曾当过几年老师。1912 年，他和出身于德国名门的弗丽达·范·维克利私奔，1914 年结婚。劳伦斯后半生几乎在不停地游荡，到未开化的国家生活，汲取各种“人生体验”，作为自己创作的来源。

有的读者被“人生体验”吸引，有的被它吓了一跳，甚至对其望而生畏。但劳伦斯不是哗众取宠，也没疯掉，他是一个预言家，对自己的预言坚信不疑，希望能够用预言改变人们周而复始的生活。明白了这一点，你才可能容忍他。在他的早期作品，如《儿子与情人》——应该首先阅读的劳伦斯的作品——中，他所想表达的已经被绝对地呈现在我们面前；在以下几部小说中，他的思想更是以特殊的形式被表达出来：《虹》《恋爱中的女人》（应该是一部杰作）、《查泰莱夫人的情人》（作者最差的作品之一）。

阅读劳伦斯必须明白，他从头到脚都是一个革命者、叛逆者。他和当时以及后来的工业文明开战，理由是他觉得这种文明夺走了人类的活力，使感情的泉水不再流淌，让人成为机械的碎片，不再拥有广阔的大地、艳丽的花朵、多变的天气和活泼的动物。劳伦斯本人对这一切总是抱有超越自然的情感。而且，劳伦斯对工业文明的最大抨击是其造成人类性生活的萎缩。在他的概念中，性不仅是享受快乐，还是一把能打开知识宝库的钥匙。知识宝库里装满了劳伦斯认同的东西：对现实直接、即时、原始的感知力。1912 年他写道："不管血感受到什么，相信什么，告诉你什么，都是真实的。"（在某些读者眼中这是邪恶的胡言乱语。）

科学、传统基督教、理性、进步、干涉、被安排好的体面生活、金钱崇拜、机器崇拜，所有这些都是劳伦斯憎恨、深恶痛绝的东西。因此不难理解，他为什么总是贫困潦倒，总是在挣扎和抗争。但劳伦斯总是勇敢地微笑着面对这一切。奥尔德斯 · 赫胥黎（117）很熟悉劳伦斯，他指出后者是"一个生命，活在别的世界里的生命"。完全正确，有时劳伦斯的原始力量之源是常人难以企及的。在这一点上，还有其他一些地方，劳伦斯让我想起预言诗人布莱克（63）。

劳伦斯的作品没有康拉德（100）那样严谨的结构。他的作品有时流动似水，有时旋转如潮，有时闪烁似电，有时爆发如火，一切随作者的心意流转。只有愿意暂时容忍他风格的读者，才能持续地读下去。

但这样还达不到劳伦斯对读者的要求，他在小说中有非常深入的道德思考。他满怀热情地认为小说“能避免人变成行尸走肉”，劳伦斯的目的是唤醒读者，让他们体会到作为一个人正在或已经失去的东西：对生命的热情和快乐。

百年之后，人们对劳伦斯的评价会是什么：大预言家（以及了不起的艺术家），还是古怪的天才？

如果读者仔细读了上面的文字，会发现我其实不喜欢劳伦斯，只不过在找借口掩盖自己的真实情绪。本书的修订给了我面对真实自我的机会。我可以说，劳伦斯在某种程度上是个法西斯主义者，虽然我不能确定他究竟到什么程度。他写过这样的话：“不应该，永远不应该，让伟大的人民群众读书写字。”我在其他地方曾经将这句话评价为：“靠自己尊严活着的人最惹眼的一句话。”注意，劳伦斯自己是矿工的儿子，是“伟大的人民群众”中的一员。如果不是国家实行的普遍民众教育，他没有机会——永远没有，成为伟大的D.H.劳伦斯。

承认瓦格纳天才和骗子的两面性曾经耗费了我们一些时间，我们同样可以说，天才劳伦斯的性格中也颇有让人不快的成分。

克里夫顿·费迪曼

114. 谷崎润一郎

1886—1965年

《细雪》

谷崎润一郎比夏目漱石（104）晚生二十年，属于更年轻的一代人。明治时代的知识分子，包括夏目漱石，在现实主义的道路上筚路蓝缕，谷崎润一郎则沿着他们的足迹坚定向前。

谷崎润一郎生于东京一个富裕的商人家庭。在世纪交替之际，日本经济欣欣向荣，东京的西方化、现代化程度已经很高，谷崎润一郎在这样的环境中如鱼得水。

谷崎润一郎曾在东京帝国大学学习，因为拒缴学费，后被开除，未能毕业。人们更倾向于认为这是他的一种叛逆行为，因为他并不缺钱。退学后的谷崎润一郎在二十几岁时就开始发表短篇小说，《刺青》(1910 年）让他在日本文坛崭露头角。谷崎润一郎对西方文学和物质文化极度着迷，这在他的早期小说和剧本中都有体现。

1923 年是谷崎润一郎生活和观念都发生巨变的一年。1923 年发生了关东大地震，当时谷崎润一郎住在横山时尚的外国领事区，他的房子和千万栋房子一样被夷为平地。谷崎润一郎马上扔下妻子，自己跑到大阪——日本西部的一个保守的商业都市，定居下来。他开始对大阪表现出极大的热情（就好像一个纽约人搬到芝加哥后爱上了那里），开始留心当时日本现代化生活造成的文化冲突，观察对西方的物质文化和流行趋势倾慕的日本人（包括他自己在内），也开始对日本传统文化感兴趣。他的第一部真正的小说是《食蓼虫》（1928 年），是一个在传统与现代的压力下无法幸存下去的婚姻的故事。

我的建议是先读《细雪》（写于 1942 至 1944 年，出版于 1946 至 1948 年）。《细雪》是谷崎润一郎最细腻、最有名的小说。我们不能说这是一本自传，虽然其中部分角色原型取自谷崎润一郎的第三个妻子及其家人。故事发生在 20 世纪 30 年代中期的大阪，可以从作品中看出作者自己当时的生活状态。在这部作品中，作者充分发挥了自己的想象力，传神地描述了一个富裕家庭的矛盾：一方面是特权思想和舒适的生活方式，一方面是难以抵挡的现代化，两者不可能不发生冲突。

小说中的四姐妹有个难题：老三雪子迟迟未嫁，二姐幸子努力为她寻找对象，但直到小说结束时仍未成功。老幺妙子性情豪爽随性，很想早点儿嫁出去，不管对象合不合适她都答应，但是按照习俗她需要等自己的姐姐先结婚。这出漫长的人间戏剧体现了谷崎润一郎出众的文学才华。

相比《痴人之爱》(1924 年)、《一只猫，一个男人和两个女人》(1936 年）等作品，《细雪》在性方面显得很含蓄。实际上，很多读者认为，谷崎润一郎的特点就在于对性的暗示性描写，以及对性的崇拜。一位批评家尖刻地说："谷崎润一郎的小说主题都是一样的：男人寻找完美的、可作为他虐待对象的女人。"看到谷崎润一郎对被压抑在表面之下的生命力的描写，很多读者觉得作者有嗜女癖。不过依我看，也有很多人和我一样，认为他虽然有点奇怪，但还是很有意思的。请读者自己来取舍吧。

约翰 · S. 梅杰

115. 尤金·奥尼尔

1888—1953年

《伊莱克特拉的哀伤》

《进入黑夜的漫长旅程》《卖冰的人来了》

尤金·奥尼尔无疑是美国最伟大的剧作家，而本书的初版却没有将其收录其中。当时（1960年）我不认为他可以和萧伯纳（99）、易卜生（89）相比，现在也一样。但尤金·奥尼尔去世后，他的影响依然存在。在美国和其他国家，尤金·奥尼尔的戏剧正在渐渐重现光彩。他不再仅仅是美国舞台上的第一位严肃的剧作家，就像他的历史定位一样，他正逐渐成为一位经典人物。

有意思的是，尤金·奥尼尔的地位越来越稳固，但他的剧本读起来却缺乏文学之美，没有什么幽默感。每当他想卖弄文笔，写点儿有趣的句子时，结果总是不尽如人意。最糟糕的是，剧作家应该是描写角色所用特色语言的好手，而尤金·奥尼尔则对对话并不敏感，例如在最细致的一部作品《卖冰的人来了》中，低等阶级的人说出话来却不像样。这不是粗心大意的问题，如果他足够敏感的话，不会出现这种事情。

不过，尤金·奥尼尔充满激情，不断重复着苍白的主题，上述缺点和文学性的缺失几乎不会被注意到，特别是在舞台演出的时候。即便是阅读而非看演出，起码在他最好的作品中，我们能够感受到一种压倒一切的力量。无论当时还是现在，尤金·奥尼尔的手法都相当有实验性：使用面具；赋予古老对白以新意；多维而漫长的剧情；从现实主义转向表现主义——这受到了瑞典戏剧家斯特林堡的影响；用现代术语阐释古典希腊戏剧的经典情节，包括我们之前提到的埃斯库罗斯（5）、索福克勒斯（6）、欧里庇得斯（7）。

最后一种类型的典型例子是他的三部戏剧。在《伊莱克特拉的哀伤》中，“克吕泰墨斯特拉－阿伽门农－伊莱克特拉－俄瑞斯忒斯”的故事被巧妙地放在美国内战后的新英格兰背景下。尤金·奥尼尔深受希腊传统文化的影响，想要写一部纯粹的悲剧，这在美国舞台剧的传统中很少见。比起情节中的悲剧命运，这部剧的力量更多来自作者用文字表现自身矛盾给读者带来的震撼。

另外两部推荐的作品具有相同的特质。我认为它们是尤金·奥尼尔的杰作，源自作者的强烈体验。它们不是对人生表面的描绘，而是对生存的最痛苦的问题的探索。

《卖冰的人来了》是以失败为主题的故事。哈里酒吧里堕落的酒鬼会遇到这种失败，我们每个人也都会遇到这种失败。失败残忍地击破我们常有的幻想，也让我们意识到没有这些幻想我们会活不下去。

《进入黑夜的漫长旅程》有很明显的自传性质，它在戏剧史上的典型性毋庸置疑。剧中人是尤金·奥尼尔的家人，悲剧是家庭的悲剧，绝望是作者自己的绝望。

尤金·奥尼尔说过：“我关注的只有人和上帝的关系。”不过，不要只看字面意思，尤金·奥尼尔和自己的导师埃斯库罗斯不同，他缺乏对超自然、形而上学层面的真正思考，但这至少说明尤金·奥尼尔一直在关注着人类所面对的最深刻且长久的困惑。痛苦和一丝不苟的严肃，让尤金·奥尼尔在美国剧坛占有独特的位置。

克里夫顿·费迪曼

116. T.S. 艾略特

1888—1965年

《诗集》《戏剧选》

T.S. 艾略特无可争议地属于20世纪不多的先锋作家之一，理由不是他在1948年获得了诺贝尔文学奖——实际上，所有的诺贝尔奖得主中，平庸之辈和才华出众者一样多；不是他在英格兰的文坛泰斗地位，就像以前的德莱顿、阿狄森、塞缪尔·约翰逊（59），等等；不是因为他当时是英国文坛最富争议性的人，也不是因为他宣传自己是“宗教上的英国国教教徒、政治上的保皇党人、文学上的古典主义者”，而令大众的目光围绕着他，让他声名鹊起——其实千百万善良而聪明的英国人都符合那些他给自己贴的标签。（为什么同样的话艾略特说出来就令人那么震惊？主要是因为自由主义的攻击性强，这既是自由主义的弱点，又是它的狭隘之处。）

理由是，艾略特能写出通俗易懂且深奥的文章（我会推荐一些），当然，随着时光流逝，他给了我们更多的启示，写的文章也更容易理解了。简单地说，T.S. 艾略特的成就如下：他塑造了我们这个时代英美诗歌的风格，使之更深邃、更优美。他为诗歌评论提供了一种活力四射、高水准的规则，以对抗当时盛行的逐渐没落的印象派批评方法。这种新的批评理论帮助人们重新找回和发现了一批作家：伊丽莎白一世时期的诗人、剧作家，17世纪的宗教作家，但丁（30），德莱顿，多恩（40）。

最好按时间顺序来阅读艾略特。艾略特天生就是要在写作技巧和精神上不断成熟起来。在技巧方面，早期的作品中充斥着众多的典故和引用，字里行间总是透露出一股机灵劲儿和难得的智慧；后期的文字则变得干净，形式上更为完美。在精神方面，他从1917年普鲁弗洛克诗歌中的那些时髦反话，发展到《荒原》（1922年）中的冷漠和极度绝望，又发展到《四个四重奏》（1943年）中的沉思的、形而上学的虔诚。

在整个进化的过程中，艾略特都紧紧抓住最初的目标："消化、表述新事物，成组的新事物、新感受、新层次。"很多"事物"和"感受"都令人不快，以作家的传统眼光看来，这些构成了现代社会的"荒原"。不过他的目的不是享受这些奢侈的痛苦，也不是用这些讨厌的东西震撼我们。"诗人的长处不是处理一个美丽的世界，而是看到美与丑掩盖的东西，看到无聊、恐惧和辉煌。"无聊、恐惧和辉煌都被编进他的诗歌。

尽管有先驱可以借鉴，艾略特的诗仍然是革命性的，就好像普鲁斯特（105）、乔伊斯（110）的小说，贝克特（125）的戏剧一样。他的诗一方面严谨凝练，一方面充满魔幻的想法。每一个词都有自己的分量，每一种暗示都有自己的意义，所有这些组合在一起，有节奏地流动。如果大声朗读或者听艾略特的朗读录音，节奏感会更明显。一开始会觉得他的语言很排外，好像不能被很好地理解。但是随着慢慢对其熟悉起来，就会清楚，它们是对这个进化（也许是退化）时代中西方男女思想状况的描写，精准且打动人心。艾略特的诗和莎士比亚（39）或者但丁（30）最出色的诗作相比，至少共同分享着一项伟大特质：每一行诗都感情充沛，永久地留在我们的头脑中，成为我们精神世界的一部分。

117. 奥尔德斯 · 赫胥黎

1894—1963年

《美妙的新世界》

赫胥黎和T.S. 艾略特（116）有很多相似的地方：两人都天资聪慧，博闻强识；两人的性格中都凝聚了大量的西方传统，两人都经历了从破坏性强的批评家到虔诚信徒的转变——艾略特皈依了英国国教，赫胥黎接受了来自东方的神秘主义，同时糅合了西方梦想家，比如布莱克（63）、埃克哈特、陶勒等人思想中的神秘主义。也许艾略特在才能上稍稍压过赫胥黎，毕竟他的艺术成就更高，但是赫胥黎的才能中有更多的冒险因子和更多幽默感，更直接地面对这个时代的具体问题，特别是种族的自我毁灭部分，例如全面战争和残酷的人口过剩。

读赫胥黎的文章，你能够感受到他思想丰富而又灵活多变，天赋出众而且博闻强识，同时是那么冷酷无情。关系人类的重大问题，赫胥黎在书中无一遗漏，全部涉及。与浅尝辄止的怀疑论相比，赫胥黎的怀疑主义具有强大的净化作用，我们至今难以对这种作用做出适当的评价。据我所知，同时代的英美作家没有一个能像他一样，心思缜密清醒地思考以下问题：西方智慧如何改变与协调，如何向东方思想转向，等等。

不到三十岁就声名在外，对赫胥黎来说可能不完全是好事。1932年，他出版了具有世界性影响的小说《美妙的新世界》，1946年再版时增加了一个作者序。如果将作者依靠想象力创造的小说场景与现实相比，这部小说就会失去很多意义，也就不那么引人注意了。但是，《美妙的新世界》或许可以称得上我们这个时代的“短暂的经典”。这部梦魇般的小说是所有关心人类心灵（而不是外部环境）者的必读书。

与文艺复兴时代的先驱不同，20世纪的乌托邦小说是令人沮丧的反乌托邦。这里没有激动人心的呐喊，只有响亮的警告。赫胥黎引用帕蒂雅夫的观点：人类现在关心的不是如何实现乌托邦，而是如何逃离乌托邦。在赫胥黎、奥威尔（123）和其他数位思虑深远的作家看来，人类努力实现的乌托邦不过是毁灭人性的地狱而已。

《美妙的新世界》的故事发生在距当时六百年后的未来，故事里的居民包括动物（又称“人类”）和动物管理员。教育让动物们喜欢被奴役，它们生活得很愉快，用我们骄傲的口气来说就是，它们是被驯化的。那个国家的宪法只包含三个部分：团体、身份、稳定。宗教、艺术、科学、家庭、情感、个体追求及差异，这些内容都没有被提及。

《美妙的新世界》不是一部特别出色的小说，可以将它当作预言形式的神话来读。不过，它的预言不是来自直觉，而是来自冷酷的智慧。小说的思想（里面所有的人物都是思想的化身）在当时很超前，即使在今天也不过时。《美妙的新世界》带有预见性地写到了鸡尾酒会和流行对话的开场白，比如英国国教徒、非国教教徒、复古主义、看待性的新角度、驯化的人、孤独的人群，等等，这些都被一个未来世界容纳，这个世界在1932年看来很遥远，但在今天看来很近。

我不希望读者仅仅从字面意思来理解《美妙的新世界》，它不是一本关于未来世界的教科书，而是在《格列佛游记》（52）传统下的一部夸张、嘲讽的幻想作品。毋庸置疑，赫胥黎比斯威夫特差一点，不过差距不大。在痛恨人类这件事上，赫胥黎更直截了当，斯威夫特则更坚定不移。

克里夫顿·费迪曼

118. 威廉·福克纳

1897—1962年

《喧哗与骚动》《我弥留之际》

威廉·福克纳被认为是他那一代最伟大的美国作家（有几个不受他影响的人则不这样认为）。有些评论家把他列入从古至今最伟大的作家行列。1949年，福克纳获得了诺贝尔文学奖，这是他在辉煌职业生涯中获得的正式的、最高的认可。

福克纳小说中的大部分背景都是密西西比河流域的约克纳帕塔法县。就像哈代小说中的威塞克斯一样，这一虚构出来的地方已经成为文学中的经典存在。福克纳小说里的时间从1820年开始延续了一个半世纪。这些小说构成一个系列，在某种程度上让读者想起左拉的《卢贡－马卡尔家族》，以及巴尔扎克的《人间喜剧》（68）里联系并不紧密的故事。福克纳的笔法纵横交错，以日夜躁动不安、暴力和罪恶充斥的美国最南部为舞台，描绘出彼此联系的家族群落的命运，这些故事多是悲剧，偶尔有喜剧。他的小说主要由三个世界组成：黑人世界，没落贵族世界——以康普生家（《喧哗与骚动》）为代表，更为堕落的新兴商人世界——以让人发毛的莱姆·斯诺普斯为代表。

这里推荐的两部小说是福克纳最为细致、主题最大胆开放、技巧最富新意的作品。他的崇拜者还会举出《八月之光》《押沙龙，押沙龙》，以及斯诺普斯三部曲《村子》《小镇》《大宅》。我个人最喜欢的是《河流》。

身为作家，福克纳严肃，有勇气，有深度。有人甚至觉得他令人惊叹。不过也有人，比如说我，觉得他的作品只有几部读得下去。后者一定没发现打开作者心扉的钥匙，这是他们自己的损失。如果你希望在穿越福克纳的“地狱”时有一个向导，我建议读一下马尔科姆·考利的《袖珍本福克纳选集》的“简介”。对阅读福克纳作品来说，这是一项很好的热身活动，一个经过深思熟虑的明智选择。

克里夫顿·费迪曼

*119.*欧内斯特·海明威

1899—1961年

《短篇小说集》

客观地说，海明威的短篇小说才是最出色的，而不是中篇和长篇。他的偏见在短篇里既没有可出现的时机，也没有可出现的地方。在海明威的短篇小说杰作中，好斗的性格、高扬的男性气概、对暴力和硬派的迷恋、耍威风的习惯、视女性为花瓶的偏见，统统消失不见了。一种写作方式，在短篇小说中可以创造令人心动的瞬间，完美展现的单镜头场面，但在长篇小说里可能就不是那么回事了。海明威重视真实，推崇原创，对白精确，情感充沛，可以毫不犹豫地说，他是世界上最伟大的短篇小说大师之一。

海明威似乎总是在面对死亡、激情、希望的破灭和坚持，这些都是具有终极意义的东西，但是他的笔触实际上并不涉及太广阔的世界。那些不如他知名的作家，都会从更多的角度和层面描写人性。他更比不上那些更伟大的作家：与司汤达（67）相比，显得稚嫩；与亨利·詹姆斯（96）相比，显得粗线条；与托尔斯泰（88）相比，显得渺小。但海明威的成功不可否认。在马克·吐温（92）提供的坚实基础上，海明威几乎将英文语句重新打造了一遍。他吝惜笔墨，用极富新意的写法发掘某个瞬间、某种意见、某种经历背后的真实。海明威不仅在写作技巧上做出了自己的贡献，更在道德层面上提醒人们要真诚地运用语言。

海明威的优秀作品（中篇小说《老人与海》是不能不提的），已经和《瑞普·范·温克》《厄舍古屋的倒塌》一起，成为美国宝贵遗产的一部分。《乞力马扎罗的雪》《没有被打败的人》《我的老头儿》《杀人者》，等等，今天读起来仍能让我们不由自主地被作者创作时的激情感染。不管对他的人生态度有什么看法，我们都不能抵挡海明威作品的诱惑——南部非洲草原、斗牛场、酒吧、滑雪道、赛马场、拳击台、密歇根州的树林，所有这些不再是存在于小说的背景中，也不再是无足轻重的场景。海明威对小说气氛和情绪的控制恰到好处。他是艺术家，是真诚的人，是能成功说出真理的人。

1987年出版的《欧内斯特·海明威全集》，即所谓的“瞭望山庄”版，是唯一详尽的版本。

克里夫顿·费迪曼

120. 川端康成

1899—1972年

《美丽与哀愁》

川端康成幼年失怙，成长的历程很艰难。有些评论家认为这是川端康成作品浸透深深哀愁的原因。我觉得其实两者关系不大，这种风格主要还是源于作家在美和哀愁之间犹豫不决的一生，更准确一点，是迷失在性和失落之间造成的压迫感。川端康成和同时代的很多日本作家一样，深受欧洲文学的影响（川端康成受象征主义影响最深）。但是从很多方面来说，他都是一个传统的日本作家，相比谷崎润一郎（114）来说，川端康成在精神上与紫式部（28）更接近。

1968年，川端康成获得诺贝尔文学奖。当时最受赞美的是《雪国》（1948年），小说叙述的故事与性的困扰有关，场景设在日本西北部一个白雪皑皑的偏僻山村。读者可以注意一下这本书。我自己最喜欢的是更为细腻感人的《美丽与哀愁》（1961年）。小说写了一位老人和一个女艺人的重逢。老人很早之前就爱上了女艺人，但他们的重逢让女艺人的女徒弟感到失落，觉得被抛弃的她将怒火发泄到老人的家人身上，发疯似的进行报复。篇幅不长的小说包含爱情、遗憾、迷恋、性冲动和罪恶，有时美得让人屏住呼吸，有时恐怖得让人惊魂不定，含混模糊，多过明晰。有人认为川端康成受到松尾芭蕉（50）等17世纪联歌诗人的深刻影响，其证据是阅读他的小说需要充分发挥想象力，补足不完整的情节。川端康成的文字会在你的头脑里轻轻抖动，就像蛛丝在你想象的空间里结网，但从来不会露出庐山真面目。

如果你已经被他的作品深深吸引，推荐你读一读他的一部名气没那么大的小说《名人》。这本书讲的是日本围棋名人战中，一位年轻棋士挑战一位曾是名人老棋手的故事。假如同时阅读纳博科夫关于棋迷的小说《防守》(122)，会是一种奇妙的体验。

1972 年，川端康成的学生和好友三岛由纪夫（131）当众自杀。川端康成对此非常失望，变得更加沉默，最后竟然同样自杀而亡。不过如果看看他作品中难以摆脱的灰暗色调，作家以这种方式结束生命倒也不出乎意料。

约翰 · S. 梅杰

121. 豪尔赫·路易斯·博尔赫斯

1899—1986年

《小径分岔的花园》《梦虎》

本书自问世以来，使得拉美作家在文学领域的地位不断提升〔如加西亚·马尔克斯（132）〕。

博尔赫斯出生在布宜诺斯艾利斯的一个中产阶级知识分子家庭，他一生的大多时光是在这个城市度过。他有西班牙和英国的血统，还有一点葡萄牙－犹太血统。像纳博科夫一样（122），他的英语好于母语，博尔赫斯深受英国作家的影响——从卡德蒙到切斯特顿、H.G. 威尔斯。

完成欧洲式的教育后，博尔赫斯成了一名诗人。对博尔赫斯来说，1938 年是不幸的一年，他父亲去世，自己由于生病差点儿死去。不过也是在这一年，他开始写自己最优秀的小说。通过只属于自己的这种文学形式，博尔赫斯的想法得到最好的表达。博尔赫斯的名气上升得很慢，直到 1944 年，随着《虚构集》的出版，他才在世界范围内建立起自己的声誉。1961 年，这一声誉得到了正式认可，他和塞缪尔·贝克特（125）一起获得了引人注目的国际出版家奖。

尽管博尔赫斯不热衷于政治，但他仍然对庇隆的专制统治不满。他因此失去了图书馆馆长的职位，成为一名家禽兔类饲养员。1955 年，庇隆下台后，博尔赫斯成为阿根廷国家图书馆馆长。这时，他的视力越来越差，五十六岁时完全失明，他说在自己的想象中“天堂是图书馆的样子”。

博尔赫斯学富五车，他的小说总是笼罩在学问的氛围里，有时甚至有点儿书卷气过浓，很多典故让读者觉得有点儿头疼。但这些毕竟只是直接的嘲讽，小说家奇妙的思维隐藏在表层之下：超自然、逻辑、想象（并非神秘主义）在他的头脑里轮流上场。博尔赫斯的作品体裁有很多种，科幻小说、侦探小说、暴力小说、有逻辑的梦魇故事，但主题只有一个：“世界就是一个梦。”在他眼里，宇宙不是真实的存在，而是一个梦，或者是一本大“书”。博尔赫斯的基本原则是：“虚构是艺术作为艺术的一个必要条件。”

没有尽头的回归、周而复始的规律、迷宫、镜子、幽灵、老虎、图书馆和时间，这些隐喻不断地在各种意象中反复出现。在《小径分岔的花园》中，叙述者说：“我对迷宫有点认识。”“混沌即丰富”是博尔赫斯的信条，他的各种各样的时空世界是没有限制的，和托尔金小说中的魔幻世界完全不同，后者具有实实在在的确定性，与真实世界是一一对应的关系。文字在博尔赫斯手里就像魔术师手里的道具，只不过小说家的魔术不是用来骗人的。《巴别塔图书馆》展现了一个宇宙，一种对无限的象征。博尔赫斯写的科幻小说不是简单的幻想，而是严肃地对待通常意义上的时间并最终否定它。他也有很多以背叛和失败为主题的小说，那些故事流动、转移、纠缠、集聚在人类的意识之外，有力地穿过梦幻一样的人生。

有心的读者会觉得博尔赫斯与本书中提到的很多作家相似，比如塞万提斯（38）——博尔赫斯有一篇对《堂吉诃德》极端大胆的评论，还有刘易斯·卡罗尔（91）、卡夫卡（112），当然不能缺少加西亚·马尔克斯（132），或许还有纳博科夫（122）。博尔赫斯拥有自己的声音，他对很多人有很大影响，但他的魔术永远是他自己独有的。

我建议读者读他的两本书。《小径分岔的花园》收录了他最好的小说和文章，还包括一份书目，对希望进一步了解他的人会有所帮助。《梦虎》中有更多的寓言，以及精心挑选、准确翻译的诗歌。

克里夫顿·费迪曼

122. 弗拉基米尔·纳博科夫

1899—1977年

《洛丽塔》《微暗的火》《说吧，记忆》

评价现代小说家有一种方法（也只有这一种方法），就是将他们分成两大类：积极的和消极的。前者喜欢老话题，研究社会形态。他们不是宣传员，也不是信息的传声筒，他们独立思考，提出对世界的独立见解，并希望他人能够接受这些信息。总的来说，像斯威夫特（52）、赫胥黎（117）、索尔仁尼琴（129）、加缪（127），虽然差异很大，但都属于前者。相比于从头脑里倾泻出自己的思想，后一种类型的作家更喜欢把别人的思想揭开。他们对改变读者的想法没有兴趣，更喜欢给读者看一些抽象的内容，刺激读者的感情，撼动他们的心灵。两种作家都能创造出伟大的作品，只不过前者更喜欢影响读者的思想，后者喜欢与读者有情感共鸣。博尔赫斯（121）属于第二种作家，纳博科夫也是这一类型的杰出代表。

纳博科夫有斯拉夫贵族血统，一生中换过很多工作，熟悉两种民族文化，喜欢研究文学正统问题——这些令人想到另一位现代小说大师康拉德（100）。纳博科夫出生在圣彼得堡的一个贵族家庭，他的家族在十月革命中失去了所有财产。他早年曾在剑桥三一学院求学，后在德国和法国生活过一段时间（1922—1940年），纳博科夫的性格逐渐定型。这期间他努力写作，但知音寥寥。1948至1958年，纳博科夫在康奈尔大学教俄国文学和欧洲文学，业余时间研究昆虫，最后成了蝴蝶专家。同时，他还是一名优秀的国际象棋棋手，他的小说里也常常出现昆虫和国际象棋。

《洛丽塔》(1955 年) 在全世界的走红，让纳博科夫摆脱了经济上的困窘状态。不过，他努力写作只是为了让自己高兴。他在去世前的几年，一直安静地待在瑞士的一家旅馆里。1977 年，纳博科夫去世。

如果想要全面理解纳博科夫的世界，就需要让自己的头脑和想象力进行一次“大探险”。完成这一壮举需要读完他所有的作品，包括小说、戏剧、评论——甚至需要对果戈理 (74) 寻根究底一番。有些作品需要下力气研读，比如疯狂又充满忧郁的《普宁》，讨论“超自然和性”的时间幻想小说《阿达》，悲剧性的《防守》——目前为止描写棋迷的最好作品。不过，阅读这三本书仅仅是个开始而已，要认识我们这个时代最杰出的文学家，这仅仅是第一步而已。他的英文和母语一样好，下笔从容不迫，语言犀利，有自己易于辨认的独特风格。

《洛丽塔》已经成为经典之作，小说讲述的是亨伯特与早熟少女之间的爱情。小说令人耳目一新，其中对爱的考验引人发笑，同时它又是令人震惊和忧伤的。小说的笔法熟练老到，但不是美国人想象中的那种“熟练”。《微暗的火》由两部分组成，一部分是有一千行的英雄史诗，另一部分是被流放的、幻想自己是国王的人对史诗的评价。有些人觉得这部作品不过是一个复杂的笑柄，也有些善意的评论者觉得它应该拥有自己的文学史地位。在《说吧，记忆》这部自传性作品中，纳博科夫讲述了自己十月革命之前的幼年和青年时光。

《微暗的火》中的疯子金波特的自述也适用于作者：“我能做只有一个真正的艺术家才可以做的。启示像蝴蝶的翅膀一样微微颤动，经常被遗忘，只有我紧紧抓住它，瞬间摆脱所有的习惯……”

阅读完《国王、王后和恶棍》，评论家吉尔伯特 · 海特将纳博科夫称为“目前最独特、最勇于实验、最难以理解的作家”。不久，纳博科夫就带着这个评价去世了，但是时间不能消磨他的才能，纳博科夫的作品是不朽的。

克里夫顿·费迪曼

123. 乔治 · 奥威尔

1903—1950 年

《一九八四》《动物庄园》《缅甸岁月》

埃里克 · 布莱尔（乔治 · 奥威尔是他的笔名）从伊顿公学毕业之后，没有进大学深造，于 1922 年到缅甸帝国警署任职，在那里度过了数年的蹉跎岁月。大英帝国的精神难以征服他，相反，奥威尔余下的生命都被用来和这种精神抗争。回到英国以后，他投身于贫困者的文化建设中，自诩为无政府主义者，后来又成为社会主义者。不过奥威尔从来没有倒向共产主义，这让他和同时代的很多英国知识分子有了区别。在西班牙内战中，奥威尔与共产党人并肩作战，在战斗中负伤，这段经历强化了他对极权主义的怀疑。从西班牙归来后，他开始从事新闻工作并开始写书，逐渐向自由论者 - 社会主义者的政治立场靠拢，但是教条的工党社会主义并不能解释奥威尔的“社会主义”。

《动物庄园》让奥威尔名声大噪。这部作品是对动物故事这一古老套而单纯的文学形式的新利用，巧妙的手法令人想起《格列佛游记》（52）的部分章节。《老实人》（53）讽刺了莱布尼茨的乐观主义，《动物庄园》讽刺了苏联，两者都是讽刺文学中的经典。苏联解体不会影响小说的本质，小说的内涵直接而生动，充满深刻的见解，容易让读者想起伏尔泰一些显而易见的特点。

名叫拿破仑和雪球的两头猪或许会让我们想起斯大林和托洛茨

基，但奥威尔并不想写一本真人小说。他是在质疑有序国家的整个理念，质疑任何以建立这种国家为目的的革命。《动物庄园》不乏幽默之处，但也不缺少对权力欲望、贪婪与虚伪本性的揭露和批判，这时作者的笔调往往是哀伤的。就像下面这句话说的一样：所有动物都是平等的，只不过某些动物更平等一点。

奥威尔在《我为什么写作》中清楚地说明了自己的目标："在《动物庄园》里，我第一次完全自觉地尝试将政治与艺术完整结合。"

《一九八四》不是奥威尔最细腻的小说，不过却是这个时代影响力最大的小说之一。读者可能会将《一九八四》和赫胥黎的《美妙的新世界》（117）比较，两者都是反乌托邦小说。《美妙的新世界》在1932年出版，《一九八四》在1949年出版，从其十七年的时间跨度上，我们可以轻而易举地发现世界如何一步步地迈向黑暗。

《一九八四》不是预言而是警告，只有这样想才能让我们不那么绝望。书中最主要的人物奥勃良描述的未来世界离我们还很遥远："想象一下，一只穿皮靴的人脚踩在人脸上——永远踩下去。"但是后来的人类历史证明，《一九八四》不光是警告，还是对这个时代的灰暗评判。在赫胥黎对未来"反人性"的解读之上，奥威尔又提升了恐惧和折磨的维度。不可否认，当今政治最明显的特点就是恐惧和折磨。

《一九八四》在小说史的地位难以与那些巨作并肩，但是某些情境——例如史密斯和奥勃良反映小说主题的对话，具备与陀思妥耶夫斯基（87）小说中的相似情境一样的力量。书中的温斯顿·史密斯渐渐让自己相信2+2=5这一情节，充分揭示了在权力支持和控制下的宣传，能够对人的头脑造成何等可怕的效果。

《缅甸岁月》被很多人认为是对殖民主义罪行最具颠覆性的控诉。

除了上面推荐的三部作品，奥威尔还有一些值得一读的文章。纵观他的全部作品，可以说文如其人，质朴、诚恳，不故作惊人之语，也不牵强附会。从他的整个职业生涯来看，他是一位非国教教徒的典范，人格完整，坚定睿智，令人不能不表示敬意。

在他那一代的作家中，只有奥威尔的名气能在死后稳定地上升。人们总是说，如果一个作家太追求上进，代价往往会很快过时。我想奥威尔会是一个例外。

克里夫顿·费迪曼

124. R.K. 纳拉扬

1906—2001年[①]

《英语老师》《卖糖果的人》

有一个事实人们常常忽略：印度是世界上最大也是最重要的使用英语的国家之一。这不奇怪，印度给人留下深刻印象的是数不胜数、本国人都不一定明白的晦涩语言，而且英语也不是次大陆人民的母语。不过大英帝国三百年的殖民统治和商业垄断培养出一批说英语的印度精英，他们受的是英式教育，在某种意义上，他们也认为英国才是他们的祖国。印度独立后，文化和政治上已不再效忠英国，而英语却在这片土地上一直被沿用，部分原因是英语已成为一种受尊重的文化交流手段，像桥梁一样连接着千差万别的印度本土语言（印度人把自己的母语视为第二语言）。

在枝繁叶茂的英国文学大树上，印度人用英语写出的作品成为独立的一枝。印度的英语方言和美国、澳大利亚、西印度群岛的英语方言一样，本土色彩十分浓烈。印度英语文学采用自己方言的独特声音发言，探究其身份和跨文化交流的问题。在印度老一代英语作家中，R.K. 纳拉扬资格最老，拥有崇高声望，他为更年轻的一代作家开辟

① R.K. 纳拉扬已于2001年去世。在本书的英文原版编写过程中，他尚在世。此处去世年份为编者所加。后文中所标注的作家去世年份为1998年及之后的年份，均为编者所加。——编者

了道路，后者包括才气纵横的维克拉姆·塞斯和巴拉蒂·慕克吉。

R.K.纳拉扬出生在泰米尔纳德邦首府马德拉斯[①]，那是一座充满生机勃勃的国际化城市。他接受泰米尔文学和英国文学两种不同文化的双重滋养。纳拉扬是一位老师，但总觉得自己应该当作家。他的第一本小说《大师和朋友们》出版于1935年，这部作品为他之后在文坛活跃的六十年定下了基调。

《大师和朋友们》的故事发生在印度南方的马古迪镇，这座虚构的城市在读者心中是真实存在的，它会在纳拉扬所有的小说中充当背景。纳拉扬的马古迪镇就像福克纳（118）的约克纳帕塔法县一样，得到人们普遍的承认。不过虽然同是虚构，后者明显要拥有更明亮的色调，更像沃比冈湖——出现在盖瑞森·凯勒主持播放的通俗广播小说《草原家庭指南》中，但马古迪镇被描写得更微妙，更有深度。

在以马古迪镇为背景的小说中，作者用讽刺而不失温情的眼睛打量着这座虚构城市的居民。有的人明白自己的困境，迫切需要朋友的帮助，不过虽有宏伟的规划，却因缺乏能力和懒惰让结果不尽如人意。个人的愿望在家庭的压力面前不堪一击。居民想要维护尊严和华丽，但是平庸的心智让他们抵制一切出风头的事物，于是尊严和华丽也难以维系。马古迪镇上的居民看到发生在镇上的事情绝不会高兴，但认为事情也没有坏到难以收场的程度。

纳拉扬的作品曾被批评为浅薄、不严肃。的确，他的作品没有现代小说的各种特质，读者别想从里面找出边缘化、社会混乱、性无能，或命中注定的反英雄悲剧等元素。他的小说风格平和细腻、单纯优雅；对笔下的人物他并不是没有批评，但即使是批评，也是微笑着，而非像举着恐吓用的大棒。纳拉扬的作品可能不够深刻，但绝不会令人感

① 马德拉斯：Madras，此为英文发音，旧称；1996年更名为金奈，根据泰米尔语Chennai而来。——编者

到乏味。

《英语老师》和《卖糖果的人》是纳拉扬作品中我最喜欢的，也许读完这两篇你还想读读他写的其他小说。纳拉扬缩写的《罗摩衍那》(15)和《摩诃婆罗多》(16)相当好，读者应该会喜欢。

约翰·S. 梅杰

125. 塞缪尔 · 贝克特

1906—1989年

《等待戈多》《终局》《卡拉普的最后一盘磁带》

在《等待戈多》中,艾斯特拉冈对同伴弗拉基米尔说:“喂,哥们儿,我们总能找到什么东西,让我们觉得自己存在?”或许贝克特一生追求的就是“什么东西”,让自己和观众感觉自己是存在的。无论人生有多么荒诞和痛苦,都还有艺术在承认它、维护它。贝克特把自己的目的表述为:“不顾及什么,也不想要什么,只为艺术而表达。”

贝克特的艺术是什么样的?它完全不顾舞台常规,比如清晰度。贝克特最有名的作品是《等待戈多》,而当被问到戈多是谁时,他说:“如果我知道,早就在戏里说了。”关于作品的形式,他曾在给年轻的学生哈罗德·品特的信中这样说:“如果非要搞清楚(我的剧本)形式,我可以告诉你。一次,我住院,隔壁病房有一个患咽喉癌的病人,已经快要死了。当周围安静下来后,我能清清楚楚地听到他的叫喊声。这就是我作品中的唯一形式。”从古希腊戏剧以来,戏剧就是由身体活动和心理活动构成的,再加上一些叙述和一些得以平复的冲突。但《等待戈多》却是这样开始的:

艾斯特拉冈(又一次放弃):无事可做。

最后一幕是这样：

弗拉基米尔：那，我们走吧？

艾斯特拉冈：好，我们走。

两个人谁也没动。

读者已经习惯了莎士比亚（39）戏剧的悲喜交织和清晰的主调，但是贝克特却遵循着荒诞派的主张，有意让自己作品的风格极度浑浊。在柏林指导排练《终局》的时候，他曾说这部戏最重要的一行就是：

内尔：跟你说，闷闷不乐是世界上最可笑的事。

贝克特完全不受亚里士多德（13）模仿论的束缚，彻底放弃了传统戏剧的方式，他写剧本好比弗吉尼亚·伍尔夫（111）在写小说，又好比简约风格派画家在作画。他的一部短剧《来与走》只用了一百二十一个英文单词。另一出戏《呼吸》演出时只持续了三十秒。

在戏剧方面的成功，往往让大家忘了贝克特也是一位创造力很强的小说家。他有小说三部曲《莫洛瓦》《马龙之死》和《无名氏》。

围绕贝克特的各种聪明而没完没了的评论，到底他的作品怎么样，还是要由读者来决定。说“决定”可能不合适，因为贝克特戏剧的意义在戏剧自身，就像音乐一样，要去感受而非分析。贝克特有两个最“黑暗”的问题：“我们是谁？为什么是我们？”他不能回答，于是他希望和读者共同感受无法回答带来的痛苦。贝克特的所有作品，无论色调灰暗还是插科打诨，都在解读《终局》里哈姆的一句话：“你在地球上没治了！”

到现在，贝克特出版的作品已经有二十五卷之多，在否定性文学中算是庞然大物了，但他不是一个愤世嫉俗的人——实际上，他对人类的悲惨绝不是无动于衷的，在生活中，贝克特是个性格极其纯粹的人（在“法国抵抗运动”中，他表现出自己的高洁）。不同于海明威（119），贝克特的戏剧并不反映时代的混乱，而是体现出超自然的性质。他眼里的人生是永恒不变的，永远无法用理性去理解。有意思的是，贝克特如此荒诞、固执、打破常规，经常给人们带来噩梦，结果全世界的人却对着他欢呼：不管贝克特讲述的方式有多么奇怪，他毕竟讲出了有价值的东西。

《无名氏》的最后一句话是：“我无法继续，我要继续。”该怎么理解，一切由读者决定。

克里夫顿·费迪曼

126. W.H. 奥登

1907—1973年

《诗选》

在技术高度发展的今天，诗歌这一形式居然还能流传下来并欣欣向荣，这不能不说是个小小的矛盾。诗人的数量在增加，高水平的诗作也很多。我们不能仅仅用销售数字来评估他们的影响。无论怎样，这些诗歌都被聪明的男男女女纳入自己的心灵版图中，即使他们并不一定是热诚的诗歌爱好者。

在美国，可能很多人认为叶芝（103）和艾略特（116）是影响力极为深远的英语诗人，我认为奥登也应该加入这个行列。大部分人觉得在“焦虑的一代”中，奥登的诗是最具说服力、最有代表性的声音。“焦虑的一代”的时代基调是艾略特和叶芝定下的，前者有《荒原》，后者有“一切消散，中心难以把握”。奥登将这种对无能社会的关注更进一步地表现在他的长短诗、剧本和应该受到更多重视的评论文章中。

奥登在某些方面很像歌德（62），两人都不是躲在阁楼里面的落魄诗人。奥登在生活中活力十足，喜欢四处旅游，交际圈也不只限于文学界，作品的风格和歌德相似。他和歌德的另一个相似之处是勇于探索：年轻时反叛传统，成为心神不定的左翼人士，当他年岁渐长时，又回到正统的英国国教教会。假设奥登继续活个五十年，没人确保他会不会又改变信仰。就像歌德一样，他也充满动能，有无限的潜力可以挖掘。

奥登生于英国，1946 年入籍美国。他全面吸收英美两国的历史传统，大大扩展了自己作品的广度和深度。在冰岛的传说中有“奥登”这个名字，而诗人奥登的创作，特别是诗歌创作，受到北欧主要诗歌流派非常深的影响。

因为父亲是一位有名的物理学家，所以奥登从小就生活在探索和讨论的氛围中。大学时他曾经想成为生物学家，当他在作品中使用隐喻时，你可以发现它们和地球科学、物理革命以及某些实用科学——冶金、采矿、铁路修建的关系。当然，如果是反映社会潮流的作品，也可以在里面找到弗洛伊德（98）、荣格以及形而上学、伦理学、政治学的成分。在语言运用方面，奥登得心应手，虽然他使用的象征常常晦涩得让读者头疼，但仍然让他们为之着迷。

奥登的同性恋身份丝毫不影响他对男女性欲的认识——这种欲望往往具有决定性的力量。他的多数诗作主题都是爱情，通常包括失败的爱、残缺的爱、渴求的爱、缺少信任的爱。作为爱情诗，它们都非常出色。

奥登大概是多恩（40）之后最聪慧的诗人。在他那里，轻松的诗歌和严肃的诗歌不再界限分明。就像艾略特和叶芝，奥登不再运用 19 世纪英国伟大诗人使用的浪漫辞藻，他把方言加进复杂的形而上学诗作中，写出了自己的“奥登句式”。他诗中的语言往往独辟蹊径，令人眼前一亮。奥登的诗歌节奏徘徊在有无之间，头韵也显得很奇怪。新技巧、新形式是奥登的最爱，他勇于尝试，对古老的诗歌形式——例如盎格鲁－撒克逊的、冰岛地区的，都加以改造，奥登经常叹息在评论家里缺乏赏识他诗人才能的知音。

奥登的作品读起来不会让人轻松，他的诗越来越深邃，难以解读。

可以从短一点的诗开始，包括经典的《纪念叶芝》和《纪念弗洛伊德》，然后根据自己的能力继续读下去。过五年再读奥登，可能他已经成为你生命的一部分，伟大诗人自然有能力培养、开导自己的听众。

奥登精神世界的全貌不可能通过简单的引用反映出来，但奥登关于诗人在“黑暗中噩梦”角色的感触，可以在下面这首写于“二战”中的四行诗里找到：

Follow, poet, follow right（跟去吧，诗人，跟在后面）
To the bottom of the night（直到黑夜之深渊）
With your unconstraining voice（用你无拘束的声音）
Still persuade us to rejoice（仍旧劝我们要欢欣）

With the farming of a verse（靠耕耘一片诗田）
Make a vineyard of the curse（把诅咒变为葡萄园）
Sing of human unsuccess（在苦难的欢腾中）
In a rapture of distress（歌唱着人的不成功）

In the deserts of the heart（从心灵的一片沙漠）
Let the healing fountain start（让治疗的泉水喷射）
In the prison of his days（在他的岁月的监狱里）
Teach the free man how to praise（教给自由人如何赞誉）

（查良铮译文）

克里夫顿·费迪曼

*127.*阿尔贝·加缪

1913—1960年

《鼠疫》《局外人》

和同时代的许多人一样，阿尔贝·加缪受到前人的影响，认为人类生活在一个荒诞的宇宙中，自身处境是无法理解的。不到四十七岁，加缪就在车祸中丧生，这在思想界（也许要排除荒诞派）是一个悲剧。加缪在道德层面持非常严肃的态度，口才无与伦比，为二战之后绝望的一代人发出自己的声音。因为关注的是人类永恒的处境，因此他的声音在今天依然振聋发聩。

加缪在阿尔及利亚出生，家里非常贫困，他在作品里经常用热烈欢快的笔调描写炽烈阳光下的乡村和城市。加缪是个非常优秀的学生，学的是哲学专业。对马克思主义他了解一些，此后一直和穷人、被侮辱与被损害的人站在一起。他是最早对阿尔及利亚人民的不公正遭遇进行报道的记者之一，这种不公正最终引起阿尔及利亚的独立运动。在法国被德国占领及解放后的一段时期，加缪负责抗战报纸《战斗报》的出版工作。他的主要作品都完成于20世纪四五十年代。1957年，加缪获得诺贝尔文学奖，当时他才四十四岁，三年后就去世了。

加缪是著名记者、辩论家、传记作家和哲学家，他写过剧本，曾在剧院工作，对20世纪40年代兴盛的荒诞派戏剧做出过自己的贡献。加缪的几部小说，特别是最耗费他心血的《鼠疫》，足以让他不朽。

他说："人类只能形象地思考，如果要成为哲学家，最好写小说。"他对这一观点坚信不疑，通过小说和剧本的戏剧化形式，加缪探讨了复杂的道德和形而上学问题。

当然，读读加缪的政治－哲学著作，比如《西西弗斯的神话》和《叛徒》，肯定会有好处。不过以我之见，只读短篇小说《局外人》和他全身心写作的《鼠疫》，也能够对加缪的美好思想有所领悟。《局外人》用一场没有理由的谋杀反映了无根的非国教教徒的敏感。这种敏感是我们这个时代的一种病，曾经被很多人研究过。主人公依靠暴力提升自己的地位，这种地位让他拥有社会权力去进行惩罚，也造成了他与主流社会价值观之间的隔阂。这种隔阂从而引发人们对一些难题的追问，例如：在荒诞的宇宙中，怎样区分善恶，怎样辨别善恶？

《鼠疫》被认为是加缪对上述问题的回答（对这本书也有其他的解读方式）。在《西西弗的神话》的前言中，加缪这样写道："哪怕在虚无主义之内，也能找到超越虚无主义的方式。"人必须反对荒诞的原因，正在于宇宙看起来是荒诞的。人必须用光明的孪生子——真理和正义来指导自己的行动。正是在这个充满看似毫无意义的灾难世界里，一些人几乎是在无意识的状态下发展出了辨别以真理、公正和良知为依准的善行的能力。

可能听上去这说教味太浓，而且也过时了，不是吗？但是你会发现《鼠疫》不是说教，也不过时。加缪这样设想：20世纪40年代的某个日子，阿尔及利亚的城市奥兰遭受了腺鼠疫的袭击。男人、女人和孩子对苦难、孤独、死亡有不同的反应，作者的叙述冷静而详尽。清晰如现实的城市、城市里各式各样的人物、每个人不一样的命运、瘟疫独一无二的性质——所有这些让读者的目光一刻也不能离开。他们渐渐有了一种深刻的认识：在对瘟疫影响的分析背后，作者所要书写的实际是人类在残酷无情的宇宙中孤独的处境，以及为逃离孤独而做出的努力。在前言中，加缪引用了笛福（51）的一句话：用一种困境指代另一种困境是合理的，就像用乌有之物指代存在之物一样合理。作者不是要讲一个寓言，他的叙述充满严峻而现实的意味。桃乐茜·甘菲德对于《鼠疫》的书评能引起我们的共鸣："《鼠疫》让人们认识到一切灾难的真面目——这些灾难将男人、女人置于悲惨、难以自拔的境地。"加缪似乎在说生命本身就是一个大灾难，但灾难绝不是生命的全部。像里厄医生、塔鲁这样的男人，像里厄医生母亲这样的女人，都用自己的道德力量迫使周围的人打破人类孤单的枷锁，获得美好的自由。

克里夫顿·费迪曼

*128.*索尔·贝娄

1915—2005年

《奥吉·马奇历险记》《赫索格》《洪堡的礼物》

索尔·贝娄应该算是在美国文坛上坚持不懈写作的最有才华和想象力的作家之一了，我认为他也是优雅地阐述作为整体的西方文化传统的作家。索尔·贝娄将道德困境置于自己小说的中心地位，这种困境完全符合人物独特的性格特征，因而不会让人有任何牵强附会之感。作者擅长观察，更擅长分析；机智圆通，更富有智慧。他是一个人道主义者，虽然“人道主义”这个词曾经非常神圣，而现在在某些地方已经成为人们嘲笑的对象。

贝娄生在魁北克省拉克兰河畔，具有加拿大和犹太血统。他生命中的大部分时间都在芝加哥度过，因此也将这座城市作为自己小说的主要背景。贝娄受过良好的大学教育，曾在普林斯顿大学、巴德学院和明尼苏达大学任教。据我所知，他与芝加哥大学的关系依然很密切。贝娄不会为自己的知识分子身份而不好意思，他在作品里描写“进化”思想而不是半“野蛮”的思想，这一点也令他自豪。

贝娄笔下有很多犹太人，但他自己不从属于任何种族派别。他写的是百分百的美国都市人，风格总体来看像欧洲的主流小说。可能正是因为内容和形式的这种和谐统一，他在1976年被诺贝尔奖评委会授予诺贝尔文学奖。

贝娄的每一本书都值得一读，但我还是特别推荐三本。《奥吉·马奇历险记》（1953年）是一部现代小说，背景是芝加哥、墨西哥和巴黎。小说的形式贴切地反映了大都市生活的自由流动，拥有自己的成熟风格，既吸收了当时流行的街头俚语，又使用了典雅规范的文学语言。这部小说充分体现了贝娄写作的两大特色——充沛的精力和对喜剧的敏感，当然这两点在其他小说中的运用也是熟练自如的。

贝娄书中的人物大多和女人纠缠不清，比如《洪堡的礼物》（1975年）的主人公查理·西特林。查理是个作家，故事是由他的回忆构成的。书名中的"洪堡"是指查理的朋友范·洪堡·弗雷谢尔，他一生缺少快乐。洪堡的原型被认为是出色的诗人和评论家德尔莫·施瓦茨，他在1966年死于肮脏的环境中。

《赫索格》（1966年）被很多读者和评论家认为是贝娄最细腻的创作：毫无缺陷的赋格形式，对混乱时代富有深刻的观察，对饱受苦难的主人公笔法娴熟、讽刺犀利的描写，还有美国风情画一般的背景描绘。小说的主人公摩西·赫索格是一个知识分子，四十七岁，喜欢追女人，但绝不是个花花公子。他在一周之内乘飞机在各处进行疯狂的旅行，企图从中寻找到安定的感觉，认识自我，理解自己的国家和时代。旅途中他抽出一些时间给生活中遇到的人写信（并不真的寄出去），甚至写给去世的名人，例如阿德莱·斯蒂文森、艾森豪威尔，等等。赫索格回忆自己悲惨的童年（"伟大而哀愁的学校"）；试图将来自书本的大量知识和令人迷茫的现实需求相结合；他审视历史；他从"存在之梦"转向"智慧之梦"。赫索格的目光扫过美国生活的各个方面，他对美国知识分子的贡献就像巴比特对美国商人的贡献。就像贝娄笔下的很多人物一样，赫索格精神不正常，但是就算读者对自己的精神状况很有信心，也不会对赫索格的喜剧色彩、哀伤、英雄气感到陌生，因为这些其实深藏在每个人身上。

赫索格认为“心灵需要刺激”，这句话让人发笑，但绝不会嘲笑。贝娄的独到之处大概就在于：过分饱满的情绪和思考在作品里回荡，这种回荡在小说中特别强烈。在作家的心底存在着一种焦虑，这种焦虑经常混杂着嘲讽，混杂着漫长的人道主义传统对“后历史”文化的冲击。

克里夫顿·费迪曼

129. 亚历山大·伊萨耶维奇·索尔仁尼琴

1918—2008年

《第一圈》《癌症楼》

如果排除纳博科夫(122)——在某些方面上他应该算是美国作家，那么索尔仁尼琴就无可争议地是俄国现代最伟大的作家之一。这一称谓并不言过其实，因为尽管俄国作家的成就毋庸置疑，但是他们却很少在俄国之外得到足够公平的尊敬。索尔仁尼琴确实无法被忽视，也许他能与俄国历史上的文学大师比肩，比如前面提到的果戈理（74）、屠格涅夫（81）、陀思妥耶夫斯基（87）、托尔斯泰（88）、契诃夫（101），等等。索尔仁尼琴是一个艺术家，同时也是热切关心同胞福祉的普通俄国人。从始至终，他都坚持对“自由”的信仰——当然，他对无形的“自由”这个概念的理解与美国人的理解并不完全一致。

索尔仁尼琴是哥萨克人，来自一个知识分子家庭。本来家人希望他通过学习成为一名数学家。在第二次世界大战中，索尔仁尼琴是个勇敢的战士，但是他在1945年写了一封信评价斯大林（称他为“大胡子男人”），结果被捕入狱。结束八年牢狱生涯后，他又在监禁营度过了三年。“自由”过后，索尔仁尼琴开始写作。1962年，赫鲁晓夫批准他的小说《伊凡·杰尼索维奇的一天》出版，这部小说描写了俄国劳改营的真实情况，震撼了俄罗斯整个思想界。

1963年，索尔仁尼琴与当局的矛盾日益激化。1970年，索尔仁尼琴获得诺贝尔文学奖，政府不让他到斯德哥尔摩领奖。1973年，他公开指责苏联的政治体制。政府剥夺了索尔仁尼琴的公民权利，他到西方国家生活。在《一生的读书计划》的写作过程中，他已经回到了自己的祖国。

就像狄更斯（77）、左拉曾经做的那样，索尔仁尼琴的心声在全世界代表他自己祖国人民的内心。他所信仰的“民主”既有俄国传统的神秘主义，又包含古老的神权政治因子。对于这种“民主”，要是杰斐逊（60）、林肯或者一般美国人的话，恐怕万万不能理解，也难以苟同。索尔仁尼琴的道德勇气令人充满敬意，无论人们对他在文坛地位的高低有何争议，毫无疑问他都是一个伟大的人。

这里推荐给读者的是索尔仁尼琴最细腻的两部小说：《第一圈》和《癌症楼》。

《第一圈》描述了一位数学家（明显是以作者自己为原型）四天的生活，主人公和另外几位“叛国”罪犯一起被关在莫斯科郊外的一个研究所里。这个研究所实际是俄国人和俄国生活的缩影，书中的世界反映了整个苏联的社会状态。

《癌症楼》同样十分出色。作者本人在20世纪50年代中期得了癌症，所幸治疗得很成功。“病房”带给读者的不是恐惧，而是异常美好的感觉。《癌症楼》在俄国文学界绽放了特殊的光芒（虽然并不是在文学界最“顶尖”的那一层），地位与托马斯·曼（107）的《魔山》在德国文学中的地位很相似。和索尔仁尼琴的其他小说一样，这本书的背景同样是监狱——这地方象征的是俄罗斯。“一个人得了肿瘤，死了——一个国家有了‘劳改营’，得了‘流放病’，怎么还能‘活’下去？”在诊所的外延下，小说其实是对人类生命的礼赞，就像加缪的《鼠疫》（127）。

多了解一下索尔仁尼琴吧。他不是文笔优美的文体家，在形式方面也没有出众的才能，同时缺乏幽默感。但是，他有着博大的同情心和推动力，能塑造出成百上千个人物。诗人叶夫图申科曾经说他是“俄国如今活着的唯一经典”，这话说得很中肯。

克里夫顿·费迪曼

*130.*托马斯 · 库恩

1922—1996年

《科学革命的结构》

在托马斯·库恩名声大振之前,“范式”一词在英语中很少被用到,库恩将这个词变成了常用词汇。今天，不管你是不是有意识，当你说一种事物代表着“范式转换”时，你其实是在引用托马斯 · 库恩的著作《科学革命的结构》里的话。虽然库恩在晚年说自己一听到“范式”这个词就反胃，但是他运用科学史中“范式”一词的方式，对人们思考当代科学的方式产生了革命性的影响。

库恩最早受到的是物理学教育，后来却成了历史学家和哲学家，他一生的大部分时间都在普林斯顿大学、麻省理工学院给学生讲历史和哲学。《科学革命的结构》出版于 1962 年，再版于 1970 年，一直十分畅销，这在严肃的科学著述中相当罕见。在这本书里，库恩的笔法是低调和谦逊的，他告诉读者:“我们往往把科学和科学运行机制当作理所当然的，但是它们其实是建立在假设基础之上的，而这种假设又带有很大的局限性。”

以往人们对科学家的印象是理想化的：科学家的头脑异于常人，他们全力投入科学研究之中,相信一切都能够用科学的方法进行证明，能够按需设计实验，经过充满活力的“提出假设一实验一证明”的过程，得到新的知识和见解。而库恩有透过历史记录发现内在本质的才能，正是他提醒人们：正统教育让我们遵循的科学运行机制和想象中的并不一致。

与传统想法相反，库恩提出自己的意见（他的意见似乎捅破了窗户纸，很多东西都变得显而易见了）：科学家（过去他们绝大部分都是男性）不能脱离自己的时代，他们对世界的看法与同时代的绝大多数人没有什么不同，不过他们对自己世界观的本质有更加严密的、技术层面的了解，也比一般人更善于扩大自己的知识面。他们的工作不是无根之木、无源之水，而是建立在现存的某种范式，即对世界如何运行的一系列假设的基础上。科学家、哲学家们不停地辛勤工作，积累了大量知识，如果有不寻常的现象出现，就会动摇现在居于统治地位的范式权威，表面上安稳的范式效力也会受到怀疑。当量变达到足以引起质变的程度，旧的范式就会丧失对人们头脑的统治力量，取代它的是新的、刚刚形成的范式。这种模式很有解释力，比如，哥白尼提出“地动说”之后的将近一个世纪，古老的亚里士多德－托勒密的宇宙观依然存在，直到伽利略（42）和牛顿提出各自的新学说，这一传统的宇宙观“范式”的自身矛盾才达到不可调和的地步，最终被人们所抛弃。

库恩告诉我们，科学也会受到主观价值判断的影响，同时文化环境对科学研究的影响也是难以避免的。近年来，有一些超前的科学批评家认为，依照库恩的理论，从客观来讲，科学缺乏发现真理的能力，所有科学产生的成果只不过是一种表述，表述的背后是各种各样的文化设想而已。但是，这绝不是库恩的观点，他也绝不会认同别人这种利用自己理论的方式以及得出的结论。就像物理学家一样，库恩相信科学有发现真理的能力，也发现过真理；他的观点是在某个特定范式的局限下，某些真理是难以被发现的（所以“范式转换”才会不断发生）。当代所谓文化论战集中在一个问题上：科学是否真的那么可靠?

《科学革命的结构》是一本严肃的读物，惯于严肃思考的读者会对它更感兴趣。这本书讲述了文明开化的人类如何探索宇宙，对影响人类未来追求新知识的种种因素，一一做出了分析。相信阅读这本书一定是开卷有益的。

约翰·S. 梅杰

131. 三岛由纪夫

1925—1970年

《假面的告白》《金阁寺》

谷崎润一郎（114）和川端康成（120）在第二次世界大战之后都写了众多作品，但是三岛由纪夫才是日本真正意义上的战后作家。三岛由纪夫曾以怕损健康为由逃避兵役（这是他一生之耻）。1949 年，他出版了《假面的告白》，跻身于日本文坛。

《假面的告白》具有很强的自传性质，讲述了一位年轻的同性恋者，为了躲避社会的压力，他需要戴上面具保护自己。作家三岛由纪夫的面具则是“超级男人气”：他健身，追求完美的体形；痴迷于武士精神，对剑产生崇拜心理；做过演员，然而对男子汉气概的表现不甚成功；同时，他还沉溺于施虐和受虐之中，对自杀和献身有极大的兴趣。三岛由纪夫似乎迷恋健身的原因之一也是想把自己改造成完美的祭品，留给世人一具漂亮的尸体。他喜欢在拍照时摆出一种同性受虐狂的姿态，例如扮成死去的水手，躺在撞碎在礁石上的船板上；或者扮成浑身中箭的圣·塞巴斯蒂安；或者扮成剖腹自杀的武士。

三岛由纪夫强烈的牺牲情结来自何处呢？在这一点上有个矛盾：一方面，三岛由纪夫是个花花公子，崇尚物质享受，住在西式的豪宅中，穿着也是西化的，是个典型的大都市人；另一方面，他越来越沉迷于自我幻想的一种崇拜中，执着于恢复武士道精神，向天皇效忠。

三岛由纪夫招募英俊男青年组成“盾社”，成为他的私属武装。他向这些人灌输自己的意识形态，用传统的日本搏击术训练他们。1970年11月25日，他带领部分弟子进入日本自卫队的一个基地，对士兵发表演说，鼓动他们追随他，通过起义恢复天皇权力。士兵们嘲笑他，结果三岛由纪夫剖腹自杀，他的助手砍下了他的脑袋：奇怪的信念推动着天才作家疯狂的一生，终于，这种信念得到了实现。

虽然大多数日本人觉得三岛由纪夫的政治观念太过疯狂，也不理智，不过还是得承认他的文学才华。三岛由纪夫在作品中将自己的感情充分释放，铸就了不同于任何人的独特风格。除了“忏悔”，这是现代主义的一个普遍性特点。川端康成对三岛由纪夫赞赏有加，尽管后者年轻很多，两人还是建立了深厚的友谊。川端康成一直在文学道路上对三岛由纪夫加以提携。三岛由纪夫对日本当代作家，如村上春树，也产生了影响。

这里向读者推荐他的《假面的告白》和《金阁寺》。《金阁寺》取材于真实的人物和事件。小说描述了一位年轻僧侣因为美国占领日本而陷入疯狂，放火焚烧了一座著名的古老寺院——为了不让敌人的手碰它。如果三岛由纪夫怪异神妙的思维让你读完这两部小说之后欲罢不能，那你可以读一读他的《午后曳航》和四卷长篇遗作《丰饶之海》。

约翰·S. 梅杰

132. 加西亚·马尔克斯

1927—2014年

《百年孤独》

马尔克斯与博尔赫斯（121）齐名，是当代世界级的拉美作家。他们作品的风格和同一流派其他作家（比如古巴的阿列霍·卡彭铁尔、墨西哥的卡洛斯·富恩特斯、阿根廷的胡里奥·科塔萨尔、秘鲁的马里奥·巴尔加斯·略萨）的风格，通常被称为“魔幻现实主义”。“魔幻现实主义”这个词现在看起来已经是老生常谈，但它反映了这些作家看待世界的方式——与英美主流传统小说截然不同。

“魔幻现实主义”最早出现在1925年，是用来形容一群德国画家的，他们用精准严密的技巧描绘潜意识里的种种奇思妙想。这些画家表现的是每个人内心深处的反逻辑因素，这一点和现代的“魔幻现实主义”作家们不谋而合。

马尔克斯讨论诸如“荒诞、错误的理智生命世界”，中南美的很多作家大都能理解这一说法。混乱不堪的国家、梦魇般的历史经常触动他们的心灵，进而让他们难以安宁。虽然拉美作家的“魔幻现实主义”受到法国象征主义、超现实主义的影响〔马尔克斯本人受福克纳（118）影响〕，这些作家也创造了自己独一无二的想象，把整个民族的扭曲历史作为描写的中心。

《百年孤独》描写了马孔多村的兴衰——有人说作家取材于自己家乡阿拉卡塔卡，其故事背景是一个内战不休、暴力泛滥、政治腐败、权力横行的时代。布恩迪亚家族五代人（也许应该说七代人）的生活构成了小说的框架。在小说里，时光荏苒，有一些名字（比如奥雷良诺、霍塞·阿卡迪奥）反复出现，他们没有明确的身份，只有不变的家族特征。读者会感受到马孔多村中的生命仅仅是循环而没有进步，也没有目标。除家族之外，工业和时代进步的步伐时刻干扰着他们，布恩迪亚家却关起门来，保持着自己忧郁甚至是疯狂的孤独。

1982 年，马尔克斯获得诺贝尔文学奖。他一生的大部分时间在做一名称职的记者，对事实真相保持着敏锐的嗅觉。《百年孤独》有很现实的一面，也有幽灵、幻觉、怪兽、预言性的梦、难以用常理衡量之事（例如集体失眠），还有活了两百岁的老人、死而复生者和好几个能飞上天空的人。

这本小说反映了拉丁美洲的历史。在书中，家族的重要事件和幻觉拥有相同的重要性。马孔多村是“镜像之城”，过去与现在交融在一起。作者说布恩迪亚家的那个历史学家“不是按通常的时间顺序排列发生的事，而是浓缩了一百年的日常生活情节，感官上认为它们是同时发生的”。我们知道，霍塞·阿卡迪奥·布恩迪亚“是唯一有能力看到事实真相的，真相就是：时间走得并不平坦，也会有偶然，因此时间可以被分离，一个永恒的时光碎片可能落在一间屋子里”。

小说充满活力和幽默感（一种严肃的幽默），此外还有有意的夸张、魔幻的色彩，以及勇于将人类经历变为神话的冲动。《百年孤独》让人想起《巨人传》（35）以及这本《一生的读书计划》中谈到的许多其他小说。

读者可能会忍不住将《百年孤独》称为“伟大的拉美小说”。确实，小说淋漓尽致地描写了苦难、疯狂、幻灭、乱伦、孤独家族的激情，它反映的是整个拉丁美洲大陆的残酷现实，以及宛如梦幻般的生活场景。

克里夫顿·费迪曼

133. 钦努阿·阿契贝

1930—2013年

《瓦解》

这本《一生的读书计划》的早期几个版本收入了加西亚·马尔克斯（132），这标志着拉美作家在世界现代文学中发挥的越来越重要的作用得到了认可。在最新版，也就是这一版中，最后一个要介绍的是钦努阿·阿契贝的作品《瓦解》。这不仅意味着《瓦解》已经成为世界现代文学的经典作品，而且意味着非洲文学作为世界文学宝库的一部分，获得了应得的认同。在这个角度上来说，阿契贝的身后是一群非洲作家，比如桑格尔、索因卡、迪奥普等。这些作家的作品早已摆脱了地域的限制，获得了更普遍的意义。

阿契贝是尼日利亚东南部的伊博人，他在这个国家出生，在这个国家受教育。从伊巴丹大学毕业后，阿契贝到一家公共电台工作。1966年，伊博人居住的比弗拉省发生动乱，要求从尼日利亚分离出去。阿契贝被迫辞职，从此大部分时间都在国外度过——主要是美国，在一所学院担任教授一职。

作为作家，阿契贝非常多产，作品有长篇小说、短篇小说、戏剧等，但为他带来世界性声望的主要是他的小说处女作，1958年出版的《瓦解》。阿契贝生于尼日利亚的一个小村子，这个村子受到英国传教士和殖民政府的影响，渐渐发生变化，与传统分离。这段童年经历成为他日后小说的素材。《瓦解》讲述了传统村庄里一位绅士的生活是如何被毁灭的，这种毁灭是这位绅士无法理解也无法阻挡的。

故事的主人公名叫奥孔沃，他是乌姆奥菲的一位富裕、有声望的人。他的农场里土豆丰收，宅院阔大明亮，妻子们温柔贤惠，孩子们活泼可爱。最难能可贵的是，村里的人都尊重他，相信他的话。但是奥孔沃不能被排除在磨难之外。例如当他不小心杀死了一位家族成员，奥孔沃必须被流放到外婆家的村子七年之久。不过，对于传统环境下的困境，奥孔沃十分了解，而且懂得应对之道。而有些东西则完全不受他的控制，那就是新修建的教堂的吸引力。教堂里“奇怪”陌生的教规、传教士的权力、令奥孔沃心生恨意的从外村招募的保安人员，都对他的族人有着强大的诱惑力。奥孔沃地位衰落的真正悲剧性在于在新环境里完全没有他的容身之地。在其所熟知的传统世界里，他游刃有余，可以有效且有策略地行使他的权利。唯一的问题是一切都在变，一切实际上已在瓦解。每一次他以旧方式强调自己的权威，他都在新世界更近一步走向衰亡。

相比于索福克勒斯（6）和莎士比亚（39），阿契贝创造的这一人物形象可以被看作非洲的俄狄浦斯或者李尔王。他的失败不能归咎于命运的不公正，而要归因于他自己对周围环境的掩耳盗铃——顽固地追求难以实现的目标。我认为，这正是《瓦解》的魅力所在，也是它成为现代文学的经典之作，被翻译成十几种文字的原因。

约翰·S. 梅杰

延展阅读

以下我们以简介形式列举了一百位20世纪的作者，大部分是小说家，也包括诗人、戏剧家和非虚构作家，我们认为《一生的读书计划》的读者会对他们的作品感兴趣。和很多名单一样，这一份也是主观的、带有个人性的，同时也是有待商榷的。我们预计评论家和普通读者都会对我们的名单产生争议（C.S. 刘易斯在哪里？劳伦斯·达雷尔在哪里？这份名单可以无限制地加长。）。因此，读者可以自由地对我们的建议发表自己的意见。

下面讨论的这些作家至少可以分为三组。首先是公认的现代大师：穆齐尔、里尔克、格林，等等。按照我们的意见，第二组作者也应归入大师之列，虽然现在这些作者还没有获得他们应得的广泛认可，这一组包括皮姆、洛奇和戴维斯。第三组是最具争议性的一组，包括战后的作家们，他们的书——其中很多人只有一本代表作——对我们时代的文学领域和知识领域的形成起到了推波助澜的作用，这一组包括凯鲁亚克、塞林格和欧文。五十年或者一百年后，还有多少这些作家的作品会继续被阅读？没办法知道，“有一些，但不是全部”可能是最好的答案。与此同时，我们将其称为“暂时的经典”——有意使用矛盾修辞法来强调这些作品在我们时代拥有的——如果不是永远拥有的——重要意义。

下面列举的作家按照字母表排序，我们对以何种顺序阅读他们没有什么建议。尽管有些人十分多产，但大部分作者我们只介绍一两本书，对其著作感兴趣的读者可以自己进一步去探究。

1. 理查德 · 亚当斯（1920—2016 年）：第二次世界大战中在英国军队中服役，在牛津获得学位，在政府做文职人员。他因《海底沉船》（1972 年）而受到广泛的关注，这本书是为儿童而写，同时拥有很多成年读者。这本书讲述了一只兔子被赶出养殖场寻找新家的寓言故事，文字优美而引人入胜，赢得了持久的声望。如果你确实是一位成熟的读者，也可以读一读《荡秋千的女孩》（1980 年）——讲述了一个美丽动人的爱情故事。

2. 金斯利 · 艾米斯（1922—1995 年）：他被认为是英国二战后离经叛道的"愤怒年轻人"作家中最重要的代表（他否认这种归类）。他创造了一种傲慢自大和易怒的角色形象，在他作品的整体意义中引起强烈的共鸣。他最广为人知的小说《幸运的吉姆》，描写了一位粗暴但有趣的外省教师并不循规蹈矩的生活。这是本极其有趣的书。

3. 舍伍德 · 安德森（1876—1941 年）：一位有影响而多产的小说和短篇故事作家，他顺理成章地通过自己的第一部小说《小镇畸人》（1919 年）获得了名望。这部小说由松散的故事组成，勾勒了普通俄亥俄小镇居民乏味的情感生活。这一切都是通过叙事者——一位记者——敏锐而富有洞察力的眼睛看到的。

4. 玛格丽特 · 阿特伍德（1939— ）：与罗布森 · 戴维斯同为现代加拿大最著名的作家，一位叙事清晰而有说服力的女权主义者。她写作诗歌、短篇故事、文章和小说，作品丰富，技巧多样。从她最有名的作品《女仆的故事》读起，你会发现自己对她其他的作品也会充满好奇心。

5. 路易斯 · 奥金克洛斯（1917—2010 年）：像伊迪丝 · 华顿一样，他属于老纽约的白人盎格鲁－撒克逊新教徒贵族阶层，用一双局内人的眼睛和一支灵巧的笔描写自己所属群体的举止、习惯和道德矛盾。作为一名律师，他笔下的主要人物大多居于法律和公司的上层。大多数人认为《院长贾斯廷》（1964 年）是他最好的作品，也应该读读他竭尽全力的杰作《小说选集》（1994 年）。

6. 詹姆斯 · 鲍德温（1924—1987 年）：黑人聚居区的童年生活给自己带来的贫困、种族压迫和宗教灵感，作为一个黑人同性恋知识分子在格林尼治和法国的真实生活，这两种东西撕扯着他。他的小说《乔瓦尼的房间》（1956 年）讲述了充满矛盾和被放逐的同性恋的观点。在《下一次将是烈火》（1963 年）中，鲍德温对黑人的身份、公民权利运动以及黑人分离主义的诱惑做了一次有力的思考。充满矛盾的身份带来的痛苦和他对种族正义的承诺，两者持续在他的作品中产生共鸣。

7. 约翰 · 巴思（1930— ）：他生长在马里兰州的海岸地区，这种本地色彩影响了他所有作品中的主要人物。稀奇古怪的幽默感、强烈的情色意味和嘲讽的语调构成了他著名的写作风格。他最有名的作品《烟草经纪商》（1960 年）是一部切萨皮克海湾地区殖民时代的滑稽“历史”，而他那些完美的短篇小说（例如 1987 年的《海岸故事》）的语调则趋向于冷静。

8. 西蒙娜 · 德 · 波伏娃（1908—1986 年）：1929 年遇到了萨特，与他成为终身伴侣。面对萨特独裁的个人性格，波伏娃为了维护自己独立自主而做的斗争可能部分影响了她，使她成为一位善辩的女性主义思想者。《第二性》是她众多知名作品中最著名的，她在其中呼唤着家庭制度——以及女性对其的适应——的终结，这种制度从远古时代开始就将女性置于第二位的从属地位。

9. 保罗 · 鲍尔斯（1910—1999 年）：他表达过一个愿望，希望自己首先作为一位作品受到高度欢迎的作曲家被记住，尽管同时大多数人还是首先把他看成一位作家。他生于美国，在欧洲度过了大部分青年时光，在摩洛哥度过了生命最后的五十年。他写着令人惊异的精心构造的旅行文章和短篇小说，他最著名的文学作品《遮蔽的天空》(1948年）描述了一个令人毛骨悚然的故事：一对在摩洛哥旅行的美国夫妇陷入了恐惧和性诱惑之中。

10. 费尔南多 · 布罗代尔（1902—1985年）：法国年鉴学派的领导者之一，这一学派的追随者们试图实现对历史细微事件的超越，理解过去的“深层结构”。布罗代尔的《菲利普二世时代的地中海》(1945年）完美地阐释了年鉴学派方法的最佳状态：通过对过去的“厚描述”刻画历史结构，注重地理、经济、生物因素和社会、政治运动。这些历史学家的目的听上去有些荒谬，但结果在布罗代尔手中却不一样。这是一本十分考验人的智力同时又十分耐读的书。

11. 贝尔托 · 布莱希特（1898—1956年）：诗人、剧作家，他的早期作品受到了20世纪20年代德国表现主义运动的影响。他成为一个马克思主义者，发展出“史诗剧场”的理论，认为戏剧应该通过抛弃写实主义实现具体化。在他的剧作中，可以读读《勇气妈妈》《四川好人》《高加索灰阑记》；有两部戏可以亲眼去看看，或者听听录音，即他与作曲家库尔特 · 魏尔合作的《三分钱的歌剧》和《特威尔马哈哥尼城的兴亡》。

12. 约瑟夫 · 布罗茨基（1940—1996年）：可能是俄国战后最优秀的诗人，在自己的祖国遭到轻视和迫害。从学生时代起他就只想成为一个诗人。他拒绝用更实际的方式为社会主义社会做贡献，因此被称为“社会寄生虫”，在1972年被苏联驱逐出境。他的抒情天赋在其诗歌中显露无遗，在诗里，他通过一双优美而不教条的手处理那些关于生活和死亡的天才想法。成熟后的布罗茨基很少写诗，而是集中精力写散文和批评文章。他在1987年获得诺贝尔文学奖。《诸如此类》

(1995 年）是他一个优秀的诗歌合集。

13．赛珍珠（1892—1973 年）：生于美国，但大部分青春时光都随传教的父母在中国度过。她的小说《大地》(1931 年）缔造了自己的名望，体现了她对中国人深深的爱和尊敬，在为面对帝国主义控制和日本侵略的中国赢得美国大众支持方面也深具影响力。尽管它的语言现在看起来很生硬，它的价值观更多的是传教士的希望而非中国的现实，但无论是为了它精雕细琢的情节，还是作为那个时代的一份重要文本，它都值得阅读。

14．米哈伊尔·布尔加科夫（1891—1940 年）：他写了很多书，但只因一本出名——《大师和玛格丽特》(20 世纪 30 年代)。这本书被俄国当局正确地理解为是对斯大林统治下生活的一种讽刺，进而被封杀。(最后在 1966 年出版了全面审查过的版本，1972 年出版了未删节本。）小说描写了大师（一个作家)、大师的情人玛格丽特、魔鬼之间奇特而又常常引人发笑的关系，情节在大师的小说场景和耶稣时代的耶路撒冷间切换。这是本古怪而才华横溢、引人注目的作品。

15．安东尼·伯吉斯（1917—1993 年)：他是个天才而多产的作家，不过他的名声几乎完全建立在《发条橙》(1962 年）这本书上，而且很大部分的影响力源于马尔科姆·麦克道威尔 1972 年主演的电影版本。伯吉斯小说的辛辣、黑色幽默和错位的世界，在现在看来就像 20 世纪 60 年代反叛精神的先驱，不过这本书依然保有让读者震惊也让读者愉快的力量。

16．伊塔洛·卡尔维诺（1923—1985 年）：通常被认为是意大利短篇故事和小说写作方面最杰出的现代作家。他的作品富于想象力，让现实与幻想的界限变模糊了。他对传说故事深感兴趣，这些也对他的作品产生了深远的影响。他最出色的成熟作品的典范是《如果冬夜一个旅行者》(1979 年)。这本书是令人迷惑的、非线性的、非时序的，经常是讽刺性的模仿的；一个小说套小说的故事，散落着看上去毫不相关的故事。这本书有一定的阅读难度，但值得好好去读。

17. 杜鲁门 · 卡波蒂（1924—1984 年）：小说家，短篇故事作者，交际老手，深深植根于南方的纽约客。他首先是一个作家，而且比他告诉我们的要敬业得多。他很早就因半自传体的小说《其他的声音，其他的房间》（1948 年）而出名，这本书写了一个十几岁的年轻人寻找自我的故事，继而他用短篇小说《蒂凡尼的早餐》（1958 年）巩固了自己的声望。他最好的作品是"非小说"（他声称自己发明的一种体裁）《冷血》（1966 年）。这部小说是关于一件残忍的谋杀案、罪犯的行为以及最后的死刑的。

18. 蕾切尔 · 卡森（1907—1964 年）：滴滴涕在第二次世界大战中被发明出来时，看上去就像一个奇迹，从某种角度来看它确实如此。它确实拯救了成千上万的士兵，要不然他们早就死于疟疾和其他蚊子传染的疾病了。不过战后滴滴涕和其他长时间残留的杀虫剂开始毫无节制地被应用在农业上，鸟儿开始死亡。1951 年的最佳畅销书是《我们周围的海》，它结合了出色的科学观察和天才的描写。作者蕾切尔 · 卡森是将这些场景结合起来的其中一人。她的作品《寂静的春天》（1962 年）激起了最初的环保运动，并最终引发了一场环保革命。不管是从原理上的呼唤行动，还是作为人类愚蠢和贪婪的证据，这本书都非常值得一读。

19. 维拉 · 卡瑟（1873—1947 年）：在纽约及其附近度过了她成年的大部分时光，但是她的文学灵感来源主要是早年在内布拉斯加平原上的生活记忆。她因《我的安东妮亚》（1918 年）第一次获得大众的承认，这部小说用半自传的方式刻画了她在平原上度过的童年。在接下来的小说里，她描绘了其他美国早期移民的经历，其中最出色的两部是发生在西班牙殖民地新墨西哥的故事《大主教之死》（1927 年），以及发生在法国殖民地魁北克的故事《石之暗影》(1931 年)。

20. 约翰·契弗（1912—1982 年）：他是美国文学中璀璨夺目的短篇故事写作大师。他创作的最典型的故事发生在美国东北地区富裕的社区和郊区，故事中的人们总是离开办公室，在乡村俱乐部中消磨太多的时光，总是饮酒过量，被邻居的配偶吸引。约翰·契弗用如锥的眼睛审视他们身上的小弱点，自己的态度又被富于反语和揶揄的幽默表达软化。他清澈透明的散文示范了老“纽约范儿”最好的一面。他的《故事选集》(1978 年）淋漓尽致地表现了这一点。

21. 罗布森·戴维斯（1913—1995 年）：他比玛格丽特·阿特伍德更应被称为 20 世纪加拿大文学的代表者，他是讲述短篇故事的大师。对幽默自信的控制，对语言的掌控，构造情节的天赋，让他能够构思小说的真实主题，而一点儿也不影响叙事的顺利进行。他的小说里我最喜欢的是“康沃尔”三部曲：《堕落天使》(1981 年)、《骨子里有什么》(1985 年）和《俄耳甫斯之琴》(1988 年)。

22.E.L. 多克特罗（1931—2015 年）：一个流畅、杰出而聪明的故事讲述者。他典型的小说描述过去的美国，混合了真实和虚构的事件，利用历史的肖像构造人物。他最出色的小说《拉格泰姆时代》(1975 年）是关于 20 世纪初引人注目的犯罪、竞争与渴望的故事。

23. 西奥多·德莱塞（1871—1945 年）：美国自然主义写作流派的领导者，这个流派尝试用迎难而上的真实代替维多利亚小说虚假的准则。他的第一部小说《嘉莉妹妹》(1900 年)，讲述了一个年轻女性如何成功地走上“金丝雀”之路的故事。本来这本书应当被视为不道德的典范，但实际情况却是被批评家和公众遗忘。直到很久以后，它才被视为一部大师之作。也要读读他最著名的小说《美国的悲剧》(1925 年)，这部作品是关于一桩谋杀案及其后果的令人断肠的虚构故事。

24. 阿尔伯特·爱因斯坦(1879—1955年)：我本想将他的《相对论》列入《一生的读书计划》中，但是只能不情愿地承认，事实证明对普通读者而言，《相对论》需要过于专业的数学知识。不过，你能从中读出什么来都是值得的——阅读时略过那些等式，不要被它们吓倒。爱因斯坦对他的相对论做出的系统解释是我们时代的伟大成果之一。这本书基于一系列演讲，作者本人对其进行了多次修改和扩展。它值得多次阅读，每次阅读这部作品都会感受到更多的意义。

25. 拉尔夫·埃里森（1914—1994年）：一生只出版了一部小说《看不见的人》（1952年），但这本书所具有的社会和文学冲击力却已足够保证作者在20世纪的美国文学中长久地占有一席之地。埃里森的黑皮肤主人公对于世界来说，在字面意义上是不存在的，他只不过是一张黑色的脸。他将自己的不可见作为一种面具，观察忽视自己的世界；不过最终他完全退回到自己的世界中以保护自己感觉的完整性。这部小说部分像寓言，部分像现实，对黑人的经历和感受的描写，在今天看来依然十分符合情理。

26. 弗朗西斯·斯科特·菲茨杰拉德（1886—1940年）[①]：来自美国中西部，在普林斯顿大学学习的经历对他的人生影响很大。菲茨杰拉德获得的社会成功和毫无疑问的文学才能在19世纪20年代催生了他最为成功、影响最为深远的三部作品：《尘世乐园》（1920年）、《了不起的盖茨比》（1925年）、《夜色温柔》（1934年）——它们成为美国短篇小说的典范。他的激情火焰如此明亮，但并不持久。19世纪30年代，他的生活开始被酗酒和精神软弱摧毁。一个（真正的）事实是他从未再次达到自己早期达到的高度。

27. 福特·马多克斯·福特（1873—1939年）：福特对现代文学

① 一般认为，弗朗西斯·斯科特·菲茨杰拉德的生卒年为1896至1940年。此处似有谬误。——编者

最大的贡献可能来源于他对其他现代作家不知疲倦（经常是无回报的）的支持。例如，作为20世纪中期短命的《大西洋彼岸评论》的编者，他帮助海明威、乔伊斯、庞德、格特鲁德·斯泰因，以及相同等级的作者出版作品。他自己的作品长期受到忽视，不过批评性的评论在一定程度上抵消了这种忽视。在作者看来，《好兵》（1915年）是他最有名的小说，同时也是一开始读福特作品的最好选择。

28. 威廉·加迪斯（1922—1998年）：他是美国文学中一个非常有争议的存在，受到其他作家的大力推崇，同时可能是我们时代中最有影响力的无名作家。他的作品冗长而深奥，充满长长的句子，有时使用一种乔伊斯式的晦暗的句子（这种晦暗不明可以通过反复的阅读和思考变得透明起来）。他出版的作品不多，可以尝试读读其最好的两部小说《承认》（1955年）和《小大亨》（1975年）。这两部小说都剖析了现代美国的不道德和陈腐。

29. 费德里科·加西亚·洛尔迦（1898—1936年）：20世纪早期最著名的西班牙诗人。终其一生，他都保持着为自己赢得诗名的灵魂力量和灿烂夺目的技巧。作为具有难以置信的力量和创造性的艺术家，洛尔迦做戏剧家和做诗人一样出色，同时对西班牙音乐也有浓厚的兴趣——他的许多诗歌都采取歌曲的形式。他的结局是带有暴力色彩的悲剧——他在西班牙内战中被国家主义者杀害。在他的《选集》（1921年）中，一定要读读那些“吉卜赛歌谣”以及其他的杰作，如哀悼一位斗牛士的《伊涅修·桑切斯·梅亚斯的挽歌》。

30. 威廉·戈尔丁（1911—1993年）：他在职业生涯中写了很多部小说，其中大部分是对人类处境扩大化的寓言——场景经常设置在过去或异域。戈尔丁能被人们记得完全归功于他的第一部小说《蝇王》（1954年）。这部小说讲的是一群学校的孩子在一个热带小岛上迫降并安顿下来，独自建立了一个奇特而野性的社会。我们同时推荐

《塔尖》(1964 年)，小说是对一位中世纪教士进行的引人注目的心理分析，后者执迷于为自己的教堂建造一个新的塔尖。

31. 罗伯特 · 格雷夫斯 (1895—1985 年)：格雷夫斯自视为诗人和古典学者，而大多数读者清楚地记得的是作为小说家的格雷夫斯。他的小说主要以古代为背景。当然,最著名的是《我，克劳迪斯》(1934 年)，这种名声恐怕更多地来自 BBC 成功的电视改编版本而不是书本身。

32. 格雷厄姆 · 格林 (1904—1991 年)：多产作家，是个天生讲故事的人。他很容易被简单地看成类型小说家(格林将这些人称为“令人愉悦者”)。他的很多作品，例如《斯坦布尔列车》(1932 年)、《恐怖部》(1943 年) 和《文静的美国人》(1955 年)，阅读起来能给人带来惊险小说般的纯粹快感。不过就像约翰 · 勒卡雷一样，格林深受其作品的影响，他通过探讨道德困境为自己的小说增添了类型小说缺乏的严肃性。作为一个天主教徒，格林的宗教虔诚和疑惑，表现在他大多数的严肃作品中，例如《问题的核心》(1948 年)。

33. 雅 · 哈谢克 (1883—1923 年)：他在第一次世界大战中作为奥匈帝国的士兵被俄国人俘虏，战后四年就去世了，不过这段时间足够他完成四卷 (计划六卷)《好兵帅克》(1920—1923 年)。这部作品被认为是现代捷克文学的地标，是所有语言中最有趣的反战小说。哈谢克的本土倒霉英雄帅克在战争中混日子，让他傲慢自大、头脑僵化的长官感到狂怒和绝望，又总能毫发无伤地从困境中脱身。

34. 约瑟夫 · 海勒 (1923—1999 年)：作为美国空军的投弹手突击德国军队，这段经历给他 1961 年的小说《第二十二条军规》提供了灵感。这部小说既获得了成功，又成为 20 世纪 60 年代反战运动的一个符号。像哈谢克一样，海勒描写了精明的士兵和精神错乱的官员，但是海勒笔下的战时世界是一个黑暗、冷酷的世界，小说的英雄尤索林在其中必须不停地谋划以求生存。海勒贡献了一本出色的小说，同时给我们展现了一种不朽的俚语表达方式。（第二十二条军规："如果你继续执行飞行任务，那你是发疯了；但是如果你心智健全到以疯狂为理由要求解除战斗任务，那你的发疯程度就不够被免除任务；这样，任何恶劣的状况都没有在逻辑上合理、不自相矛盾的解决方式。"）

35. 约翰 · 赫西（1914—1993 年）：他生于中国，来自一个传教士家庭。他年轻时所在的环境影响了他的半自传体小说《召唤》（1985 年）。他的两部最知名作品都是用虚构的方法处理第二次世界大战中的真实事件：《阿丹诺之钟》（1944 年），发生在西西里岛。《广岛》（1946 年第一次发表时，是《纽约客》上的一篇完整的社论）是一个基于幸存者证言的广岛原子弹轰炸故事。在我看来，作为对这一具有改变历史意义的大事件的记录，这部小说从未被超越。

36. 兰斯顿 · 休斯（1902—1967 年）：一位描写美国黑人经历的杰出诗人，他的声音在美国像莱奥波尔德 · 塞达 · 桑戈尔在非洲那样具有影响力。作为一名自学成才的诗人，他第一次引起公众注意是因为其自由体长诗《河流的黑色演说》（1921 年）。他旅行的足迹遍及欧洲和非洲，在美国的多个城市生活过，但与哈莱姆区的联系最紧密，在那里他写出自己最著名的短诗（《缓梦蒙太奇》，1951 年）。终其一生，他都被认为是个暴躁的激进分子，但其作品——愤怒而从未失控——则显示出某种古典主义风格。可以好好读读他的《诗选》（1995 年）。

37. 约翰 · 欧文（1942— ）：他写了很多小说，但目前他的名声主要建立在《加普的世界观》（1978 年）这本书上。作为出版时被称为突破性的作品，《加普的世界观》从那时起，特别对于学龄读者而言，已成为"邪典"书的一种。通过小说家 T.S. 加普的眼睛，我们看见一幅扭曲的、黑色幽默性质的、可笑的世界图景。这篇小说所拥有的栩栩如生的描写和强烈的个性特征，都堪称欧文作品中最好的典范。

38. 克里斯托弗 · 伊舍伍德（1904—1986年）：他在魏玛共和国衰败堕落的年代里待在柏林。20世纪30年代末期，他发表了《再见柏林》和其他基于自己经历的文学创作，由此建立了自己的名声。之后这些故事被收入《柏林故事》(1954年)。二战后他住在加利福尼亚，写作电影剧本，沉迷于印度哲学。在生命的晚期，他写作了著名的自传《克里斯托弗及同党》(1977年)，这是对他自己同性恋生活的坦诚而优雅的叙述，尽管当时同性恋运动还未兴起。

39. 詹姆斯 · 琼斯（1921—1977年）：总体上是个很次要的现代小说家，除了写出一部令人惊叹的《从这里到永恒》(1951年)。所讲故事发生在将美国拖进第二次世界大战的日本人袭击珍珠港事件前后。这本书记录了一个有天赋、有魅力的士兵在军队中的生活。这个士兵所在的军队（像所有的军队一样），更喜欢自己的士兵是循规蹈矩的、顺从的和可调换岗位的。这部小说发表时，战争激发的人们的爱国热情几乎消失殆尽，与作者的时代十分合拍。它长盛不衰，在今天依然拥有十分强大的影响力。

40. 尼科斯 · 卡赞扎基斯(1883—1957年)：一位多产而富有天赋的作家，他的作品实际上就是希腊现代散文文学的同义词。他为西方所知主要因为作品《希腊人佐巴》(1946年；1964年安东尼 · 奎恩主演的同名电影更为有名)，小说采取第一人称的叙述方式，从一个疲惫的都市人的角度来讲述，他来到克里特岛开矿，深深地迷恋上一位活力四射、无拘无束，从某种角度来说性格非常野蛮的工人，即小说题目中提到的“佐巴”。当叙事者用自己的情感侵入了克里特岛居民的生活，触犯了严酷无情、缺乏宽恕的社会准则而浑然不知时，故事达到了具有悲剧性的高潮。

41. 杰克 · 凯鲁亚克（1922—1969年）：20世纪50年代“垮掉

的一代”的主要代言人。所谓“垮掉的一代”是一个宽松的组织，包括作家、音乐人和艺术家，这些人自认为是在反抗美国战后的物质享乐主义，特别反对20世纪50年代的郊区规范。像凯鲁亚克的所有作品一样，《在路上》(1957年) 带有半自传性，是一部气喘吁吁的、不拘一格的、结构松散的作品，讲述了叙事者开车横跨美国的旅行，以及途中他偶尔与那些富有艺术气息、古怪的人们的奇特邂逅。这本书的吸引力来自酒精、速度、大麻和各式各样的婚外性关系，这些在今天看来都有点儿稀奇古怪。在两代人之前，这部作品对中产阶级和文学界的震动如此之少，不能不令人吃惊。

42. 老舍 (1899—1966年)：像鲁迅一样，是中国五四一代的作家，早期因为写作情节幽默的小说而出名。他的一部更为严肃的杰作，其中文名字可以翻译为《骆驼祥子》(1936年)，讲述了一个北京人力车夫生活的悲惨故事。可以去找找简·詹姆斯的精确译本《人力车》(1979年)；埃文·金未经授权的译本《人力车小伙》成为1945年美国的畅销书，但是加上了一个快乐结局，是对原著的删节性扭曲。老舍实际上写的是一本更悲惨和引人入胜的书。

43. 菲利普·拉金 (1922—1985年)：战后大不列颠最出色的诗人之一，而且在我看来他的声望在死后继续增长。作为一个地方大学的图书管理员，拉金的生活是乖僻的，经常是不快乐的。这与以下情况相符：他在诗作中灌输进毫不留情的轻蔑，这种轻蔑涵盖了一系列广泛的目标——上等阶层的粗野，中间阶层的沾沾自喜，工人阶级的懒惰，等等。他的伟大才能在于将这种愤世嫉俗的偏见导入极富创造力的语言和美丽、格律严格的诗篇中。拉金的作品在广大的人群中受到欢迎。可以试着阅读他的《诗选》(1993年)。

44. 约翰·勒卡雷 (1931—)：将勒卡雷（真名为大卫·J.M. 康沃尔）归类为“类型作家”是容易的，但是很少有作家重新创造他们的“类型”。在《冷战谍魂》(1963 年)及其续集中，他将间谍小说从关于正邪之战的简单娱乐变成了黑暗、道德模糊的故事——相当坏对抗非常坏；他变成了类似冷战诗人的角色。

45. 克劳德 · 列维 – 施特劳斯（1908—2009 年）：“结构主义”文化批评体系的建立者之一。列维 – 施特劳斯最先将这种方法应用于神话分析中，为人类学服务。他努力去探寻不同文化中人们是如何用神话帮他们达成在宗教体系和社会信仰、实际反应和真实情况之间的调和。他的方法被文学学科的学者和其他人文学科的研究者进行了改造。列维 – 施特劳斯同时为专家和普通读者写作，他大部分流行的书非常好读甚至具备娱乐性。他在《忧郁的热带》(1955 年)中展现了自己早期在南美的田野研究，在《结构人类学》(1958 年)和《神话学：生食和熟食》(1964 年)中将自己的方法论发展得更为系统。

46. 辛克莱 · 刘易斯（1885—1951 年）：很少有人能为我们的语言增添新的词汇，不过刘易斯做到了，他用“小市民”一词概括了没头脑的中产阶级的服从和胆怯。这个词当然来自他 1922 年的小说《巴比特》(20 世纪 20 年代一系列畅销书之一)。通过这些作品，至少在十年中他可能是美国最受欢迎、最成功的作家。他的文学风格和个人特征都在作品中留下了深深的烙印，小说和短篇故事中有着令人难忘的人物、引人入胜的情节和强烈的社会批判因素。除了《巴比特》，还可以读读《阿罗史密斯》(1925 年)、《艾尔麦 · 甘特利》(1927 年)和《多兹沃思》(1929 年)。

47. 戴维 · 洛奇（1935— ）：英国小说家和批评家，特别受到美国特定小圈子读者的喜爱，他应该获得更广泛的关注。在为自己的作品赢得尊重方面，其敏锐的心理洞察力和出色的文学技巧发挥了同样重要的作用。他的小说《换位》(1975 年)和《小世界》(1984 年)与金斯利 · 艾米斯的《幸运的吉姆》并列为现代对学院生活最有趣的讽刺作品，前两部作品甚至可能更为出色。

48. 诺曼 · 梅勒（1923—2007 年）：梅勒将大部分生命都用来尝试实践自己作品中的男子气概。有时他被视为言过其实，而且因为现实中和作品中带有强烈进攻性的男性特质，受到了女性主义者的严厉批评。不管怎么样，他最好的作品，无论是小说还是非虚构作品，例如《裸者与死者》（1948 年）、《夜幕下的大军》（1968 年）和《刽子手之歌》（1979 年）都是精心打造之作，其中几乎是深情款款（尽管并非多愁善感）的观点引人共鸣，值得加以关注。就像海明威，在表现极端情况下生存的男人所面临的困境方面，他同样是一位大师。

49. 安德烈·马尔罗（1901—1976 年）：作为一个作家、考古学家、艺术史学家、西班牙内战时期的共和政府志愿者和抵抗战士，他的一生享有巨大而令人印象深刻的名望，他在戴高乐手下做了十年的文化部长。在马尔罗死后披露的事实显示，他的声望部分来自自我推销式的夸大，但他的作品不朽。他最好的作品《人类的命运》（1933 年）是一次残酷、黑暗的探寻，描写的是 20 世纪 20 年代中国共产党和国民党在上海的斗争。半个多世纪之后，这部作品依然让人感觉脊椎发凉。

50. 玛丽· 麦卡锡（1912—1989 年）：小说家、传记作者和批评家，她的作品用反讽、幽默和讽刺批评了妇女在美国社会中的状态。她对现实人物有些小说化的写生笔调尖刻，有时非常不友善（经常是不真实的），让朋友和敌人一样害怕她。她最有名的作品《少女群像》（1963 年）描述了瓦萨大学八个女生 1933 年毕业后数年内的生活，其间她们逐渐丧失了大学时代的希望、理想主义和纯朴。

51. 卡森 · 麦卡勒斯（1917—1967 年）：属于 20 世纪某一类美国作家，他们的作品是对一种独特的南方感受的真相的争论。她的书往往充满了孤独、遭到误解的人们，他们在一个纠缠于过去、与现实格格不入的社会中泥足深陷。令人惊奇的是她能够突出自己的主题而又不过分感伤或者做作。她最为知名的小说是《心是孤独的猎手》(1940年)，内容是佐治亚小镇上五个人纠缠在一起的生活。

52. 玛格丽特·米德（1901—1978年）：当她完成自己的第一次探险领域研究并发表了《萨摩亚人的成年》（1928年）之后，她迅速成为一个名人。在书中她提出萨摩亚的少女不像美国的青少年，她们享受无罪恶感和随意的性爱，结果成为适应性强的成年人。随后米德在新几内亚、巴利和其他地方继续她的田野工作，成为美国人类学界了不起而又神秘的女巫。尽管早期的方法论受到了批评，结论也遭到质疑，她的作品作为一种象征依然值得阅读——象征着20世纪我们社会对非西方人群、青春期、性别、性态度转变的革命。

53. 阿瑟·米勒（1915—2005年）：作为一个剧作家，他活过的时间足够从年轻的激进分子变成年高德劭的政治家。关注个体人物痛苦的激烈戏剧和贯穿剧作发展的社会最高良知，在作品中通过作者的杰出天赋融为一体。读读米勒两部最著名的戏剧:《推销员之死》(1949年)，其中有米勒最好的主人公威利·洛曼，他勉强地保持着自豪和自尊，避免意识到自己生活深层的不合理性；改编剧《熔炉》（1953年)，内容是关于17世纪的女巫赛伦的审判，同时必然也是针对我们中世纪的政治女巫。

54. 托妮·莫里森（1931— ）：1993年诺贝尔文学奖得主，黑人女作家中最著名的一个。这些作家的作品丰富了20世纪晚期的美国文学。她的小说语言中充满诗意的抒情值得关注，这些小说敏感但绝非对黑人文化的力量毫无批评。她特别关注女性的地位，同时她也有能力吸收黑人传说和口头文学的丰富营养，阐释当代的问题。我特别推荐《所罗门之歌》(1977年）和《爵士乐》(1992年)。

55. 艾瑞斯·默多克（1919—1999年）：身兼二职，第一职业是牛津大学哲学讲师，第二职业是多产而广受欢迎的小说家。她的小说，我推荐至少要读《被砍掉的头》（1961年）和《沙堡》（1978年）。她的作品不出意外地因为非常文学化的风格和普遍的博学而受到尊崇。同时它们的情节性很强，能带来很大的阅读乐趣。

56. 罗伯特·穆齐尔（1880—1942年）：他在柏林完成教育，第一次世界大战时在奥地利军队中服役。他靠做记者维生，同时将全部文学才能倾注到自己的杰作《没有个性的人》中（1933—1943年，三卷本，未完成；苏菲·威尔金斯和伯顿·派克的新译本于1995年出版）。小说是一幅19世纪末奥匈帝国广阔、精妙的精神上的全景画，即使没有完成，也被认为是现代欧洲文学的地标之一。

57. 弗兰纳里·奥康纳（1925—1964年）：作为现代的短篇小说大师，和卡森·麦卡勒斯一样，她的作品也反映了一种独特的南方印象。南方的乡村是她小说的经典场景，这一背景下的福音教派生活是强势的，有时带有腐蚀性。小说中的人物往往不是深陷于这种生活中，就是企图逃离这种生活。她是一位多产但短命的作家，你会愿意多读读在她去世后编辑出版的《故事全集》（1971年）。

58. 约翰·奥哈拉（1905—1970年）：活着时他受到的尊重，就像海明威和菲茨杰拉德受到的尊重一样，但去世后的影响力几乎完全消失了。他的小说，近年来被认为是纯粹为稻粱谋的一时之作，是时候被重新发现了。读读《相约萨马拉》（1934年），关于一位小镇主要公民的堕落和衰落；《巴特菲尔德第八》（1935年）写的是对一位女性敏感而微妙的刻画，她用性去获得自己想要的一切（第一次出版时被认为是不体面的小说），同时不要忽视奥哈拉绝佳的《故事选集》（1985年）。

59. 奥特加·伊·加塞特（1883—1955年）：一位哲学家和人文学者，他的社会批评在祖国西班牙和其他地方都受到高度评价。他最具影响力的作品《大众的反叛》(1929 年)，今天并没有多少人阅读，但无论如何不应被遗忘。在这部作品中，加塞特谴责 20 世纪 20 年代欧洲出现的“一战后社会”的浅薄和无聊。回过头看，这一社会在大萧条中的经济崩溃以及法西斯主义的抬头，让他的书具有很强的预见性。

60. 鲍里斯 · 帕斯捷尔纳克（1890—1960 年）：在现代俄罗斯文学的背景下，他的最大贡献表现在诗歌领域。他的先锋派诗歌，有时难以理解，虽然不受苏维埃当局欢迎，但是对更年轻的诗人有着重大的影响。然而，他在大众中的名望源自《日瓦戈医生》(1957—1958 年)。这部作品描写了被俄国革命打断的民众生活，是一份伤感的报告，行文中却流露出如陀思妥耶夫斯基和托尔斯泰笔下一样的大气。作品被苏联当局禁止，只能私下流传。1958 年，帕斯捷尔纳克被授予诺贝尔文学奖时，他被谴责为叛国贼和文化破坏者。直到苏联解体后，他才在身后得到自己作品已经赢得的荣誉。

61. 乔治 · 佩雷克（1936 —1982 年）：近代最富创造力和创新性的作家之一。在 20 世纪 60 年代晚期，他是“潜在文学工场”的指路明灯之一，后者是一个法国作家团体，致力于发掘实验性的新文学样式。他在英语世界的声誉主要来自《生活说明书》(1978 年)，这部作品采用拼贴的方法描写了巴黎一间大公寓楼和其中所有住户的故事。读者通过这扇奇妙的窗户可以看到当代法国文学的感受力。

62. 哈罗德 · 品特（1930 —2008 年）：用他富余、坚定不移的洞察力和自身的才能，写出生动紧张的对话，改变了战后英国戏剧的特征。放弃“制作精良的戏剧”的老观念，去除了此类作品的戏剧焦点、完整性和毫不含糊，品特创造了这样一种戏剧：综合了含混不清、恐惧、幽默和开放性结尾，令观众在感受到不安的同时得到满足。尽管作品的内容是黑暗的，有时还是令人费解的，但在商业演出方面，品特仍然在大西洋两岸成为一个重要的人物。在他的众多剧作中我愿意特别推荐《看门人》（1960 年），这是关于一个陌生人用曲折迂回的方式介入两个单身兄弟之间，使原本稳定可靠的关系受到了破坏的故事。

63. 罗伯特 · 波西格（1928—2017 年）：用自己的文章《禅与摩托车维修艺术：人类寻找自我的奇妙心灵之旅》（1974 年）——篇幅类似一本书——完美地捕捉到了 20 世纪 60 年代反传统运动的氛围。杰克 · 凯鲁亚克在 20 世纪 50 年代已经阐释了公路旅行和禅之觉悟的主题，波西格利用和更新了这些主题，他借用男人和机械中间不断发展的和谐状态，来阐释作为人类经验超验目标的"品质"的重要性。五十年后，这本书会不会看上去像老式古董还不清楚，它可能是"暂时的经典"的典范，不过现在这部作品非常值得阅读。

64. 埃兹拉 · 庞德（1885—1972 年）：他的名声来自两个身份：20 世纪最出色的诗人之一，对艾略特、乔伊斯影响深远的编辑。庞德在古典诗歌和东亚诗歌方面造诣很深，同时也是出色、有创造力的翻译家；他自己的诗兼有古典的底色和令人震惊的革新性。他最杰出、最有影响的诗歌选集是《角色们》（1926 年）。庞德因为晚年发表的引人憎恶的观点而受到批评，他的诗比他的个性更长久。

65. 安东尼 · 鲍威尔（1905—2000 年）：虽然作为一个作家拥有漫长而成功的职业生涯，但是如果没有卓越的十二卷自传体小说《时间音乐之舞》[以《抚育问题》（1951 年）开篇]，他依然无法居于众多非常杰出的英国现代小说家之上。他叙述的特点是超然的讽刺和异乎寻常坦率的正直（不过伴有适宜的忏悔式的捶胸顿足），在中世纪英国社会的背景下，鲍威尔用这种形式剖析了自己的生活，特别是智力和情感生活。

66. 普拉姆迪亚 · 阿南达 · 杜尔（1925—2006 年）：印度尼西亚最重要的作家，因为激进的左翼观点和对政府直言不讳的批评，他一生的大部分时间都在监狱和拘禁之地度过。他最著名的小说《人世间》(1980 年)，描写了荷兰在东印度的殖民统治衰落年代里，一位极度压抑的年轻爪哇记者的热烈而浪漫的故事。普拉姆迪亚在布鲁岛上的监狱坐牢时写了这本书，年轻记者明克的故事在其他三部小说《万国之子》(1980 年)、《足迹》(1985 年) 和《玻璃屋》(1988 年) 中得以延续，这几部小说合称为“布鲁岛四部曲”。

67. 普里切特 (1900—1997 年)：记者、散文家、文学批评家，不过最重要的身份是非同一般的短篇小说作家。他的小说，自然是以英国为背景，用精细、讽刺的眼光关注英国中产阶级的骄傲和部落习俗，正好可以与美国短篇小说作家约翰 · 契弗的作品加以比较；他的语调和主题也让人联想起芭芭拉·皮姆的小说,可以尝试读读他的《故事全集》(1992 年)。

68. 芭芭拉 · 皮姆 (1913—1980 年)：属于那种应该让更多美国人知道的英国作家。在最好的情况下，她的小说有些许老派作风；如果你喜欢简 · 奥斯汀和安东尼 · 特罗洛普的话，你会喜欢皮姆。她赞美并温柔地讽刺了上等阶层——这一阶层从维多利亚时代的高贵逐渐衰落——中的人循规蹈矩、带有自我强制性的矜持人生。你可能会发现自己想要阅读她的所有小说,从《卓越的女人》(1952 年) 和《不合宜的忠诚》(1982 年) 开始。

69. 托马斯 · 品钦 (1937—)：除了自己的作品之外，品钦蓄意让自己在美国人的生活中消失。众所周知他成年后没拍过照，甚至和自己的出版人联系也要通过精心设计的、复杂的保护措施，确保自己的地位和身份不为人知。在这种情况下，他最杰出的作品《万有引力之虹》(1973 年) 部分是多疑的幻想，也就不值得惊奇了。无法全面阐述，但是足够吸引读者，这本书大致来说是对第二次世界大战后期间谍活动和火箭开发的一种噩梦般的研究。特别值得注意的是它令人眼花缭乱的语言，口语和数学的双关语，复杂的叙述以及怪诞的幽默。

70. 埃里希·马里亚·雷马克（1898—1970 年）：和福特·马多克斯·福特并列为描写第一次世界大战的最优秀的小说家，也许雷马克还更胜一筹。即使事实是（从英语世界的观点出发）他在战争中站在了“错误”的一边，他的小说《西线无战事》（1929 年）还是立刻赢得了赞誉。这部作品表现了一战中前线的男人们经历的惊惧、危险和沉闷，无论他们是如何面对这一切的。

71. 莱纳·玛利亚·里尔克（1875—1926 年）：成年后他大部分的时光在法国和意大利度过，但继续用德语写作。一开始，在 19 世纪末的慕尼黑和 20 世纪头十年的巴黎，他是一位诗人。最终他移居到意大利，在那里写作了《杜伊诺哀歌》的前几章。此后他被现代生活，特别是第一次世界大战的巨大灾祸带来的令人崩溃的沮丧包围了。十年里他什么也没有写，后来在灵感爆发的情况下完成了《杜伊诺哀歌》以及五十五首《致俄耳甫斯的十四行诗》（1922 年），这两部作品确保了他在 20 世纪最优秀诗人的行列中占有一席之地。

72. 奥勒·爱德华·罗尔瓦格（1896—1931 年）[①]：他的小说《大地上的巨人》（1927 年）在很多年里是高中英语课程流行的指定读物，这很不幸，也不公正。一代代的学生每晚读上几页作品，忍受着在课堂上听到的对主题和人物的愚蠢解释，变得对这部小说极度厌恶。如果你对这本书有可恶的记忆，尝试一切办法用新的眼光看这本书；如果你从未邂逅过它，等待你的是一件乐事。关于早期北方大平原开拓者的苦辣酸甜，再没有更好的书了；罗尔瓦格展现给我们的开拓精神，也许是愉快的，但绝不是野餐。

73. 菲利普·罗斯（1933— ）：第一次引起评论界注意的是他的

① 一般认为，奥勒·爱德华·罗尔瓦格的生卒年为 1876 至 1931 年。此处似有谬误。——编者

短篇小说选集《再见，哥伦布》(1959 年) 的出版。同名小说通过展示一个郊区犹太家庭的浅薄、拜金主义的粗鲁，吸引了大量读者 (也震惊了很多犹太读者)。罗斯真正出名是通过《波特诺伊的怨诉》(1969 年)，这部作品是第一人称的忏悔报告 (在精神病学家的长椅上)，关于叙述者的青春期、难以遏制的手淫和实施令人窒息的保护的妈妈。尽管一些读者，包括我在内，认为通过对现代美国犹太家庭的内疚和困扰一系列秽亵的、小说化的探索，罗斯的作品变得相当乏味，但早期作品中显露出的才华和不经意依然保持着它们的光泽。

74. 阿纳托利 · 纳乌莫维奇 · 雷巴科夫 (1911—1998 年)：二十多岁时在斯大林的集中营里度过时光，第二次世界大战的军旅生涯结束后，为年轻人写小说的他获得了成功。他的杰作《阿尔巴特街的儿女》秘密写于 20 世纪 60 年代，直到 1987 年才发表，当时戈尔巴乔夫的公开化政策让批评斯大林统治的暴行变得安全起来。小说讲述了来自莫斯科阿尔巴特地区的一些理想主义的年轻人在 20 世纪 30 年代大清洗中截然不同的命运。阿尔巴特系列三部曲包括《恐惧》《尘埃》《灰烬》。

75. 杰罗姆 · 大卫 · 塞林格 (1919—2010 年)：在作家生涯的早期，关注的是理想主义、社会的愚蠢和青春期的苦闷，写出了现代经典《麦田守望者》(1951 年)。小说的主角霍尔顿 · 考尔菲德经常被拿来作为美国男孩原型与哈克贝利 · 芬比较 (尽管马克 · 吐温的作品要伟大得多)。出版少量中篇和短篇小说(《弗兰妮与祖伊》《抬高房梁，木匠们》) 后，塞林格停止写作，或者至少停止出版，在新罕布什尔州过上了一种平静的隐居生活。

76. 让 - 保罗 · 萨特 (1905—1980 年)：他就像安德烈 · 马尔罗一样，积极地提高自己的声望，但他的名声在死后渐渐低落，关于他的另一幅记忆画面渐渐浮现：他并不是一个讨人喜欢的人。不过几乎用任何标准来衡量，萨特都是一个重要的作家，就像他是一个重要的小说家和哲学家。他是存在主义的提倡者和理论家，在《存在与虚无》（1943 年）中提出纯粹的意识是人类自由的来源。即使成为一个存在自由的提倡者，仍不能让他放弃因“存在的恐惧”而引发的悲观观点，就像在最著名的戏剧《死无葬身之地》（1945 年）中所表达的那样。

77. 西蒙 · 斯伽马（1945— ）：他生于英格兰的波兰家族，长大后大部分时间都居住在美国，在哈佛大学和哥伦比亚大学任教。作为一个多产而涉猎广泛的历史学家，他最有名的作品到目前为止是《公民们》（1989 年）。这是一部关于法国大革命的非凡的综合性社会史著作，相当具有可读性。斯伽马认为大革命是现代历史的转折点，因为它导致了欧洲人从“臣民”向“公民”的转变。

78. 列奥波尔德 · 塞达 · 桑戈尔（1906—2001 年）：1960 年成为塞内加尔独立后第一任总统，直到 1980 年才卸任。他生于塞内加尔，在法国接受过教育，第二次世界大战时在法军中服役，做过两年德国人的俘虏。20 世纪 30 年代，他与其他激进的黑色非洲和加勒比作家一起提出了“黑人传统精神”的理论：一种建立在独一无二的黑人体验基础上的美学。桑戈尔的很多诗采取歌曲的形式，用特定的非洲乐器伴奏。他的诗歌（起初用法语写作）被广泛翻译，我喜欢梅尔文·迪克逊翻译的《诗集》。

79. 厄普顿 · 辛克莱（1878—1968 年）：美国揭黑作家毫无疑问的典型。他的小说《屠场》（1906 年）被一系列商业出版机构拒绝，最后辛克莱自己出版，看着它成为一本畅销书。这本书曝光了芝加哥肉类包装产业恶劣的工作条件和令人厌恶的卫生环境，直接导致了联邦食品和药品管理局的成立，但并没有带来辛克莱希望的劳动改革。他评论道：“我瞄准公众的心，打击他们的胃。”他写了很多其他揭黑小说，而且，用相当于堂吉诃德的方式，以社会主义者的身份参加了1934 年的加利福尼亚州州长竞选（输得很惨）。现在看来，他的小说写得有些过分用力，不过批评的态度依然很有影响。

80. 艾萨克 · 巴什维斯 · 辛格（1904—1991 年）：在一个正统的波兰犹太家庭和社区中成长，是绵延长久的哈西德派拉比的后裔。他将大部分生命投入用意第绪语散文保存一个共同体的记忆，以及被大屠杀抹杀的生命历程。在 1935 年移居美国之前，他已经确立了自己的作家地位，此后被认为是纽约犹太文学界的领军人物。他坚持用意第绪语写作（同时也积极参与到把自己的作品翻译成英语的过程中），认为它在两方面都是最好的工具：对自己笔下的人物表现出讽刺和反讽的态度，以及传达弥漫于他作品中的犹太传说和神秘主义的气氛。他是个多产的作家，我建议读者从《傻瓜吉姆佩尔及其他故事》（1957 年）和《卢布林的魔术师》（1960 年）开始阅读。

81. 沃莱 · 索因卡（1934— ）：现代非洲文学的主要人物之一。他生于尼日利亚，在英格兰接受教育。多年以来，他成功地避开了知识分子在现代尼日利亚会遇到的那些危险，1994 年被放逐之前，他在尼日利亚担任过多个编辑和学院里的职位。作为非常多才多艺的作家，他出版过诗歌、评论、散文、小说和戏剧。1986 年，他被授予诺贝尔文学奖。他最好的小说是《译员》（1965 年），写的是新独立的尼日利亚的一些青年知识分子的故事。关于他的戏剧，我特别推荐《死亡和国王的马夫》。

82. 华莱士 · 斯特格纳（1909—1993 年）：理所当然地被认为是描写美国西部的文学家中最出色者之一。他的小说《巨石糖果山》（1943 年）是关于一个家庭曲折地寻找家园的故事，其中捕捉了作者对于西部的感觉：永久诱人的应许之地。他的晚期作品中我最喜欢的是《安息角》（1971 年）。斯特格纳的作品很多，值得深入地探寻。

83. 约翰 · 斯坦贝克（1902—1968 年）：比其他美国作家更好地捕捉了大萧条的精神。他的小说，和辛克莱 · 刘易斯、厄普顿 · 辛克莱的一样好（甚至更好），具有强烈的社会良知。但是与义愤不同，斯坦贝克主要的调子是悲哀的：无产阶级的高尚和强硬并不总是能足够克服障碍。他的很多小说今天读起来仍然令人感到震撼和感动，就像它们第一次出版时一样。我建议从《人鼠之间》（1937 年）和《愤怒的葡萄》（1939 年）开始读。

84. 华莱士 · 史蒂文斯（1879—1955 年）：从现在来看，他不仅是 20 世纪最伟大的美国诗人之一，也是整个美国文学史上最伟大的诗人之一，不过他一生的绝大部分时间都在默默无闻地工作。1923 年，他出版了自己的第一本诗集《簧风琴》，它展现了语言创造力——堪称诗人所有作品的特质——的全部精华，但却被文学界忽略不计。史蒂文斯得到肯定时已经垂垂老矣，其影响在死后与日俱增。可以好好读读他的《诗选》（1954 年）。

85. 里顿 · 斯特拉奇（1880—1932 年）：是布鲁姆斯伯里文化圈的领导者之一，这个圈子里英国的作家和批评家名单上有弗吉尼亚 · 伍尔夫、亚瑟 · 韦利、爱德华 · 摩根 · 福斯特、约翰 · 梅纳德 · 凯恩斯，以及其他著名的作家和知识分子。才华横溢的，无礼的，同性恋，斯特拉奇通过自己修正主义者的传记被铭记。他的《维多利亚女王时代名人传》（1918 年）简要叙述了红衣主教曼宁、弗洛伦斯 · 南丁格尔、托马斯 · 阿诺德和查理 · 乔治 · 戈登的人生；《维多利亚女王》（1921 年）是关于女王晚年冷静的传记。这两部传记在很大程度上影响了大多数人对维多利亚时代的习俗、道德和价值观的看法。

86. 詹姆斯 · 瑟伯（1894—1961 年）：作家、散文家和漫画家，与哈罗德 · 罗斯主导下的《纽约客》紧密地联系在一起。古怪、机智和不夸张的幽默是他小说和绘画的特征。他最好的一些作品可以在《性是必需的吗》(1929 年,E.B. 怀特著)和故事集《我的人生和艰难时代》(1933 年) 中找到。四十几岁时他的视力下降，后来完全失明，但仍然创作了很多作品。

87. 约翰 · 罗纳德 · 瑞尔 · 托尔金（1892—1973 年）：牛津大学盎格鲁 - 撒克逊语和古英语教授，研究不列颠早期诗歌的受人尊敬的学者，研究《贝奥武甫》《高文爵士与绿衣骑士》之类的诗歌。中世纪的主题弥漫在他的小说中，从《霍比特人》(1937 年) 开始，这是一个写给孩子的幻想故事，关于一个类似英格兰的国家受到魔法和邪恶的威胁。托尔金的幻想在写作《魔戒》(1954—1956 年) 时变得成熟。《魔戒》三部曲的主题来自《霍比特人》，但增加了寓言式的紧急事件，看上去是在反映英国在第二次世界大战中惊险地从法西斯征服中脱身的这段历史。

88. 威廉 · 特雷弗（1928—2016 年）：小说家和短篇故事作者，在这两方面他都很出色，不过我认为最出色的还是他的故事。爱尔兰是他生活和工作的地方，也是他所有作品的背景。他的典型作品带有被悲悯缓和的讽刺，这些悲悯针对人们的缺点，有些人总是因为这样或那样的原因无法很好地适应爱尔兰的乡村生活，无法满足家庭对他们美好但僵化的期待。他持续高产地写作，可以读读他的《故事选集》(1992 年)。

89. 约翰 · 厄普代克（1932—2009 年）：作为小说家、诗人、散文家和批评家，他非凡的高产让其成为美国最知名的文学家之一。他的作品过于多样化，难以简单定论，不过他最典型的小说是关于郊区的欲望和有几分怪异的性，场景往往是美国东北地区的村庄或小镇。厄普代克最有名的四部曲是关于“兔子”哈利 · 安斯特朗——他最好的小说主人公——的生活：《兔子，跑吧》(1960 年)、《兔子归来》(1971 年)、《兔子富了》(1981 年)、《兔子歇了》(1990 年)。

90. 戈尔·维达尔（1925—2012 年）：作为贵族、世界主义者、同性恋、好斗的知识分子，他总是试图激起批评性的意见，有时他成功了。他的第一个巨大成功杰作是《迈拉·布雷肯里奇》(1968 年)，讲一个变性主角的喜剧小说。它调笑美国人的伪善，在当时被认为是具有震撼性的，现在阅读起来带来的是纯粹的快乐。在写作生涯的大部分时间里，维达尔致力于对美国历史的小说化探索，一个很好的例子就是《波尔》(1974 年)。

91. 德里克·沃尔科特（1930—2017 年）：他和法语诗人艾梅·塞泽尔一起分享加勒比文学最杰出代表的荣誉。沃尔科特主要作为诗人而为人所知，当他获得 1992 年的诺贝尔文学奖时，被特别提到的是具有小说长度的诗歌《奥梅罗斯》(1990 年)，在这首诗中，他熟练地将来自荷马的主题编织进加勒比的场景中。不过他也是一位多产的戏剧家，除了《奥梅罗斯》和他的《诗选》(1986 年)，尝试读读他的戏剧《梯－琼和他的兄弟们》(1958 年)。

92. 詹姆斯·杜威·沃森（1928— ）：随着 1955 年与佛朗西斯·克里克一起宣告发现了 DNA 的双螺旋分子结构，他极大地推进了生物学的前进。他们的发现有可能为分子遗传领域带来前所未有的进步，催生应用遗传工程学。沃森在《双螺旋》中讲述了他和克里克如何找出了 DNA 的独特结构，非常吸引人和易读，甚至具有娱乐性（即使有些自负和自私)，是现代科学的局内人带给我们的一份精彩报告。

93. 伊夫林·沃（1903—1966 年）：第一次世界大战时在英国军队中服役，经过短暂的教师生涯之后开始全职写作。观察仔细又常常十分有趣的游记让他广为人知。后来他改写游记中的主题，融入 20 世纪 30 年代的幽默小说，比如《头条新闻》(1938 年)。这个阶段的沃引人注目的是讽刺的机智、尖刻的幽默，以及对今天所谓的“政治正确”的缺乏。转向天主教之后，他的作品中开始出现更多关于信仰和自省的严肃主题，例如《旧地重游》(1945 年)，这可能是他现在最有名的作品。美国读者也会喜欢《亲者》(1948 年)，这是对葬礼产业的一次非常可笑的嘲弄。

94. 尤多拉 · 韦尔蒂（1909—2001 年）：她一直试图用故事、照片记录她在家乡密西西比河三角洲的小城镇的生活。她的作品常常把重点放在交织在一起的生活的复杂性上，并对笔下的人物予以同情。她是一个友善的作家，但不是一个感性的人，可以阅读她的《故事选》(1980 年)。

95. 丽贝卡 · 韦斯特（1892—1983 年）：她写了许多小说，但主要是作为我们这个时代最精明和充满活力的记者之一，一个不知疲倦的历史记录者被人铭记。她使人印象最深刻的作品是《黑羊与灰鹰》(1942 年）——是对巴尔干地区的历史、政治、文化的大规模研究。她精辟地谈到了曾经属于南斯拉夫的，在我们这个时代属于波斯尼亚和其他国家的问题。

96. 帕特里克 · 怀特（1912—1990 年）：他是现代澳大利亚最伟大的小说家之一。他的作品反映了自己国家的广博，把它作为表现强烈感情和兴趣冲突的背景。他的小说倾向于在广阔的范围中表现沉重的命运主题。在他的众多作品中，我推荐《探险家沃斯》(1957 年）和《乘战车的人》(1961 年)。

97. 桑顿 · 怀尔德（1897—1975 年）：他最广为人知的戏剧是《我们的小镇》(1938 年)，这部戏剧被认为在时间上做了突破，有了创新，但对于很多人来说它已经被可怕的高中戏剧毁了。如果读者是第一次接触怀尔德的作品，推荐阅读他的里程碑式的作品《圣路伊斯大桥》(1927 年)，它以 18 世纪的秘鲁为背景，讲述了一座大桥倒塌，砸死了五个人，牧师去寻找原因的故事。

98. 田纳西 · 威廉姆斯（1911—1983 年）：如果说他是 20 世纪最

伟大的美国剧作家，也许多少会受到一些人的质疑（当然他本人不会），但是他一定是最伟大的剧作家之一。美国南部和同性恋是他的作品的两个最重要的主题，他的戏剧常常描绘南部家庭的敏感气氛，但是他最好的作品超越了纯粹的地方色彩的局限。读者至少应该阅读他的两部作品：《欲望号街车》（1945 年）和《玻璃动物园》（1947 年）。

99. 威廉 · 卡洛斯 · 威廉斯（1883—1963 年）：他在新泽西郊区做一名医生，同时写着抒情、优美的诗句，这使他成了我们这个时代最优秀的诗人之一。可以阅读他的《诗选》（两卷，1991 年）。他以敏锐的目光描绘了生活中的普通事物和人们的经历，描述中极富清晰的图像和丰富的想象，从而改变了读者观察生活的视角。

100. 理查德 · 赖特（1908—1960 年）：他在贫困的南方乡村中长大，青年时，他先后搬到芝加哥和纽约，并参加了各种左翼文学团体。他参加了共产党，随后又退出了。在第二次世界大战后，他搬到了巴黎，并在那里度过了后半生。他的前两部小说比后面的作品更使人印象深刻。一部作品是《土生子》（1940 年），另一部是自传体作品《黑孩子》。在《土生子》中，他塑造了美国小说中最生动的人物之一别格 · 托马斯，一个因谋杀罪而被捕的黑人。

参考书目

除了在上文中提到的书名，这个书目中还特别列出了其他的一些比较重要的作品，并就这些作者和作品给读者提出了一些阅读建议。很多书籍都已经以平装版出版了，并且价格合理，尽管有些更适于精装。

出版行业是一个非常短暂、易变的行业。一些年头长的平装书不会再版，还有些书，刚刚出版就停印了。出版公司不会经常更换名字，也不会轻易地凭空消失，而有些书却已经绝版了。因为这些原因，在这个书目（不像在计划中提到的早期版本）中，我们不会再试图系统地列出目前还在出版的平装书推荐书目。简单来说，大多数情况下，我们列出那些在普通版本中被广泛使用的作者的作品。其他情况下，我们列出那些或文字优美，或序言很好并有批评性的注释，或翻译精准的作品。

不管怎么说，在信息时代，要找到一部作品是很简单的。大多数图书馆和书店都有纸质版图书和电子书，你可以按照计划中列出的书目查询价格合理的版本。大多数图书馆和书店还有网上系统和数据库可供查询。如果你要找的一本书或者某个版本已经绝版了，可以去当地图书馆看看有没有副本，请该馆帮你馆际互借。（电脑数据库和互联网已经大大简化了馆际互借的过程并且扩大了馆际互借范围，甚至连一些很小的图书馆都加入了这种互借网络。）我们也鼓励读者从二手书书店买书，在那里买书，既能从书架上取阅你感兴趣的书，又能享受到比较合理的价格。

大多数情况下，这些推荐阅读书单上的书都是比较短又很基础的。为了节省空间，我们只列出这些书的作者和标题。新的信息技术使你可以很容易地找到想找的信息：很多学校和公共图书馆，以及所有大型的研究型图书馆，都能进入数据库系统，而且也可以通过互联网查询其他图书馆的图书目录。按主题搜索图书是一件很简单的事（图书管理员也会乐于为你提供帮助），比如，搜索“吉尔伽美什”，你可以得出一份比我们提供的更完整、更大型的书目。请记住，在《大英百科全书》中也可以轻松地查询到本书列出的这些作者的生平介绍和背景信息。

所以，在这里我们提出的建议只是一种帮您开始的方式。

1.《吉尔伽美什》：推荐译本：R. 坎贝尔 · 汤普森（牛津大学出版社），N.K. 桑（企鹅出版社），E.A. 斯派泽（普林斯顿大学出版社），约翰 · 加德纳和约翰 · 梅尔（古典书局），莫琳 · 科瓦奇（斯坦福大学出版社），丹尼·P. 杰克逊（博尔查兹·卡尔杜奇出版社），大卫·费里（法拉 · 施特劳斯出版社和吉洛克斯出版社）。

补充书目：C.W. 策拉姆，《众神，坟墓，学者：考古学的故事》；A. 利奥 · 奥本海姆，《古老的美索不达米亚：一个死文明的肖像》；杰弗里 · 蒂盖，《吉尔伽美什的演变》；斯蒂芬妮 · 达利，《美索不达米亚神话：创造，大洪水，吉尔伽美什及其他》。

2. 荷马，《伊利亚特》：里士满 · 拉铁摩尔（凤凰出版社）和罗伯特 · 菲茨杰拉德（铁锚出版社）的版本都很优秀，最新版本是罗伯特·法赫尔（维京出版社）的。W.H. 劳斯（大将出版社）和 E.V. 里乌（企鹅出版社）的版本都非常便于使用，特别是后者在 1991 年由企鹅出版社推出的新版本。

补充书目：贾斯珀·格里芬，《荷马》；迈克尔·西尔克，《荷马：伊利亚特》；马克·爱德华兹，《诗人荷马的〈伊利亚特〉》。

一个涵盖了罗马和希腊的较为全面的参考版本是由保罗·哈维编辑的《牛津古典文学指南》。关于神话，推荐齐默尔曼的《古典神话词典》，伊迪丝·汉密尔顿的《神话》和 H.J. 罗斯的《希腊众神和英雄》。如果读者想对希腊文化做一般性研究，可以阅读沃纳·耶格的《教育》。

3. 荷马，《奥德赛》：推荐里士满·拉铁摩尔（哈珀出版集团）、罗伯特·菲茨杰拉德（铁锚出版社）、W.H. 劳斯（大将出版社）、罗伯特·法赫尔（维京出版社）的版本。

补充书目：M.I. 芬利，《尤利西斯的世界》；G.S. 柯克，《荷马和史诗》。

4. 孔子：标准翻译是亚瑟·韦利的《论语》（兰登书屋）和 D.C. 劳（企鹅出版社）的。詹姆斯·莱格的《中国经典》（五卷，1861—1872年，几个重印版本），虽然这个版本有些老了，但仍受到很多学者推崇。在《论语辨》中，E. 布鲁斯（哥伦比亚大学出版社）给人以全新的诠释。

补充书目：对于一般的中国哲学家来说，可以阅读冯友兰的《中国哲学简史》，由德克·博德翻译（两卷）；本杰明·I. 施瓦兹的《中国古代思想世界》。关于孔子的传记，可以阅读 H.G. 克里尔的《孔子其人及其神话》（也叫作《孔夫子与中国之道》），也可以阅读赫伯特·芬加雷特的《孔子：即凡而圣》，戴维·T. 霍尔和罗杰·埃姆斯的《孔子哲学思微》。

5. 埃斯库罗斯：可以阅读由戴维·格勒内和里士满·拉铁摩尔编辑的《希腊悲剧全集》（四卷，芝加哥大学出版社），包含了埃斯库罗斯、索福克勒斯和欧里庇得斯所有作品的现代版本。只想看埃斯库罗斯的书的话，就看《埃斯库罗斯卷一，阿伽门农、奠酒人、复仇女神》，由里士满·拉铁摩尔翻译（芝加哥大学出版社）；《埃斯库罗斯卷二，四大悲剧：被缚的普罗米修斯、七将攻忒拜、波斯人、乞援人》，由达维德·格勒内和塞思·G. 贝纳尔德特翻译（芝加哥大学出版社）。也可以阅读由罗伯特·洛厄尔翻译的《奥瑞斯忒亚》（法拉·斯特劳斯和吉洛克斯出版社）。

补充书目：H.D.F. 基托的《希腊悲剧》，贝恩哈德·齐默尔曼的《希腊悲剧：介绍》，克里斯蒂安·迈耶的《希腊悲剧的政治艺术》。关于希腊文学，可以阅读摩西·哈达什的《希腊文学史》（哥伦比亚大学出版社），阿尔平·莱斯基的《希腊文学史》（克罗韦尔图书），吉尔伯特·默里的《古希腊文学史》（凤凰出版社）。

6. 索福克勒斯：高度推荐：由斯蒂芬·斯彭德翻译的《俄狄浦斯三部曲》（兰登书屋），达德利·菲茨和罗伯特·菲茨杰拉德翻译的《索福克勒斯的俄狄浦斯环》（哈考特出版社）。其他优秀版本有摩西·哈达什的《戏剧全集》（班坦图书公司）等，《索福克勒斯卷一》（包括《俄狄浦斯王》《俄狄浦斯王在克洛诺斯》《安提戈涅》）和《索福克勒斯卷二》（包括《埃阿斯》《特洛伊妇女》《伊莱曲拉》《菲洛克忒忒斯》）（芝加哥大学出版社）。

补充书目：C.M. 鲍勒，《索福克勒斯似的悲剧》；洛厄尔·埃德蒙兹，《俄狄浦斯：古老的传说及后来的类似作品》。

7. 欧里庇得斯：班坦图书公司出版的由摩西·哈达什和约翰·H. 麦克莱恩翻译的《欧里庇得斯的十出戏剧》。芝加哥大学出版社出版的五卷翻译本质量很高。《特洛伊妇女》的一个有趣的版本，是由让－保罗·萨特改写的（兰登书屋）。罗伯特·马尔翻译的《酒神巴克斯》和《海伦》（马萨诸塞大学出版社）等也很有趣，一位名为吉尔伯特·默拉里的杰出学者（在图书馆和书店经常能看到他的书），用两世纪之交时的语言辞藻翻译的译文很漂亮，但是用现代的语言方式可能更忠实原文。

补充书目：吉尔伯特·默拉里，《欧里庇得斯和他的时代》；G.M.A. 格鲁贝，《欧里庇得斯的戏剧》；安·N. 米凯利尼，《欧里庇得斯的悲剧传统》。

8. 希罗多德：《历史》，有时也被叫作《希波战争史》。乔治·罗林森翻译、F.R.B. 戈多尔芬编辑的《希腊历史学家》（两卷，兰登书屋）很经典，但有些太老了。奥布里·德·塞林科特（企鹅出版社）和戴维·格勒内（芝加哥大学出版社）的翻译更现代，更有可读性。

补充书目：J.B. 伯里的《古希腊历史学家》是其所在领域的经典，它不但包括希罗多德和修昔底德，而且还涵盖了其他希腊历史学家。也可以阅读约翰·L. 迈尔斯的《希罗多德：历史之父》。

9. 修昔底德：推荐由本杰明·乔伊特在《希腊历史学家》中翻译的《伯罗奔尼撒战争史》；由 F.R.B. 戈多尔芬（两卷，兰登书屋）编辑的版本；由理查德·利文斯顿（牛津大学出版社）编辑的版本；由雷克斯·沃纳（企鹅出版社）翻译的版本；由 J.H. 芬利引进、理查德·克劳利翻译的《作品全集》（现代丛书）。《修昔底德：伯罗奔尼撒战争的向导》，由罗伯特·B. 斯特拉斯勒编辑（自由出版社）；克劳利翻译的版本增加了大量的地图、评论和其他辅助材料。

补充书目：较权威的翻译本是戈姆、安德鲁斯、多弗的《修昔底德历史评论》（五卷），也可以阅读西蒙·霍恩布洛尔的《修昔底德》，W.R. 康纳的《修昔底德》，J.H. 芬利的《修昔底德》（第二版）。

10. 孙子：罗杰·埃姆斯翻译的《〈孙子〉：战争的艺术》（巴兰坦图书出版集团）和塞缪尔·B. 格里菲斯（牛津大学出版社）的版本等。莱昂内尔·贾尔斯于 1910 年翻译的版本仍然可用。

补充书目：拉尔夫·索耶的《武经七书》，包括孙子和其他几人的作品，并对他们有很好的介绍。罗杰·埃姆斯和拉尔夫·索耶都曾翻译过《孙子兵法》。

11. 阿里斯托芬：由威廉姆·阿罗史密斯翻译的集《鸟》《云》《黄蜂》于一本的版本（密歇根大学出版社）非常经典。海纳曼的两卷《戏剧》，班塔姆的《戏剧全集》。企鹅出版社出版的由艾伦·H. 佐默施泰因翻译的《吕西斯特拉忒等剧》。

补充书目：达纳·F. 萨顿的《古代喜剧：几代人的战争》；道格拉斯·M. 麦克道尔的《阿里斯托芬和雅典：戏剧介绍》；肯内特·麦克利什的《阿里斯托芬的戏剧》。

12. 柏拉图：乔伊特的翻译虽然有些过时，但依然很经典。他的两卷《戏剧全集》由拉斐尔·迪莫斯引进、兰登书屋出版。斯科特·布坎南编辑的《柏拉图简介》（维京出版社），包括乔伊特翻译的《普罗泰戈拉篇》《斐多篇》《会饮篇》《理想国》。看看乔伊特翻译的其他平装版书籍。其他优秀、更现代的翻译版本有弗朗西斯·M. 康福德翻译的《理想国》（牛津大学出版社），W.K. 格思里翻译的《普罗泰戈拉和美诺》（企鹅出版社），休·特里德尼克翻译的《苏格拉底最后的日子》（包括《欧西佛洛》《申辩篇》《克里托篇》《斐多篇》）（企鹅出版社）。

补充书目：雷克斯·沃纳，《希腊哲学家》；A.E. 泰勒，《柏拉图：柏拉图其人和作品》；G.C. 菲尔德，《柏拉图的哲学》；I.F. 斯通，《苏格拉底的审判》。

13. 亚里士多德：理查德·麦基翁编辑的《基本著作》（兰登书屋）；菲利普·惠尔赖特编辑的《亚里士多德选集》（奥德赛新闻）；理查德·麦基翁编辑的《亚里士多德简介》（现代丛书）；J.A. 汤姆森翻译的《伦理学》（企鹅出版社）；W.D. 罗斯翻译的《尼各马科伦理学》（牛津大学出版社）；J.A. 辛克莱翻译的《政治学》（企鹅出版社）；G.F. 埃尔斯引进的《诗学》（密歇根大学出版社）。

补充书目：莫蒂默·J. 阿德勒，《每个人心中的亚里士多德》；亚伯拉罕·埃德尔，《亚里士多德和他的哲学》。有关亚里士多德的书目是巨大的，可以咨询当地的图书馆。

14. 孟子：推荐以下几个翻译本：D.C. 劳（企鹅出版社，这是首选版本）；W.A.C.H. 多布森（牛津大学出版社）；詹姆斯·R. 韦尔（大将出版社）；莱昂内尔·贾尔斯（省略版，约翰·莫里出版公司）；詹姆斯·莱格的《中国经典》。

补充书目：冯友兰的《中国哲学简史》，由德克·博德翻译（两卷）；本杰明·I. 施瓦兹的《中国古代思想世界》。其他哲学家的翻译作品推荐亚瑟·韦利、D.C. 劳、维克托·梅尔、莫斯·罗伯茨翻译的老子的《道德经》；A.C. 格雷厄姆、伯顿·沃斯顿、维克托·梅尔翻译的庄子的作品；维克托·梅尔、Y.P. 梅伊翻译的墨子的作品。

15.《罗摩衍那》：最好的翻译版本是罗伯特·P. 戈德曼的《跋弥的罗摩衍那》（两卷，普林斯顿大学出版社）；哈里·P. 夏斯特里的《跋弥的罗摩衍那》（三卷，劳特利奇出版社）。优秀的删节版本有威廉·巴克的《罗摩衍那：国王罗摩的路》（加利福尼亚大学出版社），R.K. 纳拉扬（企鹅出版社）、奥布里·梅嫩（格林伍德图书）、C.V. 萨斯特里·拉奥（班加罗尔出版社）的版本等。

补充书目：推荐赫伯特·H. 高恩的《印度文学史》中罗摩衍那那一章。对印度古文化有兴趣的普通读者，可以阅读 A.L. 巴沙姆的经典作品《印度，奇迹》。

16.《摩诃婆罗多》：J.A.B. 范·比滕恩翻译的作品是大师级的，它对这部作品的介绍也很好（芝加哥大学出版社）。P. 拉尔的翻译很难找（加尔各答作家工作坊）。最好的译本为由让－克劳德·卡雷尔为法国彼德·布鲁克演出公司所写的剧本。R.K. 纳拉扬（视觉媒体）和查克拉瓦蒂·V. 纳拉辛汉（美国哥伦比亚大学出版社）的删节版很好。

补充书目:J.A.B. 范·比滕恩翻译的版本中的注释和评论都不错，也可以阅读 A.L. 巴沙姆的《印度，奇迹》。

17.《薄伽梵歌》: 最具有可读性的译本是巴巴拉 · 斯塔勒 · 米勒的《薄伽梵歌》(哥伦比亚大学出版社);埃利奥特·多伊奇的译本（霍尔特出版社、莱恩哈特出版社和温斯顿出版社)也很好。J.A.B. 范·比滕恩的《摩诃婆罗多中的薄伽梵歌》(芝加哥大学出版社）是一个很好的学术译本。富兰克林 · 埃杰顿（哈佛大学出版社）和 R.C. 策纳(人人图书馆）的译本也很好。

补充书目：巴巴拉 · 斯塔勒 · 米勒的版本以出色的介绍为特色；R.C. 策纳的版本有最好的文字评论。

18. 司马迁：只推荐一个英文版本——伯顿 · 沃森的《中国伟大历史》(两卷，哥伦比亚大学出版社；试着找一下 1993 年的修订版)。

补充书目：伯顿 · 沃森的《司马迁，伟大的中国历史学家》；查尔斯 · S. 加德纳的《中国传统史学》；W.G. 比斯利和 E.G. 普利布兰克编辑的《中国和日本的历史学家》。

19. 卢克莱修：罗纳德 · E. 莱瑟姆翻译的《物性论》(企鹅出版社);罗素·M. 吉尔翻译的《论自然》(鲍勃斯 – 麦利尔出版社);S. 帕尔梅 · 博维编辑的《万物本质论》(新美国图书馆）；安东尼 · M. 埃索恩的版本（约翰 · 霍普金斯大学出版社）；最好的是罗尔夫 · 汉弗莱斯翻译的《提图斯 · 卢克莱修 · 卡鲁斯的物性论》(印第安纳大学出版社)。

补充书目：乔治 · 桑塔亚那的《三位哲学诗人》中关于卢克莱修的一篇文章很好，除了卢克莱修，书中也有但丁和歌德的文章。要想对罗马有一般性的了解，可以阅读迈克尔 · 格兰特的《罗马历史》、R.H. 巴罗的《罗马人》、摩西 · 哈达什的《拉丁文学史》。

20. 维吉尔：罗尔夫 · 汉弗莱斯翻译的《埃涅阿斯纪》(斯克里布

纳出版公司)，另有罗伯特·菲茨杰拉德版（兰登书屋)，威廉姆·F.奈特版（企鹅出版社)，C.戴·刘易斯版（铁锚出版社)，艾伦·曼德尔鲍姆版（班坦图书公司)。菲茨杰拉德的版本备受赞扬。S.P.博维翻译的《农事诗》(芝加哥大学出版社)；以及艾伦·曼德尔鲍姆翻译的版本（加利福尼亚大学出版社)。

补充书目：G.海特的《山水诗人》；T.R.格洛弗的《维吉尔》。

21. 马可·奥勒留：朗翻译的《伊壁鸠鲁学派和斯多葛派哲学家》中的《沉思录》，由惠特尼·J.奥茨编辑。其他推荐G.M.格鲁贝（鲍勃斯－麦利尔出版社）和马克斯韦尔·斯塔尼福思翻译的版本（企鹅出版社)。

补充书目：可以阅读马修·阿莫德在《马可·奥勒留简介》中的著名篇章，由莱昂内尔·特里林编辑。最近的一个比较准确的传记是安东尼·伯利的《马可·奥勒留》。

22. 圣·奥古斯丁：推荐《圣·奥古斯丁基本著作选》中的《忏悔录》，由惠特尼·J.奥茨编辑（两卷，兰登书屋)。平装版，派因－科芬（企鹅出版社)、爱德华·B.普西（科利尔出版公司)、雷克斯·沃纳（大将出版社）翻译的版本都非常好。也可以阅读F.W.施特罗特曼编辑的《两个城市：从上帝之城选择》(温加尔出版社)。

补充书目：马丁·C.达西编辑的《圣·奥古斯丁：他的一生，处世和思想》；彼得·布朗的《希波的圣·奥古斯丁》；丽贝卡·韦斯特的才华横溢、颠覆传统的《圣·奥古斯丁》；沃伦·T.史密斯的《奥古斯丁：他的生活和思想》。

23. 迦梨陀娑：阿瑟·W.赖德翻译的《云使》和《沙恭达罗》(J.M.登特出版公司)，版本虽然老了，但是翻译得很美；钱德拉·拉詹翻译的《迦梨陀娑：时间织机，诗歌戏剧选》(企鹅出版社)。关于《沙恭达罗》的翻译，推荐巴巴拉·斯塔勒·米勒的《剧院的记忆：迦梨陀娑戏剧选》（哥伦比亚大学出版社）；P. 拉尔的《伟大的梵语戏剧：现代翻译》（新方向出版社）；迈克尔·库尔森的《三出梵语戏剧》（企鹅出版社）。富兰克林和埃莉诺·埃杰顿的《云使》是一个很好的诗歌翻译本（密歇根大学出版社）。

补充书目：玛丽·B. 哈里斯的《迦梨陀娑：自然诗人》；K. 克里希那穆提的《迦梨陀娑》；亨利·W. 韦尔斯的《印度古典戏剧》；阿瑟·B. 基思的著作《梵语戏剧》，有些老，但仍然有用。

24.《古兰经》：有很多英文版本，但值得注意的是，大多数教徒都不认同从阿拉伯原文翻译的版本。马默杜克·皮克索尔（新美国图书馆）、N.J. 达乌德（企鹅出版社）和阿瑟·J. 阿伯里（麦克米伦出版社）的版本都很让人满意。

补充书目：法鲁克·谢里夫的《古兰经内容指南》很有帮助，也可以阅读卡伦·阿姆斯特朗的《穆罕默德：先知的传记》。想大致了解，可以阅读阿尔伯特·胡拉尼的《阿拉伯人的历史》；伯纳德·刘易斯的《历史上的阿拉伯人和伊斯兰人》。

25. 惠能：陈荣捷翻译的《六祖坛经》（圣约翰大学出版社），以及菲利普·B. 扬波尔斯基的版本（哥伦比亚大学出版社）。

补充书目：陈观胜的《中国佛教：历史考察》和《佛教的中国化》，D.T. 铃木的《禅宗介绍》。

26. 菲尔多西：阿瑟·G. 沃纳和埃德蒙·沃纳翻译的《王书》是唯一一个完整的英文翻译版本，不幸的是，这是一首过时的无韵诗。鲁本·利维翻译的《国王的史诗》（劳特利奇出版社和基根·保罗出版社）是删节版。有两个非常好的翻译单集，杰尔姆·克林顿的《索赫拉卜和鲁斯塔姆的悲剧》（华盛顿大学出版社）和迪克·戴维斯的《塞耶韦斯传奇》（企鹅古典丛书）。

补充书目：迪克·戴维斯的《史诗和暴动：以菲尔多西的〈王书〉

为例》；奥尔加·M. 戴维森的《波斯国王书中的诗人和英雄》。

27. 清少纳言：伊凡·莫里斯翻译的《枕草子》（两卷，哥伦比亚大学出版社）完整而且优秀。

补充书目：伊凡·莫里斯的《光源氏的世界》中，关于平安时代宫廷生活的那一部分非常有可读性，这本书是关于清少纳言和《源氏物语》的最好的一般性介绍。

28. 紫式部：亚瑟·韦利翻译的《源氏物语》（现代丛书）很有名；爱德华·塞登斯蒂克（诺普夫出版社）的完整版更好。也可以阅读：理查德·鲍林的《紫式部：日记和诗意的回忆录》（普林斯顿大学出版社）。

补充书目：理查德·鲍林的《紫式部：源氏物语》对小说有个很好的纵览。也可以阅读：伊凡·莫里斯，《光源氏的世界》；白根春夫，《梦想的桥梁：源氏物语中的诗学》；安德鲁·派卡里克编辑的《浮舟：源氏物语中的爱》和《源氏物语》后几章的文章集。

29. 欧玛尔·海亚姆：菲茨杰拉德的翻译被广泛使用；企鹅出版社有一个很好的序言，由迪克·戴维斯撰写。作为英国诗歌作品，彼得·埃弗里和约翰·希思－斯塔布斯的翻译戏剧性不强，但是更忠于波斯原文。

补充书目：书非常少，可以阅读阿里·达什迪的《寻找欧玛尔·海亚姆》，由L.P. 埃尔维尔－萨顿翻译。

30. 但丁·阿利吉耶里：在《神曲》的众多的翻译中，推荐以下版本，约翰·恰尔迪版（诺顿图书出版公司）、托马斯·G. 伯金版（哈伦·戴维森出版社）、多萝西·塞耶斯版（企鹅出版社）、艾伦·曼德尔鲍姆版（加利福尼亚大学出版社）、罗伯特·平斯基版（法拉·施特劳斯出版社和吉洛克斯出版社）。查尔斯·S. 辛格尔顿（普林斯顿大学出版社）的翻译倾向于逐词逐句直译，但这样也有价值。也可以阅读巴巴拉·雷诺兹翻译的《新生活》（企鹅出版社），H.S. 施奈德翻译的《论世界帝国》（鲍勃斯－麦利尔出版社），还有《但丁简介》（维京出版社）。

补充书目：弗朗西斯·弗格森的《但丁》；托马斯·G. 伯金的《但丁》；杰斐逊·巴特勒·弗莱彻的《但丁》；乔治·桑塔亚那的《三位哲学诗人》中关于但丁的文章；T.S. 艾略特的《1917—1932 年散文选》中关于但丁的文章；罗宾·柯克帕特里克的《但丁：神曲》。优秀传记有 P.J. 基尼奥内斯的《阿利盖利·但丁》。

31. 罗贯中：最好的翻译是莫斯·罗伯特的《三国：一部历史小说》（加利福尼亚大学出版社）。邓罗教授翻译的《三国演义》（再版，塔特尔出版社），版本比较老了，但仍可以接受。

补充书目：夏志清的《中国古典小说导论》包含所有主要的中国小说。类似这本书但比较简短的，是 20 世纪中国第一流的作家鲁迅的《中国小说史略》，由杨宪益、戴乃迭翻译。

32. 杰弗雷·乔叟：W.W. 斯基特编辑的《全集》（牛津大学出版社）。内维尔·科格希尔（企鹅出版社）和戴维·莱特（古典书局）都翻译了《坎特伯雷故事集》。R.M. 卢明斯基（散文，华盛顿广场出版社）也翻译了他的作品。西奥多·莫里森编辑的《乔叟简介》（维京出版社），内维尔·科格希尔翻译的《特洛伊罗斯与克瑞西达》（企鹅出版社），内维尔·科格希尔编辑的《乔叟诗歌选集》（梅里马克杂志社）。

补充书目：约翰·利文斯顿·洛斯，《杰弗雷·乔叟》；麦基特·丘特，《英格兰的杰弗雷·乔叟》；D.S. 布鲁尔编辑的《乔叟》；G.G. 库尔顿，《乔叟和他的英格兰》；S.S. 赫西，《乔叟简介》；唐纳德·R. 霍华德，《乔叟》。

33. 《一千零一夜》：理查德·伯顿（十卷，1885 年；六卷补充本，

1886—1888 年）和约翰·佩恩（九卷，1882—1884 年；四卷补充本，1884—1888 年）的翻译很经典。此外还有很多删节版、重印本和适合儿童阅读的版本。

补充书目：罗伯特·欧文的《阿拉伯的夜晚》是对故事、历史翻译得极好的阅读指导。也可以阅读米亚·I. 格哈特的《讲故事的艺术：一千零一夜研究》和一部引人入胜的文学研究作品——彼得·L. 卡拉乔洛的《英国文学中的阿拉伯之夜》。

34. 尼可洛·马基雅维利：《君主论》有很多版本，包括大将出版社、牛津大学出版社、企鹅出版社、人人图书馆等出版的版本。

补充书目：最好的传记是 R. 里多尔菲撰写的《尼可洛·马基雅维利的一生》。较新的版本是昆廷·斯金纳的《马基雅维利》。

35. 弗朗索瓦·拉伯雷：推荐的版本是约翰·M. 科恩的《巨人传》（企鹅出版社）。也可以阅读企鹅出版社出版的《拉伯雷简介》，由塞缪尔·帕特南编辑。

补充书目：最好的传记作品是刘易斯·P. 罗奇翻译的让·普拉塔尔的《弗朗索瓦·拉伯雷的一生》，但很难找到，塞缪尔·帕特南的《拉伯雷》同样优秀。D.B. 温德姆·刘易斯的《拉伯雷医生》从天主教徒和幽默作家的角度，都为拉伯雷做了富有同情心的辩解。唐纳德·M. 弗雷姆的《弗朗索瓦·拉伯雷研究》是一本很好的介绍性书籍，米哈伊尔·巴赫京的《拉伯雷和他的世界》也很好。

36. 吴承恩，《西游记》：两个完整翻译版本是余国藩（四卷，芝加哥大学出版社）和 W.J.F. 詹纳尔（三卷，外文出版社）的。最受欢迎的版本是亚瑟·韦利的删节版《猴王》（约翰·戴公司；格鲁夫平装本）。

补充书目：夏志清的《中国古典小说》。即使你只读过韦利的删节版《猴王》，也要读一遍余国藩翻译的完整版本的序言。

37. 米歇尔·埃伊奎姆·德·蒙田：唐纳德·M. 弗雷姆翻译的《随笔集》(斯坦福大学出版社)。也可以阅读企鹅出版社出版的约翰·M. 科恩翻译的版本。新译本是M.A. 斯克里奇的《随笔集》和《随笔集》(二者都是由企鹅出版社出版)。

补充书目：最好的英文版传记是唐纳德·M. 弗雷姆的《蒙田》。马尔温·洛温塔尔的《米歇尔·埃伊奎姆·德·蒙田的传记》中除了随笔部分，一直在介绍蒙田的生平。弗雷姆的《蒙田》是一部严肃的学术作品。弗吉尼亚·伍尔夫在《普通读者》和拉尔夫·沃尔多·爱默森在《爱默森简介》中关于蒙田的文章都很经典。

38. 米盖尔·德·塞万提斯·萨维德拉：大将出版社的删节版《堂吉诃德》被普遍接受。企鹅出版社出版了《塞万提斯简介》，包含塞缪尔·帕特南的优秀翻译。也可以阅读斯塔基的翻译或科恩的版本(企鹅出版社)。

补充书目：关于塞万提斯的传记非常多。杰拉尔德·布雷南的《西班牙人民文学》关于塞万提斯的章节写得很好，值得完整地阅读一遍。以前的但仍有权威的传记有F. 菲茨莫里斯－凯利的《米盖尔·德·塞万提斯·萨维德拉：回忆录》。也可以阅读J.W. 克鲁奇的《五师》，马克·范·多伦的《堂吉诃德的职业》，A.F.G. 贝尔的《塞万提斯》，萨尔瓦多·德·马达里亚加的《堂吉诃德：心理学方面的介绍》，鲁道夫·谢维尔的《塞万提斯》，R.L. 普雷德莫的《塞万提斯》，威廉·拜伦的《塞万提斯》和M. 麦肯德里克的《塞万提斯》。

39. 威廉·莎士比亚：许多出版商提供平装版的单本戏剧，但一本优秀的完整版图书才值得购买，如S. 韦尔斯编辑的《威廉·莎士比亚作品全集》(牛津大学出版社)，W.A. 尼尔森和C.J. 希尔编辑的《诗歌戏剧全集》，哈丁·克雷奇编辑、克雷奇、戴维·贝文顿修订的版本和斯科特·弗里斯曼出版公司、企鹅出版社出版的版本等。《莎士比亚简介》(维京出版社)也是很好的选择。

补充书目:为了帮助读者阅读莎士比亚,下面列出一些书目,每一本都从不同角度描述莎士比亚,每一本都很有用:M.C. 布拉德布鲁克的《莎士比亚:他世界的诗人》;A.C. 布拉德利的《莎士比亚悲剧》;彼得·昆内尔的《莎士比亚》;《诺思罗普·弗莱评莎士比亚》;G.B. 哈里森的《介绍莎士比亚》;麦基特·丘特的《伦敦的莎士比亚》;安东尼·伯吉斯的《莎士比亚》;A. 尼科尔的《文艺复兴时代的莎士比亚》;S. 舍内鲍姆的《莎士比亚:全球和世界》。扬·科特的《莎士比亚——我们的同时代人》阐述了一个富有启发性的现代观点。

40. 约翰·多恩:企鹅出版社、亨德里克斯出版社出版的《英诗全选》,现代丛书的《诗歌、散文选》。

补充书目:具有权威性的传记是 R.C. 比德的《约翰·多恩的一生》。也可以阅读威尔伯·桑德斯的《约翰·多恩诗选》;J.B. 利什曼的《智慧的君主:约翰·多恩诗歌分析和比较研究》;埃德蒙·戈斯的《约翰·多恩的生平和作品》(两卷);H.I. 福赛特的《约翰·多恩,不和谐的研究》;乔治·威廉森的《多恩的传统》;西奥多·斯潘塞编辑的《约翰·多恩诗歌选》;T.S. 艾略特在他的《散文选》中,写的关于玄学派诗人的文章。

41.《金瓶梅》:芮效卫的第一卷翻译(普林斯顿大学出版社)在1997年初出版。同时,克莱门特·埃杰顿翻译的《金瓶梅》(劳特利奇和基根·保罗出版社,哥伦比亚大学出版社,由哥伦比亚大学出版社发行)也不错。亚瑟·韦利翻译的《金瓶梅:西门与其六妻妾奇情史》(由普特南集团匿名出版),删节得非常好。

补充书目:芮效卫的翻译本中,附录、简介、注释就是关于这部小说的最好评注。也可以阅读夏志清的《中国古典小说》。

42. 伽利略 · 伽利雷：斯蒂尔曼 · 德雷克翻译的《两大世界体系对话录》（加利福尼亚大学出版社）学术性强而且完整，序言是阿尔伯特 · 爱因斯坦写的。有个版本更适合读者阅读，但是非常难找，是一本根据 T. 索尔兹伯里翻译本删节的，由乔吉奥·德·桑提拉那编辑。也可以阅读由阿尔伯特 · 范 · 霍尔登翻译的《恒星使者》（芝加哥大学出版社）。

补充书目：詹姆斯 · 赖斯顿的《伽利略的一生》；乔吉奥 · 德 · 桑提拉那的《伽利略事件》；马里奥 · 比亚焦利的《廷臣伽利略：专制主义文化中的科学实践》。

43. 托马斯 · 霍布斯：鲍勃斯 – 麦利尔出版社、人人图书馆、鹈鹕出版公司（企鹅出版社）、科利尔出版公司出版的《利维坦》。

补充书目：理查德·彼得斯和 D.D. 拉斐尔的《霍布斯》。巴兹尔·威利的《17 世纪》，提到了霍布斯、笛卡儿、弥尔顿和洛克。

44. 勒内 · 笛卡儿：人人图书馆、企鹅出版社、鲍勃斯 – 麦利尔出版社出版的《方法论》；哥伦比亚大学出版社出版的两卷《哲学著作》。

补充书目：为充分了解作者及其著作，可以阅读 J.R. 弗鲁曼的《笛卡儿传记》。也可以阅读伯纳德 · 威廉斯的《笛卡儿：纯粹研究方案》和迪朗的《哲学的故事》、伯特兰·罗素的《西方哲学史》的有关章节。

45. 约翰 · 弥尔顿：大将出版社的《失乐园及其他诗歌》；霍尔特出版社的《失乐园及散文诗歌选》；企鹅出版社的《弥尔顿简介》。其他版本都很容易找到。

补充书目：内容比较全面的传记是 W.R. 帕克的《弥尔顿》（两卷）。较短的传记类书籍有 J.H. 汉福德的《英国人约翰·弥尔顿》；罗斯·麦考利的《弥尔顿》。也可以阅读戴维·戴希斯的《弥尔顿》；E.M.W. 蒂利亚德的《弥尔顿》（麦克米伦出版社）；巴兹尔 · 威利的《17 世纪》

第十章；T.S. 艾略特的《诗歌和诗人》中关于弥尔顿的两篇有趣的文章。

46. 莫里哀：企鹅出版社编辑出版的唐纳德·弗雷姆翻译的一本合订本，一卷包含《达尔杜弗》和其他六部重要戏剧；另一卷包含《厌世者》等戏剧。另一个更标新立异的译本是理查德·威尔伯的。哈考特·布雷斯的《厌世者》(还有《达尔杜弗》)、《太太学堂》在不同卷中。企鹅出版社出版了两卷约翰·伍德的翻译，包括一些最知名的戏剧，但是想了解莫里哀的最好方法就是先学习法语。

补充书目：W.D. 豪沃思的《莫里哀：一位剧作家和他的听众》；J.L. 帕尔的《莫里哀生平及作品》；格特鲁德·曼德的《莫里哀》；D.B.W. 刘易斯的《莫里哀：可笑的面具》。

47. 布莱斯·帕斯卡：企鹅出版社出版的《思想录》；哈伦·戴维森出版社出版的《文选》。

补充书目：琼·梅纳尔的《帕斯卡生平及作品》和《帕斯卡》比较权威。也可以阅读莫里斯·毕晓普的《帕斯卡：天才的一生》；A.G. 克莱尔希默的《帕斯卡》；T.S. 艾略特的《散文选》中关于帕斯卡的文章。

48. 约翰·班扬：平装本《天路历程》很好找到，霍尔特出版社、莱恩哈特出版社和温斯顿出版社等出版了方便、易携带的版本。

补充书目：G.B. 哈里森的《班扬：人格研究》；R. 沙罗克编辑的《约翰·班扬》；O.E. 温斯洛的《约翰·班扬》大概是最有用的传记。

49. 约翰·洛克：鲍勃斯－麦利尔出版社出版的《再论政府》；人人图书馆、科利尔出版公司等出版的《人类理解论》。

补充书目：D.J.O. 康纳的《约翰·洛克》；R.I. 阿龙的《约翰·洛克》。莫里斯·克兰斯顿的《约翰·洛克传》是一本很好的书。也可以阅读 J.W. 约尔顿编辑的《阅读洛克》和 S.P. 兰普雷克特编辑的《洛克文选》。

50. 松尾芭蕉：有很多翻译，汤浅信行的《奥州小道》（企鹅出版社）是最好的翻译作品之一。也可以阅读萨姆·哈米尔翻译的《奥州小道》，卢西恩·斯特里克的《芭蕉俳句》（企鹅出版社）和上田信的《芭蕉俳句注释》（斯坦福大学出版社）。

补充书目：上田信的《松尾芭蕉》和罗伯特·艾特肯的《芭蕉俳句和禅宗》。

51. 丹尼尔·笛福：华盛顿广场出版社、企鹅出版社等出版的平装本《鲁滨孙漂流记》都不错。莱因哈特出版公司等出版的《摩尔·弗兰德斯》、牛津大学出版社出版的《罗克萨娜》也很好。

补充书目：最全面的传记是J.R. 穆尔的《丹尼尔·笛福，现代世界公民》。也可以阅读詹姆斯·萨瑟兰的《笛福》和弗吉尼亚·伍尔夫《普通读者》中的相关文章。

52. 乔纳森·斯威夫特：戴尔出版集团、莱因哈特出版公司、牛津大学出版社等出版的《格列佛游记》都很好。卡尔·范·多伦编辑的《斯威夫特简介》（维京出版社）包含一系列精心挑选的诗歌和散文作品。

补充书目：关于传记类作品，可以阅读I. 埃伦普赖斯的《斯威夫特其人、作品和他的时代》（两卷）。也可以阅读卡尔·范·多伦的《斯威夫特》；R. 昆塔纳的《乔纳森·斯威夫特的思想和艺术》；戴维·沃德的《乔纳森·斯威夫特介绍》。

53. 伏尔泰：《老实人》广泛流传。现代图书馆出版的版本包含了其他作品。本·雷德曼的《伏尔泰简介》（维京出版社）是一本很好的作品集。读者也能找到彼得·盖伊翻译的《哲学辞典》。

补充书目：最好的英文翻译版本大概是贝特斯曼的《伏尔泰》。也可以阅读理查德·奥尔丁顿的《伏尔泰》；弗吉尔·W. 安德鲁斯的《伏尔泰》；H.N. 贝雷斯福德的《伏尔泰》。A.J. 艾尔的《伏尔泰》聪明地处理了他不太知名的作品。佩顿 · E. 里克特和伊洛纳 · 里卡多的《伏尔泰》是很好的介绍性传记。

54．大卫 · 休谟:《人类理解研究》，牛津大学出版社等。

补充书目：E.C. 莫斯纳的《大卫 · 休谟的一生》是一本比较权威的传记。J.Y.T. 格雷格的《大卫·休谟》更短。也可以阅读巴里·斯特劳德的《休谟》；K.R. 梅里尔和 R.W. 谢安编辑的《大卫 · 休谟：多面天才》；A.J. 艾尔的《休谟》。

55．亨利·菲尔丁:《汤姆·琼斯》和《约瑟夫·安德鲁传》广泛流传。人人图书馆等出版了《大伟人乔纳森 · 菲尔德传》。

补充书目：标准传记是 F. 霍梅斯 · 杜登的两卷《亨利 · 菲尔丁的一生，作品和那个时代》。萨克莱写的关于菲尔丁的评价很好，但是太老式了，可以阅读他的《18 世纪的英国滑稽家》。同样有用的是罗纳德 · 保尔森编辑的《菲尔丁评论集》，以及安德鲁 · 赖特的《亨利 · 菲尔丁，面具和盛宴》。

56. 曹雪芹：最好的英文翻译本《红楼梦》是大卫 · 霍克斯（和约翰 · 闵福德）的《石头记》(五卷，企鹅出版社)。杨宪益和戴乃迭合译的《红楼梦》(三卷,外文出版社) 也很好。王际真（铁锚出版社）的删节版不是特别好，但是马克 · 范 · 多伦写的序言很有趣。弗洛伦斯和伊莎贝尔 · 麦克林（万神殿出版社）是从弗朗兹 · 库恩的德语本翻译过来的，这个删节版非常好，值得阅读，但是要注意它已经对原版做了两次改动。

补充书目：珍妮 · 诺爱尔的《红楼梦评介》，提供了关于书籍的很好的介绍；安德鲁 · H. 浦安迪《〈红楼梦〉中的原型和寓意》，提供了很多新奇的见解。

57. 让 – 雅克 · 卢梭：企鹅出版社出版的 J.M. 科恩翻译的《忏

悔录》很好。华盛顿广场出版社出版了《社会契约论》和《论人类不平等的起源和基础》。

补充书目：传记类推荐琼·盖埃诺的《让－雅克·卢梭》。也可以阅读彼得·弗朗斯的《卢梭：忏悔录》；莫里斯·克兰斯顿的《让－雅克·卢梭：早期生活和作品，1712—1754年》。想看对卢梭的经典批评，可以阅读白壁德的《卢梭和浪漫主义》。

58. 劳伦斯·斯特恩：牛津大学出版社、企鹅出版社、诺顿图书出版公司等都出版了《项狄传》。哈佛大学出版社出版的版本包含了《感伤的旅行》和《演讲、文章选集》。企鹅出版社、人人图书馆出版了《感伤的旅行》。

补充书目：阿瑟·H. 卡什的《劳伦斯·斯特恩》（两卷）。也可以阅读弗吉尼亚·伍尔夫的《普通读者 II》中关于《感伤的旅行》的内容。这本书还包含《鲁滨孙漂流记》、斯威夫特的《致史黛拉书》、托马斯·哈代的小说等内容。

59. 詹姆斯·博斯韦尔：企鹅出版社、现代图书馆、印章出版社等出版了《塞缪尔·约翰逊传》。麦格劳－希尔出版公司出版了博斯韦尔的《档案》。牛津大学出版社出版了博斯韦尔有趣的《赫布里底群岛旅行日记》一书。

补充书目：麦格劳－希尔出版公司出版了多卷的《詹姆斯·博斯韦尔档案》，主要由弗雷德里克·波特编辑，包含波特的一篇重要作品《詹姆斯·博斯韦尔的早年生活，1740—1769年》。耶鲁系列的第一卷《博斯韦尔的伦敦之旅，1762—1763年》非常吸引人。关于这位作家的其他研究有赫斯基思·皮尔逊的《约翰逊和博斯韦尔》、温德姆·刘易斯的《詹姆斯·博斯韦尔的一生》、C.B. 廷克的《年轻的博斯韦尔》。

60. 《美国历史基本文献》：由理查德·B. 莫里斯编辑。

补充书目：为了了解美国历史并对有关记录进行讨论，读者可以阅读理查德·霍夫施塔特的《美国历史上的重大事件》(两卷)。有关宣言方面，可以阅读卡尔·贝克尔的《独立宣言》。有关制定宪法方面，可以阅读卡尔·范·多伦的《伟大的演习》，也可以阅读加里·威尔斯的《美国》和波利娜·梅尔的《美国圣经》。

61.《联邦党人文集》：罗西特编辑的《联邦党人文集》被保存在新美国图书馆中。哈佛大学出版社、现代图书馆、班坦图书公司也出版了很好的版本。亨利·S.康马杰编辑了《联邦党人文选》。

补充书目：伯纳德·贝林编辑的纲要《关于宪法的辩论：联邦党人和反联邦党人的演讲》《斗争期间的文章和书信》(美国图书馆／维京出版社)非常好。

62.约翰·沃尔夫冈·冯·歌德：牛津大学出版社出版的优秀诗人路易斯·麦克尼斯的删节版《浮士德》(两部)。同时向读者推荐沃尔特·考夫曼翻译的版本(铁锚出版社，两部)；C.F.麦金太尔(新方向出版社)翻译的第一部、兰德尔·贾雷尔(法拉·施特劳斯出版社)翻译的第一部和戴维·卢克(世界经典)翻译的第一部。避免陈旧的贝亚德·泰勒的版本。斯蒂芬·斯彭德编辑的《歌德著作》(新美国图书馆)包含了麦克尼斯的《浮士德》的第一部和其他值得阅读的作品。

补充书目：G.W.刘易斯的《歌德的一生和作品》；乔治·桑塔亚那的《三位哲学诗人》中关于歌德的文章；尼古拉斯·博伊尔的《浮士德》第一部分。埃米尔·路德维格的《歌德，一个人的历史，1749—1832年》是一部可读性强、受欢迎的传记。

63.威廉·布莱克：牛津大学出版社的《威廉·布莱克全集》是一个很好的版本。企鹅出版社出版的《诗歌全集》和阿尔弗雷德·卡津编辑的《布莱克简介》都很好。

补充书目:莫纳·威尔逊的《威廉·布莱克的一生》;S. 福斯特·戴蒙的《威廉·布莱克:他的哲学和信仰》;马克·肖勒的《威廉·布莱克》;T.S. 艾略特在《诗选》中关于威廉·布莱克的文章;雅各布·布罗诺夫斯基的《威廉·布莱克和革命时代》;诺思罗普·弗赖伊的《可怕的对称:威廉·布莱克研究》。一个研究布莱克的优秀学者凯瑟琳·J. 雷恩写了一份调查《布莱克和传统》(两卷),也可以阅读她的《威廉·布莱克》。最新研究是彼得·阿克罗伊德的《布莱克》。

64. 威廉·华兹华斯:最好的价格适中的版本是牛津大学出版社出版的《诗意作品的介绍和说明》,不太全面但也很好的版本有里弗赛德出版社出版的《诗歌、前言选》;现代图书馆出版的《诗歌选集》,由马克·范·多伦编辑。

补充书目:想看比较权威的传记,可以阅读哈珀的《威廉·华兹华斯的一生,作品和影响》(两卷)。也可以阅读玛丽·穆尔曼的《威廉·华兹华斯传》(两卷)和亨特·戴维斯的《威廉·华兹华斯》。想看对他的各种评价,可以阅读 H.I. 福塞特的《失去的领袖:华兹华斯研究》、H.W. 加罗德的《华兹华斯演讲和文章》、科尔里奇的《文学传记》、J. 华兹华斯的《人类的音乐》、马修·阿诺德的《评论文选》。

65. 塞缪尔·泰勒·柯勒律治:现代图书馆出版了《诗歌、散文选》;牛津大学出版社出版了《诗歌集》;企鹅出版社出版了《柯勒律治简介》;人人图书馆出版了《文学传记》。

补充书目:奥斯瓦尔德·道蒂的《被扰乱的精神:塞缪尔·泰勒·柯勒律治的一生和精神》,另一本很好的简介翻译本是 W.J. 贝特的《柯勒律治》。E.K. 钱伯斯的《塞缪尔·泰勒·柯勒律治》更全面,可是有些过时了。也可以阅读劳伦斯·汉森的《塞缪尔·泰勒·柯勒律治的一生》。在个人如何看待柯勒律治的天才和主要作品方面,最好的书是约翰·利文斯顿·洛斯的《世外桃源之路》。也可以阅读托马斯·德昆西的《英国湖畔诗人回忆》，以对柯勒律治有所了解；I.A. 理查兹的《想象中的柯勒律治》；巴兹尔·威利的《塞缪尔·泰勒·柯勒律治》；S. 普里克特的《柯勒律治和华兹华斯，成长的诗》。

66. 简·奥斯汀：哪里都可以看到《傲慢与偏见》，推荐以下几个版本：现代图书馆出版的《傲慢与偏见》《理智与情感》的合集，由戴维·达契斯作序；里弗塞德出版公司出版的《爱玛》，由卓越的评论家莱昂内尔·特里林作序；R.W. 查普曼编辑的（牛津大学出版社）版本共六卷，包含一些不太重要的作品。

补充书目：较权威的传记是 W. 奥斯汀－利和 R.A. 奥斯汀－利的《简·奥斯汀的一生和信件》。也可以阅读伊丽莎白·詹金斯的《简·奥斯汀》，弗吉尼亚·伍尔夫的《普通读者》中的相关文章，玛甘尼塔·拉斯基《简·奥斯汀和她的世界》，约翰·霍尔珀林的《简·奥斯汀的一生》，托尼·坦纳的《简·奥斯汀》，玛丽·拉赛尔斯的《简·奥斯汀》和戴维·塞西尔《简·奥斯汀的肖像》，还有两部新传记：瓦莱丽·格罗夫纳·迈尔的《简·奥斯汀，倔强的心》和戴维·努克斯的《简·奥斯汀的一生》。

67. 司汤达：班坦图书公司出版的洛厄尔·贝尔翻译的《红与黑》，印章出版社的版本都很好。企鹅出版社出版的《巴马修道院》，印章出版社出版的 C.K. 斯科特－蒙克里夫翻译的版本更好。芝加哥大学出版社出版的《亨利·贝尔的一生，司汤达自传》。

补充书目：想看较权威的英文版传记，阅读马修·约瑟夫森的《司汤达》。马丁·特尼尔的《法国小说》，包含了对司汤达、巴尔扎克、福楼拜、普鲁斯特的分析。洛厄尔·贝尔翻译的《红与黑》包含了一篇较长的克里夫顿·费迪曼的序言。也可以阅读哈里·莱文的《法国现实主义者的研究》、斯托姆·詹姆森的《司汤达》。

68. 奥诺雷·德·巴尔扎克：印章出版社、企鹅出版社等出版的《高老头》都很好。企鹅出版社、人人图书馆出版的《欧也妮·葛朗台》。企鹅出版社出版的《贝姨》。

补充书目：以下是一些优秀传记和学术性书籍：V.S. 普里切特的《巴尔扎克》，安德烈·莫鲁瓦的《普罗米修斯：巴尔扎克的一生》；赫伯特·J. 亨特的《奥诺雷·德·巴尔扎克》；斯蒂芬·茨威格的《巴尔扎克》。如果读者想看较短的学术性书籍，可以阅读哈里·莱文的《走向巴尔扎克》和亨利·詹姆斯的《小说的未来》中有关巴尔扎克的内容，由利昂·埃德尔编辑。《小说的未来》也包含有关托尔斯泰、福楼拜、屠格涅夫、康拉德的文章。

69. 拉尔夫·沃尔多·爱默生：企鹅出版社、人人图书馆、现代图书馆、印章出版社、里弗塞德出版公司出版的《爱默生选集》都很好。美国图书馆有一本爱默生的《散文和演讲》精选集。

补充书目：较权威的翻译本是 R.L. 鲁斯克的《拉尔夫·沃尔多·爱默生的一生》。也可以阅读刘易斯·利里的《拉尔夫·沃尔多·爱默生，说明文》；范怀克·布鲁克斯的《新英格兰繁荣时期》；F.O. 马西森的《美国文艺复兴》；布利斯·佩里编辑的《爱默生日记精华》；乔治·桑塔亚那的《诗歌、宗教诠释》；肯尼思·沃尔特·卡梅伦的《散文家爱默生》；史蒂芬·E. 惠彻的《自由和命运：拉尔夫·沃尔多·爱默生的内心生活》。也可以阅读卡洛斯·贝克的《爱默生》和最近出版的罗伯特·D. 理查森、巴里·莫泽的《爱默生：充满激情的思想家》。

70. 纳撒尼尔·霍桑：市场上有很多版本。企鹅出版社出版了《霍桑简介》，兰登书屋出版了《短篇故事集》，美国图书馆出版了一卷装的《小说集》，还有出版社出版了《霍桑随笔和故事集》。

补充书目：19 世纪中期的美国作家 F.O. 马西森的著作《美国文艺复兴》是一本优秀的评论作品（但是需要集中注意力）。这本书主要是关于霍桑、麦尔维尔、梭罗、惠特曼几位作家的，提供了关于爱伦·坡的大量材料。推荐阅读以下作品：马克·范·多伦的《纳撒尼尔·霍桑评论性传记》；兰德尔·斯图尔特的《纳撒尼尔·霍桑传》。也可以阅读亨利·詹姆斯的研究《霍桑，1879年》；海厄特·H.瓦戈纳的《纳撒尼尔·霍桑评论性研究》；J.R.梅洛的《纳撒尼尔·霍桑和他的时代》；阿林·特纳的《霍桑传》。

71. 亚历克西斯·德·托克维尔：菲利普斯·布拉德利编辑的《论美国的民主》是最好的版本。兰登出版社出版了两卷版的《论美国的民主》，铁锚出版社出版了一卷，大将出版社出版了一个很好的删节版本。

补充书目：一本优秀传记是J.P.迈耶的《亚历克西斯·德·托克维尔，政治学传记》。仔细阅读菲利普斯·布拉德利为他不朽的两卷《论美国的民主》写的序言。也可以阅读G.W.皮尔逊《亚历克西斯·德·托克维尔，美国之旅》。

72. 约翰·斯图尔特·穆勒：鲍勃斯－麦利尔出版社、诺顿图书出版公司出版了《论自由》。牛津大学出版社出版了《三篇文章》（《论自由》《妇女的从属地位》《政府论》）。哥伦比亚大学出版社和里弗塞德出版公司出版了《自传》。

补充书目：莫里斯·克兰斯顿的《J.S.穆勒》；迈克尔·圣约翰·帕克的《约翰·斯图尔特·穆勒的一生》是最完整的说明；E.R.奥古斯特的《约翰·斯图尔特·穆勒》；J.普拉梅纳茨的《英国实用主义者》。

73. 查尔斯·达尔文：《物种起源》（哈佛大学出版社，企鹅出版社），《人类的由来》（普林斯顿大学出版社，企鹅出版社），R.D.凯恩斯编辑的《贝格尔号纪行》（剑桥大学出版社），《探索之旅，贝格尔号远行期间》（更多人知道的是比较短的名字《贝格尔号纪行》，约翰·莫里出版公司出版），诺拉·巴洛编辑的《查尔斯·达尔文传》（哈珀·柯林斯出版集团)。剑桥大学出版社出版的《书信全集》和《学术性航海日记》，由弗雷德里克·伯克哈特编辑。

补充书目:格特鲁德·海默尔法布,《达尔文和进化论》;珍妮特·布朗,《查尔斯·达尔文传》(两卷);阿德里安·德斯蒙德和詹姆斯·穆尔的《达尔文，一个备受折磨的进化论者的生活》；约翰·鲍尔比的《查尔斯·达尔文，新生活》；彼得·J. 鲍勒的《查尔斯·达尔文及其影响》。关于进化论，可以阅读理查德·道金斯的《盲眼钟表匠》。

74. 尼古拉·瓦西里耶维奇·果戈理：由伯纳德·吉伯特·格尔尼翻译的《死魂灵》(霍尔特出版社、莱因哈特出版社)也许很难找到。其他优秀版本有企鹅出版社、诺顿图书出版公司等出版的版本。印章出版社出版了《狂人日记和其他故事》;诺顿图书出版公司出版了《外套和其他善恶故事》；芝加哥大学出版社出版了《尼古拉·瓦西里耶维奇·果戈理故事集》。

补充书目:想了解果戈理、陀思妥耶夫斯基、屠格涅夫、托尔斯泰、契诃夫,可以阅读马克·斯洛宁的《俄罗斯文学概要》。想更了解果戈理,可以阅读弗拉基米尔·纳博科夫的不合常规却很有趣的《尼古拉·瓦西里耶维奇·果戈理》;J. 拉夫林的《果戈理》;V. 埃利希的《果戈理》;杰西·泽尔丁的《果戈理对美的追求，作品探索》;V. 谢捷切卡雷夫的《果戈理的一生和工作》; D. 玛加尔萨斯科的《果戈理的一生》。

75. 埃德加·爱伦·坡：兰登书屋出版了《诗歌、故事全集》。其他实用版本有印章出版社、人人图书馆等出版的版本。维京出版社出版了《爱伦·坡简介》。美国图书馆出版了《诗歌、故事集》和《随笔和评论集》。

补充书目：权威传记是阿瑟·H. 奎因的《埃德加·爱伦·坡评论性传记》。也可以阅读约瑟夫·伍德·克鲁奇的《埃德加·爱伦·坡，一个天才的研究》、爱德华·瓦根克内希特的《爱伦·坡，背后的传奇》，康斯坦丝·波普－亨尼西的《爱伦·坡，评论性传记，1809—1849年》，佩里·米勒的《乌鸦和鲸鱼》、威廉姆·L.霍华德编辑的《20世纪爱伦·坡作品解读》和罗杰·阿瑟利诺的《埃德加·爱伦·坡》。

76. 威廉·梅克匹斯·萨克雷：《名利场》在市面上很常见。现代图书馆、牛津大学出版社、企鹅出版社、里弗塞德出版公司的版本都很好。企鹅出版社出版的《亨利·埃斯蒙德》也很好。《18世纪的英国滑稽家》里面有对一些作家的有趣的评价。

补充书目：推荐《萨克雷，苦尽甘来，1811—1846年》和《萨克雷，智慧的时代，1811—1846年》。安·蒙萨拉特的《动荡不安的维多利亚时期》。一本很好的批判性学术书籍是杰弗里·蒂洛森的《小说家萨克雷》。也可以阅读约翰·凯里的《萨克雷，浪子天才》。

77. 查尔斯·狄更斯：他的各种主要作品都有纸质版。牛津大学出版社出版了全套的狄更斯小说精装版。

补充书目：埃德加·约翰逊的传记《查尔斯·狄更斯，他的悲剧和胜利》比较全面。有关狄更斯的文学作品非常丰富，以下是些很有趣的论述，F.R.利维斯和Q.D.利维斯的《小说家狄更斯》，汉弗莱·豪斯的《狄更斯的世界》，安格斯·威尔逊的《查尔斯·狄更斯的世界》，埃德蒙·威尔逊在《创伤与箭》中的先锋文章《狄更斯，两个吝啬鬼》，J.希利斯·米勒的《查尔斯·狄更斯小说的世界》，G.K.切斯特顿《查尔斯·狄更斯，批判性研究》，乔治·奥韦尔的《狄更斯》。

78. 安东尼·特罗洛普：企鹅出版社几乎出版了他的所有小说，牛津大学出版社、人人图书馆出版了他的大多数小说。

补充书目：维多利亚·格伦迪宁，《安东尼·特罗洛普》；罗伯特·H.索珀，《安东尼·特罗洛普的一生》；N.约翰·哈勒，《特罗洛普传》。伊丽莎白·鲍恩的《对安东尼·特罗洛普的新看法》版本有些老但是还很有趣。也可以阅读詹姆斯·R. 金凯德的《安东尼·特罗洛普小说选》。

79. 勃朗特姐妹：艾米莉的《呼啸山庄》有很多版本，由里弗塞德出版公司出版、V.S. 普里切特编辑的版本，由企鹅出版社出版、戴维·戴希斯编辑的版本，这两个版本有些特别之处。企鹅出版社也出版了夏洛蒂的《简·爱》和安妮的《女房客》。《简·爱》在市面上很常见。

补充书目：在伊丽莎白·加斯克尔的《夏洛蒂·勃朗特》中，有整个家族的有趣照片。也可以阅读梅里埃尔·斯帕克的《艾米莉·勃朗特的一生和作品》。其他有益的作品有艾琳·库珀·威利斯的《勃朗特一家》、托马斯·温尼弗里思的《勃朗特一家》、威妮弗雷德·热兰的《艾米莉·勃朗特传》和朱丽叶·巴克的《勃朗特一家》。

80. 亨利·大卫·梭罗:《瓦尔登湖》值得一读。大多数版本包括《和平抗争》。企鹅出版社出版了《梭罗简介》和《河岸周记》；班坦图书公司出版了《瓦尔登湖及其他作品》，由 J.W. 克鲁奇编辑。美国图书馆出版了一厚本梭罗的主要作品。梭罗的作品《种子的信仰》（岛屿出版社）非常有趣。

补充书目：沃尔特·哈丁的传记《亨利·梭罗的日子》非常好。也可以阅读理查德·勒博斯的《青年梭罗》；R.T. 理查森的《亨利·梭罗的心灵生活》；舍曼·保罗的《美国海岸:梭罗的向内探索》；H.S. 坎比的《梭罗》。

81. 伊凡·谢尔盖耶维奇·屠格涅夫：美国图书馆、诺顿图书出版公司、印章出版社、企鹅出版社、班坦图书公司出版了《父与子》。企鹅出版社也出版了《猎人笔记》。

补充书目：A. 亚尔莫林斯基的《屠格涅夫作品和他的年代》、V.S. 普里切特的《屠格涅夫评传》、L.B. 夏皮罗的《屠格涅夫和他的时代》和D. 马格沙克的《屠格涅夫的一生》。埃德蒙·威尔逊的《文学回忆录和自传片段》（人人图书馆）是一本关于屠格涅夫的有趣的长篇介绍。

82. 卡尔 · 马克思和弗里德里希 · 恩格斯：有很多版本的《共产党宣言》，企鹅出版社出版了一本轻便、可携带的版本。国际出版公司出版了《马克思、恩格斯文选》。读者也可能想阅读他们最伟大的作品《资本论》。

补充书目：较权威的传记是弗朗兹 · 梅林的《卡尔 · 马克思的一生》。也可以阅读S.K. 帕多弗的《卡尔 · 马克思传》、悉尼 · 胡克的《马克思和马克思主义者》。以赛亚 · 伯林的《卡尔 · 马克思的一生和环境》最为短小精悍。要了解马克思和他的思想，阅读R.H. 海尔布龙纳的《世俗的哲学家》、雅克·巴曾的《达尔文，马克思，瓦格纳》、J.K. 加尔布雷思的《经济史》。布鲁斯 · 马兹利什的《马克思》是一本杰出的心理学研究著作。

83. 赫尔曼 · 麦尔维尔：有很多版本的《白鲸》。里弗塞德出版公司出版了一个非常好的版本，由著名学者阿尔弗雷德 · 卡津编辑。企鹅出版社出版了《麦尔维尔简介》，永青出版社出版了《短篇故事精选》，包含《代笔者巴特贝》。印章出版社、凤凰出版社出版了《比利·巴德》。美国图书馆出版了三卷的《麦尔维尔》，包含了他的主要作品。

补充书目：以下是一些有趣的传记：利昂 · 霍华德的《赫尔曼 · 麦尔维尔传》、牛顿·阿尔文的《赫尔曼·麦尔维尔》、理查德·蔡斯的《赫尔曼·麦尔维尔，批判性研究》、W.E. 塞奇威克的《赫尔曼·麦尔维尔，思想的悲剧》、刘易斯 · 穆尼福德的《赫尔曼 · 麦尔维尔》、A.R. 汉弗莱斯的《麦尔维尔》、范怀克·布鲁克斯的《麦尔维尔和怀特曼的时代》和杰伊 · 莱达的《麦尔维尔的一生》。最近新出版了两部传记，分别是劳里·罗伯逊－洛伦特的《麦尔维尔传》和赫舍尔·帕克较权威的《赫尔曼·麦尔维尔传》(第一卷)。

84. 乔治·艾略特:《弗洛斯河上的磨坊》《米德尔马契》《亚当·比德》在市面上很常见。里弗塞德出版公司出版的版本由著名的研究艾略特的学者G.S. 海特编辑。企鹅出版社、印章出版社出版了《丹尼尔的半生缘》。

补充书目：较权威的是戈登·S. 海特的《乔治·艾略特传》。另一个非常好的版本是罗斯玛丽·阿什顿最新撰写的《乔治·艾略特》。想了解有关他的尖锐批评，可以阅读琼·本内特的《乔治·艾略特的思想和艺术》、芭芭拉·哈迪的《乔治·艾略特的小说形式研究》。也可以阅读R.T. 琼斯的《乔治·艾略特》;玛甘尼塔·拉斯基的《乔治·艾略特和她的世界》；劳伦斯和伊丽莎白·汉森的《玛丽安·伊万斯和乔治·艾略特》。以下几本书提供了关于艾略特的其他观点：弗吉尼亚·伍尔夫的《普通读者》、F.R. 利维斯的《伟大的传统》、戴维·塞西尔的《维多利亚时期的小说家》和亨利·詹姆斯的《部分画像》。吉利恩·比尔的《乔治·艾略特》提供了有关女权主义者的有趣分析。

85. 沃尔特·惠特曼：里弗塞德出版公司出版了《诗歌散文集》。企鹅出版社出版了一本非常好的《惠特曼简介》。《草叶集》有很多版本，美国图书馆出版了一卷《诗歌和散文》。

补充书目:戴维·S. 雷诺兹的《惠特曼的美国》。盖伊·威尔逊·艾伦的《孤独的歌手》是一本非常好的传记。其他好书有贾斯廷·卡普兰的《沃尔特·惠特曼的一生》、H.S. 坎比的《美国人沃尔特·惠特曼》、埃默里·霍洛韦的《惠特曼的叙事解释》。也可以阅读理查德·蔡斯的《沃尔特·惠特曼》、保罗·茨威格的《沃尔特·惠特曼，诗人的决策》以及D.H. 劳伦斯在《美国古典文学研究》中写的有关惠特曼的内容。

86. 古斯塔夫·福楼拜：推荐现代图书馆出版的由弗朗西斯·斯

蒂格马勒翻译的《包法利夫人》。其他可以接受的是班坦图书公司、印章出版社、企鹅出版社、里弗塞德出版公司出版的《包法利夫人》。企鹅出版社出版了《三故事》，由罗伯特·鲍尔迪克翻译。也可以阅读《萨朗波》和《福楼拜在埃及》，都由斯蒂格马勒翻译，企鹅出版社出版。

补充书目：一本让人满意的英文版传记是P. 斯潘塞的《福楼拜传》。伊妮德·斯塔基的《福楼拜，主人的决策》和弗朗西斯·斯蒂格马勒的《福楼拜和包法利夫人》都是优秀的研究性作品。也可以阅读B.F. 巴特的《福楼拜》。芝加哥大学出版社已经出版了让-保罗·萨特的才华横溢但是风格特殊、没有完成的作品《家庭白痴古斯塔夫·福楼拜，1821—1857年》。

87. 陀思妥耶夫斯基：推荐牛津大学出版社、诺顿图书出版公司、班坦图书公司、人人图书馆、现代图书馆（加尼特翻译）、印章出版社、企鹅出版社（马格沙克翻译）、维京出版社（麦克达夫翻译）的《罪与罚》，企鹅出版社（两卷）、班坦图书公司、现代图书馆（加尼特翻译）的《卡拉马佐夫兄弟》。也可以试试印章出版社、企鹅出版社出版的《白痴》。

补充书目：R. 欣利的《陀思妥耶夫斯基的一生和作品》；亨利·特鲁瓦亚的《煽动叛乱者，陀思妥耶夫斯基的一生》；E.H. 卡尔的《陀思妥耶夫斯基》；阿夫拉姆·亚尔莫林斯基的《陀思妥耶夫斯基的一生和艺术》。最好的传记也许是扬科·拉夫林的《陀思妥耶夫斯基》。

88. 列夫·托尔斯泰：《战争与和平》，企鹅出版社（两卷）、诺顿图书出版公司（有注释）、印章出版社和华盛顿广场出版社（删节版）。《安娜·卡列尼娜》，推荐企鹅出版社、诺顿图书出版公司、现代图书馆、牛津大学出版社的版本。永青出版社出版了《短篇小说精选》，企鹅出版社出版了《托尔斯泰简介》。

补充书目：也许最具有可读性的是亨利·特鲁瓦亚的《托尔斯泰》、艾尔默·莫德《托尔斯泰的一生》（两卷）。想看比较简短的传记，可以阅读扬科·拉夫林的《托尔斯泰传》、欧内斯特·西蒙斯的《列夫·托尔斯泰》和马蒂娜·德·库塞尔的《托尔斯泰，最终的和解》。比较特别的简介有D.S.梅列日科夫斯基的《托尔斯泰》、以赛亚·伯林的《刺猬和狐狸，托尔斯泰历史观》，乔治·斯坦纳的《托尔斯泰或陀思妥耶夫斯基，评判性随便》，爱德华·克兰克肖的《小说家托尔斯泰》和亚历山德拉·托尔斯泰的《我父亲托尔斯泰的一生》。

89. 亨里克·易卜生：迈克尔·迈耶几乎翻译了他所有的戏剧，由梅休因出版公司出版，共五卷。铁锚出版社出版了《当我们复活时》等四部戏剧。著名的翻译家詹姆斯·W.麦克法兰的译本非常好，可以阅读他的《亨里克·易卜生》(企鹅出版社)。牛津大学出版社出版了三卷易卜生的代表作。现代图书馆出版了伊娃·勒加伊利恩内翻译的六部著名话剧。新美国图书馆出版了罗尔夫·弗耶尔德翻译的《散文戏剧选》。

补充书目：肖的《易卜生主义的本质》带有偏见，但是写得很棒。也可以阅读M.J.瓦伦西的《鲜花和城堡》、H.克勒曼的《易卜生》、J.诺瑟姆的《易卜生研究》。传记类丛书有M.C.布拉德布鲁克的《挪威人易卜生》、H.迈耶的《易卜生传》。想了解易卜生对亚洲文学的影响，可以阅读鲁迅《作品选》中关于娜拉离家之后的文章，由杨宪益、戴乃迭翻译。

90. 艾米莉·迪金森：小布朗出版社出版了《诗歌全集》，她的诗歌选集有很多版本。贝尔纳普出版社出版了三卷迪金森的《书信集》。

补充书目：可以阅读辛西娅·G.沃尔夫、海伦·麦克尼尔撰写的《艾米莉·迪金森传》、约翰·E.沃尔什的《艾米莉·迪金森的生活》、R.B.休厄尔的《艾米莉·迪金森的一生》。

91. 刘易斯·卡罗尔：爱丽斯系列的两本书市面上非常常见，因此没必要提到具体版本了。当然，读者应该找到一本由坦尼尔画插图的版本。多佛出版社出版了《刘易斯 · 卡罗尔的幽默诗句》和《枕边问题集》。

补充书目:S. 道奇森的《刘易斯·卡罗尔的生活和信件》非常无聊，是最近出版的，很难找，但对于读者来说，也许是好事。德里克 · 赫德森的《刘易斯 · 卡罗尔》收录了很多日记和至今为止尚未出版的信件。安妮 · 克拉克的《刘易斯 · 卡罗尔》短小精练。也可以阅读莫顿 · N. 科恩的《刘易斯 · 卡罗尔传》。弗洛伦丝 · 贝克尔 · 伦农的《刘易斯 · 卡罗尔的一生》，对通过作品折射出来的刘易斯的性格做了有趣的分析。短小的学术性文章很多，例如埃德蒙 · 威尔逊《光明之岸》中的《C.L. 道奇森,诗人哲学家》。马丁·加德纳编辑的《注释版爱丽丝》非常有趣又有启发性。罗伯特 · 菲利普斯编辑的《爱丽丝》有趣而现代，有点疯狂，但却是深刻的。

92. 马克 · 吐温:《哈克贝利 · 费恩历险记》有很多版本。霍尔特出版社、莱因哈特出版社出版的由莱昂内尔·特里林编辑的版本很好。永青出版社出版了《短篇故事精选》，很多版本的《密西西比河上的生活》都值得阅读。美国图书馆出版了马克·吐温的全部小说,共三卷。《演讲和随笔集》等共两卷。牛津大学出版社出版了《马克·吐温全集》,共二十九卷。

补充书目:比较权威的传记是罗伯特 · B. 佩因的《马克 · 吐温传》(三卷)。此外还有范怀克·布鲁克斯的《马克·吐温》、伯纳德·德·沃托的《马克 · 吐温的美国》。也可以阅读 H.N. 史密斯的《马克 · 吐温》、查尔斯 · 奈德的《马克 · 吐温自传》、贾斯廷 · 卡普兰的《克莱门斯先生和马克 · 吐温》、沃尔特 · 布莱尔的《马克 · 吐温和哈克 · 费恩》和安德鲁 · 杰伊 · 霍夫曼的《虚构马克 · 吐温》。

93. 亨利 · 亚当斯：里弗塞德出版公司出版的《亨利 · 亚当斯的教育》是一个很好的版本，霍顿 · 米夫林出版集团出版的版本也是。

企鹅出版社出版了《圣米塞尔山和沙德教堂》。美国图书馆出版了亚当斯的包括《亨利·亚当斯的教育》和《圣米塞尔山和沙德教堂》在内的全部小说。

补充书目：如果读者对亚当斯很感兴趣，一定要阅读他的信件。沃辛顿·昌西·福特编辑的《亚当斯的信，1861—1865年》《亨利·亚当斯的信，1858—1891年》《亨利·亚当斯的信，1892—1918年》共三卷。较权威的传记（很好的版本）是欧内斯特·塞缪尔斯的三卷书：《青年亨利·亚当斯》《中年亨利·亚当斯》《亨利·亚当斯的主要阶段》。其他值得阅读的学术性文章有J.C.利文森的《亨利·亚当斯的思想和艺术》、伊丽莎白·史蒂文森的《亨利·亚当斯传》、R.A.休姆的《亚当斯》、威廉·杜西贝尔的《亨利·亚当斯，失败的神话》。

94. 托马斯·哈代：他的代表作《卡斯特桥市长》《还乡》《德伯家的苔丝》有很多版本。麦克米伦出版社出版了他的《诗集》。圣马丁出版社出版了《统治者》（三卷，精装版）和《塞克斯故事集》。

补充书目：弗洛伦斯·E.哈代的《哈代的早期生活，1840—1891年》《晚年生活，1892—1898年》比较权威。格拉德教授在《卡斯特桥市长》中写的序非常好。也可以阅读戴维·塞西尔的《小说家哈代》，道格拉斯·布朗的《托马斯·哈代》，弗吉尼亚·伍尔夫在《普通读者II》中的文章，罗伯特·吉廷斯的《青年托马斯·哈代》和《托马斯·哈代的晚年生活》，欧文·豪的《托马斯·哈代》。

95. 威廉·詹姆斯：多佛出版社出版了《心理学原理》（两卷）；哈佛大学出版社出版了《实用主义》；曼托版、科利尔出版社的《宗教经验之种种》。美国图书馆出版了詹姆斯的主要作品，共两卷。

补充书目：推荐拉尔夫·巴顿·佩里的《威廉·詹姆斯的思想和性格》（两卷，哈佛大学出版社）。也可以阅读雅克·巴曾的《与威廉·詹姆斯一起散步》，C.H.格拉顿的《三个詹姆斯》，盖伊·威尔逊·艾伦的《威廉·詹姆斯》，G. 桑塔亚纳在《美国的性格和意见》中关于詹姆斯的内容。R.B. 佩里的《威廉·詹姆斯的精神》。亨利编辑了《威廉·詹姆斯信件选》，共两卷。关于威廉和亨利的家庭生活，可以阅读阿尔弗雷德·哈贝格的《威廉·詹姆斯的生活》和 R.W.B. 刘易斯的《詹姆斯的家庭生活》。

96. 亨利·詹姆斯：《使节》有很多版本，里弗塞德出版公司的版本由利昂·埃德尔编辑，他是研究詹姆斯的大师。企鹅出版社出版了《亨利·詹姆斯简介》，永青出版社出版了《短篇小说精选》。美国图书馆几乎出版了他全部的小说、游记、评论和故事，共九大卷。如果你迷上了亨利·詹姆斯，可以阅读由利昂·埃德尔和莱尔·H. 鲍尔斯编辑的《亨利·詹姆斯》（牛津大学出版社），内布拉斯加大学出版社出版的《詹姆斯信件全集》。

补充书目：优秀传记之一是利昂·埃德尔的《亨利·詹姆斯的一生》（五卷）。对于亨利·詹姆斯，最好的注释版本是他自己的《小说的艺术》。其他优秀学术书籍有 F.W. 迪佩的《亨利·詹姆斯》，F.O. 马西森的《亨利·詹姆斯的主要阶段》和《詹姆斯一家》，埃德蒙·威尔逊的《三重思想家》，戈登·皮里的《亨利·詹姆斯》，F.R. 利维斯的《伟大的传统》，弗雷德·卡普兰的《亨利·詹姆斯，天才的想象力》。谢尔登·M. 诺维克在《亨利·詹姆斯》中宣称詹姆斯是个同性恋者，引起了争议。也可以阅读莱昂内尔·特里林备受好评的《自由想象力》中关于《卡萨玛希玛公主》的一篇学术性文章。

97. 弗里德里希·威廉·尼采：企鹅出版社出版了《查拉图斯特拉如是说》，也可以找到其他版本。企鹅出版社、兰登书屋等出版了《善恶的彼岸》，铁锚出版社出版了《悲剧的诞生》（和《道德的谱系》合为一本），企鹅出版社出版了《尼采简介》和《尼采作品选》。

补充书目：瓦尔特·考夫曼的《尼采：哲学家、心理学家和反基督者》

是一本有见解的书，通过回应评论家如伯特兰·拉塞尔的批评来为尼采辩护。也可以阅读沃尔特·考夫曼的《哲学家、心理学家尼采》、罗纳德·海曼的《尼采的一生》、理查德·沙赫特的《尼采》、卡尔·贾斯珀斯的《尼采》、扬科·拉夫林的《尼采传》、亚历山大·内阿马斯的《文学家尼采的一生》、罗伯特·C.霍勒布的《尼采》、黑尼策·F.彼得斯的《伊丽莎白和弗里德里希·尼采》。

98.西格蒙德·弗洛伊德：弗洛伊德是个多产的作家，有些重要作品只有精装本。诺顿图书公司出版了他的全部作品。推荐以下版本：《西格蒙德·弗洛伊德文选》（铁锚出版社）、《文明及其不满》（诺顿图书出版公司）、《普通心理学》（科利尔出版社）、《梦的解析》（哈珀·柯林斯出版集团）、《精神分析引论》（诺顿图书出版公司）、《日常生活中的精神病学》（诺顿图书出版公司，大将出版社）、《性学三论》（达顿出版公司）。

补充书目：欧内斯特·琼斯的《西格蒙德·弗洛伊德的一生和作品》（三卷）是一本经典传记。其中有莱昂内尔·特里林和史蒂文·马库斯编辑的删节本。在《自传性研究》中，弗洛伊德自己提供了一个简短说明。也可以阅读彼得·盖伊的《弗洛伊德，我们这个时代的生活》、菲利普·里夫的《弗洛伊德：道德主义者的头脑》、拉尔夫·斯特德曼的《西格蒙德·弗洛伊德》、莱昂内尔·特里林的《弗洛伊德和时代的危机》、R.W.克拉克的《弗洛伊德：男人和事业》、杰弗里·马森的《最后的分析》。

99.萧伯纳：《萧伯纳戏剧选》（诺顿图书出版公司）、《萧伯纳的四部戏剧》（班坦图书公司）、《不愉快的戏剧集》（企鹅出版社）为读者提供了十一部最好的戏剧。单行本有企鹅出版社出版的《安德罗克里斯和狮子》《苹果车》《武器与人》《恺撒和克丽奥佩特拉》《康蒂坦》《魔鬼的门徒》《伤心之家》《芭芭拉少校》《人与超人》《百万富翁》《皮革马利翁》《圣女贞德》和《独幕剧选》。牛津大学出版社出版了精装版《长生》，希尔和王出版社出版了《易卜生主义精华》，很多版本都很容易找到。

补充书目：想看有趣的文集，可以阅读路易斯·克罗嫩伯格编辑的《G.B.萧伯纳：学术性调查》、埃里克·本特利的《G.B.萧伯纳》，G.K.切斯特顿的《乔治·萧伯纳》和赫斯基思·皮尔逊的《乔治·萧伯纳：他的生活和性格》。也可以阅读迈克尔·霍尔罗伊德的《天才萧伯纳》和J.F.马修斯的《乔治·萧伯纳》。

100. 约瑟夫·康拉德：推荐印章出版社、人人图书馆、企鹅出版社、现代图书馆出版的《诺斯特罗莫》。很多评论家都认为《吉姆爷》写得更好。企鹅出版社、里弗塞德出版公司等都出版了这本书。还有《特务》《黑暗之心》（印章出版社）、《白水仙号上的黑家伙》《台风》（企鹅出版社）。

补充书目：推荐两个优秀传记，乔斯琳·贝恩斯的《康拉德传》和F.R.卡尔的《康拉德传》。也可以阅读B.C.迈耶的《康拉德传》、利奥·古尔科的《康拉德传》、兹齐斯劳·纳杰尔的《康拉德传》、G.琼-奥布里的《海的梦想家——康拉德传》，A.J.格拉德的《小说家康拉德》，F.R.利维斯的《伟大的传统》，以及E.M.福斯特的《阿宾哲收获集》中关于康拉德的内容。

101. 安东·契诃夫：最有用的全套戏剧集是企鹅经典系列的；由伊丽莎白·芬翻译、诺顿图书出版公司出版的《戏剧、信件选，1884—1904年》更好。他的短篇故事有各种版本。推荐以下版本，安·邓尼根翻译的《安东·契诃夫故事选》和《第六病房等中短篇小说选》（印章出版社），埃德蒙·威尔逊编辑并作序的《农民等中短篇小说选》（双日出版社）。哈珀·柯林斯出版集团出版了十二卷的《安东·契诃夫》，用的是康斯坦斯·加奈特的经典版本。

补充书目：推荐以下几个优秀版本：戴维·马格沙克的《契诃夫的一生》、欧内斯特·J. 西蒙斯的《契诃夫传》、罗纳德·A. 欣利的《安东·契诃夫的新生活》。亨利·特鲁瓦亚的《契诃夫》是最近出版的，而且可读性强。也可以阅读M.J. 瓦伦西的《打破字符串》。

102. 伊迪丝·华顿：斯克里布纳出版社出版了她的主要小说，企鹅出版社出版了她的大部分作品。美国图书馆出版的小说选里包括在计划中推荐给读者的三部小说，再加上《暗礁》。也可以阅读R.W.B. 刘易斯编辑的《伊迪丝·华顿短篇小说选》（斯克里布纳出版社）、辛西娅·格里芬·沃尔夫编辑的《伊迪丝·华顿文选》（美国图书馆）。

补充书目：推荐R.W.B. 刘易斯的《伊迪丝·华顿传》，也可以阅读米莉森特·贝尔的《伊迪丝·华顿和亨利·詹姆斯》和《伊迪丝·华顿》，还有路易斯·奥金克洛斯的《伊迪丝·华顿：那个时代的女人》、格洛里亚·埃尔利赫的《伊迪丝·华顿的性教育》、凯瑟琳·乔斯琳的《伊迪丝·华顿》、辛西娅·格里芬·沃尔夫的《语言的盛宴：伊迪丝·华顿的胜利》和埃莉诺·德怀特写的一本生动的传记《伊迪丝·华顿：非凡的一生》。

103. 威廉·巴特勒·叶芝：理查德·芬纳兰编辑的《威廉·巴特勒·叶芝诗选》（麦克米兰出版社）是最好的版本。麦克米兰出版社还出版了《戏剧选》《自传》《文选》和《诗选》。

补充书目：权威传记是J.M. 霍恩的《威廉·巴特勒·叶芝，1865—1939年》。也可以阅读T.R. 亨的《孤独之塔》，理查德·埃尔曼的《叶芝》，道格拉斯·阿奇博尔德的《叶芝》，丹尼斯·多诺霍的《叶芝》，哈罗德·布卢姆的《叶芝》和R.F. 福斯特的《W.B. 叶芝的一生》，阿尔朗·尤塞里的《三个伟大的爱尔兰人》中关于叶芝的文章，埃德蒙·威尔逊的《阿克塞尔的城堡》，T.S. 艾略特在《诗人和诗》中的文章，基思·奥尔德里特的《W.B.叶芝》。

104.夏目漱石：埃德温·麦克莱伦翻译的《心》、佐佐木梅义翻译的《少爷》。

补充书目：土居健郎的《夏目漱石的内心世界》、埃德温·麦克莱伦的《两个日本小说家：夏目漱石和岛崎藤村》、范·C.格塞尔《三个现代小说家：夏目漱石、谷崎润一郎、川端康成》。

105.马塞尔·普鲁斯特：《追忆似水年华》的完整版由C.K.斯科特－蒙克里夫、特伦斯·基尔马丁、安德烈亚斯·梅厄翻译，兰登书屋出版，共三卷。也有分卷单本出版的。

补充书目：安德烈·莫鲁瓦的《普鲁斯特》是一本短小精练的传记。另一本是理查德·H.巴克的《马塞尔·普鲁斯特》。乔治·D.佩因特的《马塞尔·普鲁斯特》（两卷）是一本详细、全面、经典的传记。埃德蒙·威尔逊的《阿克塞尔的城堡》很简短，但提出了精湛的评论。也可以阅读热尔梅娜·布雷的《马塞尔·普鲁斯特》和《马塞尔·普鲁斯特的世界》，罗歇·沙特克的《普鲁斯特的双筒望远镜》和尼日利·贝克特的《普鲁斯特》。朱利亚·克里斯泰瓦的《时间和感觉：普鲁斯特和他的文学体验》很难读懂，但是见解精辟。

106.罗伯特·弗罗斯特：霍尔特出版社、莱恩哈特出版社出版了精装版《诗集》和平装本《诗选》。华盛顿广场出版社出版了昂特迈耶版本的《罗伯特·弗罗斯特诗选》，也可以找到其他版本。美国图书馆出版了一卷《诗选》《诗歌和戏剧集》。

补充书目：劳伦斯·汤普森的《罗伯特·弗罗斯特》（三卷）官气十足但是不够尊敬。对弗罗斯特性格介绍的有价值的书籍是W.H.普里查德的《弗罗斯特的文学生活》，也可以阅读E.S.萨金特的《罗伯特·弗罗斯特》、悉尼·考克斯的《罗伯特·弗罗斯特画像》、R.L.库克的《罗伯特·弗罗斯特》、R.A.布劳尔的《罗伯特·弗罗斯特诗集》、理查德·波里尔的《罗伯特·弗罗斯特》。

107. 托马斯·曼：现代出版社、兰登书屋出版的《魔山》是H.T. 洛－波雷尔翻译的较为权威的译本。诺普夫出版社出版了约翰·E. 伍兹的新译本。兰登书屋也出版了《布登勃洛克一家》和《浮士德博士》，两本都值得阅读。《威尼斯之死等八个故事》（兰登书屋）也值得一看。

补充书目：汉萨·比尔京和汉萨－奥托·马耶尔的《托马斯·曼的一生》、理查德·温斯顿的《艺术家托马斯·曼，1875—1911年》。在查尔斯·奈德编辑的《托马斯·曼》中，读者能看到有用的评论。还有J.R. 布伦南的《托马斯·曼的世界》、克里夫顿·费迪曼的《阅读我喜欢的》。

108. E.M. 福斯特：丰收之家出版社出版了《印度之行》，兰登书屋出版了《霍华德庄园》《最漫长的旅程》《看得见风景的房间》和《天使不敢涉足的地方》。丰收之家出版社出版了有趣的《小说面面观》。他在《德维山》中回忆了年轻时在印度做秘书时的生活，书已经绝版了，非常难找，但值得一读。

补充书目：莱昂内尔·特里林的《E.M. 福斯特》对其做了最好的研究。P.N. 菲尔班克德的学术研究被广泛承认。也可以阅读罗斯·麦考利的《E.M. 福斯特文选》、弗吉尼亚·伍尔夫的《飞蛾之死及其他文章》、F.C. 克鲁斯的《E.M. 福斯特：人道主义的危险》、威尔弗雷德·斯通的《山和山洞》。

109. 鲁迅：有很多译本，好的译本有威廉·莱尔翻译的《狂人日记及其他文章》（夏威夷大学出版社），王际真翻译的《阿Q正传——鲁迅小说选》（格林伍德出版社），还有杨宪益、戴乃迭翻译的《鲁迅文选》（外文出版社）。

补充书目：李欧梵的《铁屋中的呐喊——鲁迅研究》、威廉·莱尔的《鲁迅的现实观》。

110. 詹姆斯·乔伊斯：兰登书屋出版的修订版《尤利西斯》。如果你想阅读比较难懂的《芬尼根守灵夜》，可以阅读企鹅出版社的版本，企鹅出版社还出版了《詹姆斯·乔伊斯简介》《艺术家詹姆斯·乔伊斯的画像》《都柏林人》。

补充书目：理查德·埃尔曼的《詹姆斯·乔伊斯》比较权威。哈里·莱文的《詹姆斯·乔伊斯简介》，W.Y. 廷德尔的《詹姆斯·乔伊斯的读者引导》，安东尼·伯吉斯的《乔伊斯》以及埃德蒙·威尔逊在《阿克塞尔的城堡》中关于乔伊斯的评价都值得一读。约翰·毕晓普的《乔伊斯的死者》是最近出版的一本优秀的学术研究读本。关于尤利西斯本人，可以阅读斯图尔特·吉尔伯特的《詹姆斯·乔伊斯的尤利西斯》、H. 布拉迈尔斯的《尤利西斯指南》、弗朗克·巴杰恩的《詹姆斯·乔伊斯和尤利西斯的创作》、休·肯纳的《尤利西斯》。如果读者想阅读《芬尼根守灵夜》，可以阅读坎贝尔和鲁滨孙的《芬尼根守灵夜的关键》。

111. 弗吉尼亚·伍尔夫：除了《普通读者 I》，丰收之家出版社出版了《一生的读书计划》中的四本推荐书目。哈考特出版社出版了多卷《文章与信件选》。

补充书目：昆廷·贝尔的《弗吉尼亚·伍尔夫》（两卷）是最全面的传记。也可以阅读 P. 罗斯的《女作家弗吉尼亚·伍尔夫的一生》和赫米奥娜·李的《弗吉尼亚·伍尔夫》。关于弗吉尼亚·伍尔夫本人及其作品的书籍已经很多了，而且还在增加。与弗吉尼亚·伍尔夫有关的有迈克尔·霍尔罗伊德的《利顿·斯特雷奇》（两卷）、利昂·埃德尔的《布鲁姆斯伯里名人传》。

112. 弗兰茨·卡夫卡：现代图书馆和兰登书屋出版了《城堡》，斯考肯出版社出版的由托马斯·曼做评论的最终版。兰登书屋出版了

《审判》，斯考肯出版社出版了由卡夫卡自己绘插图的最终版。斯考肯出版社还出版了《卡夫卡短篇集》。

补充书目：关于传记，可以阅读马克斯·布罗德的《弗兰茨·卡夫卡传》、罗纳德·海曼的《卡夫卡传》。厄恩斯特·帕维尔的《噩梦的原因》是一本很好的书。批判性学术书籍有埃里克·赫勒的《弗兰茨·卡夫卡》、亨利·波利策的《文学评论集》、安杰尔·弗洛里斯编辑的《卡夫卡问题》。

113.D.H. 劳伦斯：企鹅出版社出版了《儿子与情人》《恋爱中的女人》《彩虹》《诗集》《短篇故事全集》。印章出版社、班坦图书公司、丛树出版社出版了《查泰莱夫人的情人》，兰登书屋出版了由黛安娜·特里林编辑的《D.H. 劳伦斯简介》。

补充书目：爱德华·内希尔斯编辑的《D.H. 劳伦斯传》；H.T. 穆尔的《聪慧的心》；基思·塞格尔的《D.H. 劳伦斯的一生》；乔治 .G. 贝克尔的《D.H. 劳伦斯》；理查德·艾迪顿的《天才的肖像》；约翰·沃森的《D.H. 劳伦斯卷一：早年生活》；劳伦斯的妻子的学术性文章《一个天才的生活：D.H. 劳伦斯的一生》，由珍妮特·伯恩编辑。批评性研究有 F.R. 利维斯的《小说家 D.H. 劳伦斯》，奥尔德斯·赫胥黎的《文选》，格雷厄姆·霍夫的《黑暗的太阳，D.H. 劳伦斯，百年庆典》（由彼得·巴尔贝特和 P.L. 马库斯编辑），劳伦斯的《信件选》由奥尔德斯·赫胥黎（两卷）和 H.T. 穆尔编辑。此外也可以阅读弗里达·劳伦斯的《不是我，而是风及其他自传性著作》，由罗斯玛丽·杰克逊编辑。

114. 谷崎润一郎：爱德华·赛登施蒂克翻译的谷崎润一郎的作品，诺普夫出版社出版的《细雪》和其他作品。

补充书目：唐纳德·基恩的《西部黎明，现代日本文学》（两卷），肯·K. 伊托的《欲望的憧憬：谷崎润一郎的世界》，范·C. 格塞尔的《三个现代小说家:夏目漱石、谷崎润一郎、川端康成》,格温·博德曼·彼得森的《水中月——了解谷崎润一郎、川端康成和三岛由纪夫》,谷崎润一郎自己撰写的两篇自传性文章《童年》和《赞美的阴影》。

115. 尤金·奥尼尔:兰登书屋出版了《三部戏剧》(《进入黑夜的漫长旅程》《榆树下的欲望》《奇异的插曲》)和《送冰的人来了》,耶鲁大学出版社出版了《进入黑夜的漫长旅程》。关于他的其他作品,可以阅读《尤金·奥尼尔的六部短剧》(兰登书屋),兰登书屋出版的《安娜·克里斯蒂》(和《琼斯皇》《毛猿》合在一起),《诗人的气质》(耶鲁大学出版社),《更庄严的大厦》(耶鲁大学出版社),美国图书馆出版了《戏剧全集》(三卷)。

补充书目:标准传记是阿瑟和芭芭拉·盖尔布的《奥尼尔》。也可以阅读巴雷特·H. 克拉克的《尤金·奥尼尔及其戏剧选》、多丽丝·亚历山大的《尤金·奥尼尔》、E.I. 卡彭特的《尤金·奥尼尔》。

116.T.S. 艾略特:哈考特出版社出版的精装版多卷《诗集》和《戏剧选》。以下是一些值得一读的平装本,《荒原及其他诗歌》(哈考特出版社)、《四个四重奏》(丰收之家出版社)、《圣林》(梅休因出版公司),哈考特出版社也出版了单卷的艾略特戏剧集。

补充书目:彼得·阿克罗伊德的《T.S. 艾略特的一生》是一本优秀传记,也可以阅读F.O. 马西森的《T.S. 艾略特的成就》,乔治·威廉森的《T.S. 艾略特阅读指导》,休·肯纳的《看不见的诗人:T.S. 艾略特》,海伦·加德纳的《T.S. 艾略特的艺术》,埃德蒙·威尔逊的《阿克塞尔的城堡》中关于艾略特的文章,伊丽莎白·德鲁的《T.S. 艾略特:诗歌的设计》,E. 马丁·布朗的《T.S. 艾略特的戏剧》。艾伦·泰特编辑的文集《T.S. 艾略特和他的作品》、拉塞尔·柯克的《艾略特和他的时代》为艾略特做了同情的说明。

117. 奥尔德斯·赫胥黎:哈珀·柯林斯出版集团出版的《美妙的

新世界》单本和与《重返美妙新世界》的合订本。此外，赫胥黎的许多小说都出版了，比如《长夏之后》《滑稽的环舞》《克罗姆·耶娄》《加沙的盲人》《针锋相对》和《短篇小说精选》。关于他的文集，请咨询书店和图书馆。

补充书目：关于赫胥黎家族，可以阅读罗纳德·W.克拉克的《赫胥黎一家》。传记类有茜比·贝德福德的《奥尔德斯·赫胥黎传》。优秀的学术类书籍有罗伯特·S.贝克的《历史上黑暗的一页：社会讽刺和赫胥黎的小说中的历史主义，1921—1939年》。

118. 威廉·福克纳：兰登书屋、现代图书馆出版了《喧哗与骚动》，兰登书屋出版了《我弥留之际》。兰登书屋出版了《福克纳简介》，由马尔科姆·考利编辑。兰登书屋出版了《故事选》。企鹅出版社、兰登书屋出版了《押沙龙，押沙龙》。美国图书馆出版了他的主要作品选，共三卷。

补充书目：J.L.布洛特纳的《威廉·福克纳传》（两卷）。关于福克纳以及他的作品，有很多评论。以下是一些优秀的学术研究，迈克尔·米尔盖特的《威廉·福克纳的成就》，克利安瑟·布鲁克的《威廉·福克纳：第一次相遇》《威廉·福克纳的约克纳帕塔法》和《威廉·福克纳，超越约克纳帕塔法》，F.J.霍夫曼的《威廉·福克纳》，欧文·豪的《威廉·福克纳：批判性研究》。也许最好的短篇评价仍是马尔科姆·考利的经典介绍《福克纳简介》。

119. 欧内斯特·海明威：斯克里布纳出版公司出版了海明威的所有作品，也出版了《短篇小说集》和《阅读海明威》。最近出版的一本《欧内斯特·海明威短篇小说全集》收录了一些未曾被收录的值得阅读的作品。

补充书目：卡洛斯·贝克的传记《欧内斯特·海明威的一生》很权威。也可以阅读菲利普·扬的《欧内斯特·海明威》，卡洛斯·贝克的《作为艺术家的作家：欧内斯特 · 海明威》，斯科特 · 唐纳森的《海明威传记》，彼得·格里芬的《海明威的早年生活》，杰弗里·迈耶的《海明威》，迈克尔 · 雷诺兹的《年轻的海明威》和《海明威，20 世纪 30 年代》，K.S. 林恩的《海明威的一生和作品》。这些作品主要讲述了海明威的早年生活——比较黑暗的一面。想了解其他方面，可以阅读阿尔弗雷德 · 卡津的《海明威》、F.J. 霍夫曼的《美国现代小说》、埃德蒙 · 威尔逊的《八篇随笔》中的相关内容，以及丹尼斯 · 布雷恩的《真实的海明威》。

120. 川端康成：诺普夫出版社出版了《美丽与哀愁》《雪国》《睡美人》等作品，大部分是由爱德华 · 赛登施蒂克翻译的。

补充书目：川端康成在接受诺贝尔文学奖时发表的讲话中提到了自己的作品《我在美丽的日本》，由爱德华 · 赛登施蒂克翻译。也可以阅读范 · C. 格塞尔的《三个现代小说家：夏目漱石、谷崎润一郎、川端康成》，格温 · 博德曼 · 彼得森在《水中月——了解谷崎润一郎、川端康成和三岛由纪夫》中的文章。

121. 豪尔赫 · 路易斯 · 博尔赫斯：新方向出版社出版了《迷宫》，得克萨斯大学出版社出版了《梦虎》。企鹅出版社出版了《阿莱夫及其他小说》《想象的动物》和《沙之书》。永青出版社出版了《文选》。得克萨斯大学出版社出版了《探究别集》。关于诗歌，可以阅读《豪尔赫 · 路易斯 · 博尔赫斯诗选》，由迪 · 乔瓦尼翻译（戴尔出版集团）。

补充书目：安娜 · 玛丽亚 · 巴雷内切亚的《博尔赫斯：迷宫的作者》、罗纳德 · 克里斯的《狭隘的行为：博尔赫斯的艺术错觉》、埃米尔 · 罗德里格斯 · 莫内莱的《豪尔赫 · 路易斯 · 博尔赫斯传》、G.H. 贝尔－比利亚达的《博尔赫斯和他的小说：思想、艺术指南》、M.S. 斯塔比的《豪尔赫 · 路易斯 · 博尔赫斯》。

122. 弗拉基米尔 · 纳博科夫：已有几个出版社出版了《洛丽塔》。

麦格劳－希尔出版公司出版了评注版《洛丽塔》。《微暗的火》《说吧，记忆》已经出版；企鹅出版社出版了一本实用的《纳博科夫简介》；美国图书馆出版了他的主要散文作品，共三卷。

补充书目：安德鲁·菲尔德的两部有趣的作品——《纳博科夫的艺术生活》《纳博科夫：他生活的一部分》。也可以阅读彼得·昆内尔编辑的《向纳博科夫致敬》、D.E.莫顿的《弗拉基米尔·纳博科夫》、J.莫伊尼汉的《弗拉基米尔·纳博科夫》。

123.乔治·奥威尔：美国图书馆出版了《动物庄园》《一九八四》等作品。丰收之家出版社出版了《缅甸岁月》《文选》《信件、通俗报道选》，还有R.H.罗维尔的《阅读奥威尔》。

补充书目：比较权威的传记是伯纳德·克里克的《乔治·奥威尔的一生》。也许最聪明的短篇学术性文章是莱昂内尔·特里林在《反对自我：按批判性文章》中的文章。也可以阅读彼得·斯坦斯基和威廉·亚伯拉罕斯的《不为人知的奥威尔》和《奥威尔的转变》。雷蒙德·威廉斯编辑的《乔治·奥威尔：评论文集》收集了多种观点。

124.R.K.纳拉扬：芝加哥大学出版社出版了《英语老师》。企鹅出版社出版了他的大部分作品。

补充书目：纳拉扬的自传《我的日子》；他的文章《批判的观点》，由A.L.麦克劳德编辑。也可以阅读玛丽·贝亚蒂那的《纳拉扬——超越的研究》。

125.塞缪尔·贝克特：格罗夫出版社出版了贝克特的全部作品。他的《文选》目前已经超过了二十五卷，包括三部在《一生的读书计划》中推荐的戏剧。《终局》也包含了《无言剧》，《卡拉普的最后一盘磁带》包含了四部短篇戏剧和哑剧。三部贝克特最有名的小说（《莫洛依》《马龙之死》《无名氏》）汇编在一卷中。

补充书目：最近一部传记是詹姆斯·诺尔森的《塞缪尔·贝克特

的一生》，其中包含了大量真实的最新材料。也可以阅读S.E.贡塔尔斯基编辑的《对贝克特的评价》，休·肯纳的《塞缪尔·贝克特》，查尔斯·莱昂斯的《塞缪尔·贝克特》，J.弗莱彻和J.斯珀林的《贝克特戏剧研究》，维维安·默西埃的《贝克特》。此外可以阅读马丁·埃斯林的《荒诞的剧场》。

126.W.H.奥登：兰登书屋出版了《诗集》和《诗选》。此外，兰登书屋出版的奥登的《前言和后记》，爱德华·门德尔松编辑的《奥登的诗歌、散文和戏剧性作品，1927—1939年》也值得一读。

补充书目：A.L.罗斯的《诗人奥登的回忆录》、汉弗莱·卡彭特的《W.H.奥登传》、理查德·达文波特-海因斯的《奥登》、安东尼·赫克特的《隐藏的法规：W.H.奥登的诗》。

127.阿尔贝·加缪：现代图书馆和兰登书屋出版了《鼠疫》，兰登书屋还出版了《局外人》。加缪的其他有趣的作品有《反抗者》《堕落》《流放与王国》（兰登书屋）。《第一人》的手稿在他去世的汽车中被发现，最近由兰登书屋出版。

补充书目：赫伯特·洛特曼的《阿尔贝·加缪传》、杰曼·布里的《加缪》、菲利普·索迪的《阿尔贝·加缪，1913—1960年》，阿黛尔·金的《加缪》、P.H.莱茵的《阿尔贝·加缪》、R.基约的《海和监狱》、帕特里克·麦卡锡的《加缪的一生和作品的评判性研究》、奥利弗·托德的《阿尔贝·加缪的一生》。

128.索尔·贝娄：哈珀·柯林斯出版集团出版了《奥吉·玛琪历险记》和《洪堡的礼物》，哈珀·柯林斯出版集团、企鹅出版社出版了《赫索格》，企鹅出版社出版了《索尔·贝娄简介》，莫罗出版社出版了《更多的人死于心碎》（精装版）。

补充书目：J.J.克莱顿的《索尔·贝娄》、马尔科姆·布拉德伯里的《索尔·贝娄》、厄尔·罗维特的《索尔·贝娄》、厄尔·罗维特编辑的《索尔·贝娄：评论文集》。

129. 亚历山大·伊萨耶维奇·索尔仁尼琴：《第一圈》（班坦图书公司）、《癌症楼》（班坦图书公司）、《古拉格群岛》（三卷，哈珀·柯林斯出版集团）、《伊凡·杰尼索维奇的一天》（印章出版社）。

补充书目：汉斯·比约克格伦的《亚历山大·伊萨耶维奇·索尔仁尼琴传》，由卡·埃内贝里翻译；约翰·B. 邓洛普的《亚历山大·伊萨耶维奇·索尔仁尼琴评论性文章和档案材料》；格约尔吉·卢卡奇的《索尔仁尼琴》，由威廉·D. 格拉夫翻译；亚伯拉罕·罗思伯格的《亚历山大·索尔仁尼琴：主要作品选》；迈克尔·斯卡梅尔的《索尔仁尼琴》；D. 伯格和G. 费费尔的《索尔仁尼琴》。

130. 托马斯·库恩：《科学革命的结构》（芝加哥大学出版社）。

补充书目：霍华德·马戈利斯的《模范和障碍：思维习惯如何治理科学信念》、巴里·巴恩斯的《托马斯·库恩和社会科学》、保罗·哈威施编辑的《世界变化：托马斯·库恩和自然科学》、保罗·何尼根－徐能的《再现科学革命：托马斯·库恩的科学哲学》。

131. 三岛由纪夫：伊凡·莫里斯翻译的《金阁寺》，约翰·内森翻译的《午后曳航》《丰饶之海》，梅雷迪思·韦瑟比翻译的《假面的告白》，以上书籍均由诺普夫出版社出版，有很多平装重印本。

补充书目：亨利·斯科特－斯托克斯由《三岛由纪夫的生活和死亡》、约翰·内森的《三岛由纪夫传》、亨利·米勒的《三岛由纪夫之死》，玛格丽特·尤斯纳尔的《三岛由纪夫——无效的视野》、格温·博德曼·彼得森的《水中月——了解谷崎润一郎、川端康成和三岛由纪夫》。

132. 加西亚·马尔克斯：哈珀·柯林斯出版集团出版了《百年孤独》，还出版了他的短篇小说（共三卷）。其中一部有趣的小说是《霍乱时期的爱情》（诺普夫出版社）。

补充书目：G.H. 麦克默里的《加西亚 · 马尔克斯》。

133. 钦努阿 · 阿契贝：双日出版社出版了《瓦解》，还出版了《人民公仆》《动荡》《希望与困境》。

补充书目：凯瑟琳 · L. 英尼斯的《钦努阿 · 阿契贝》、罗伯特 · M. 雷恩的《阿契贝的世界：阿契贝小说中的文化、历史内容》、R.O. 莫内克的《艺术，反抗，拯救：阅读钦努阿 · 阿契贝的小说》。

一些重要作品

小说：虽然并不是什么新鲜事，但是那些经典的小说研究作品也许仍然经典，E.M. 福斯特的《小说面面观》，亨利 · 詹姆斯的《虚构小说的艺术及其他文章》和《小说的艺术》，珀西 · 卢伯克的《小说的工艺》。

关于英文小说，可以阅读沃尔特 · 艾伦的《英国小说》和 I.P. 瓦特的《小说的兴起》。在 F.R. 利维斯的具有影响力的《伟大的传统》中，有关于乔治 · 艾略特、亨利 · 詹姆斯、康拉德和关于英国小说的一般讨论。关于狄更斯、萨克雷、勃朗特姐妹和乔治 · 艾略特可以阅读戴维 · 塞西尔的《维多利亚时期的小说家》。

诗歌：有几十本优秀的英国、美国诗歌集。W.H. 奥登和诺曼 · 霍姆斯 · 珀森编辑的《诗人列传》（五卷，平装）很好，但是理查德 · 奥尔丁顿编辑的《英语世界的诗歌》（两卷）也许更吸引读者。《牛津诗选》、J.F. 尼姆斯的《哈珀诗选》和美国图书馆出版的《美国诗歌，19 世纪》（两卷）。路易斯 · 昂特迈耶的《诗人传》是一本优秀的、具有可读性的书，既包括传记总目录也包括关键摘要，涉及了从贝奥武甫到狄兰 · 托马斯的美国、英国诗歌和诗人。

显然，世界上最伟大的诗歌大部分是用英语以外的语言写成的。

可以阅读D. 魏斯博特和特德·休斯编辑的《现代诗歌翻译》，已经绝版的马克·范·多伦的《世界诗歌选集》非常值得阅读，读者可以试着去寻找来阅读。赫伯特·克里克莫尔的《世界诗歌文库》虽然入选的诗歌范围更小，但也很好。凯瑟琳·沃什伯恩和约翰·S. 梅杰编辑的《世界诗歌：从古代到我们这个时代的诗集》是最近出版的。

现代英语诗歌：理查德·埃尔曼和罗伯特·奥克莱尔编辑的《诺顿近现代诗选》完全是一本现代诗歌集。戴维·塞西尔和艾伦·泰特编辑的《英国现代诗句，1900—1950年》是一本优秀图书，包含了著名编辑的精彩介绍。以下是几本廉价的短篇诗歌集：霍尔、帕克和辛普森编辑的《英国和美国的新诗人》，奥斯卡·威廉斯编辑的《袖珍本现代诗》，塞尔登·罗德曼编辑的《一百位现代诗人》，希思－斯塔布斯和赖特编辑的《20世纪诗选》。要想全面了解美国和英国诗歌的历史，可以阅读戴维·珀金斯编辑的《现代诗歌史》。

来自希腊文的翻译：达德利·菲茨的《希腊诗选》，海厄姆和鲍勒的《希腊诗歌牛津译本》，里士满·拉铁摩尔翻译的《希腊抒情诗》，肯尼思·雷克斯罗特翻译的《希腊诗选》，康斯坦丁·A. 特里帕尼斯编辑的《希腊诗集》(企鹅出版社)。

来自拉丁文的翻译：L.R. 林德的《拉丁诗选》。吉尔伯特·海特的《诗人》是一本介绍拉丁诗人的令人愉快的书，包含很多出色的翻译。

中世纪（十四种语言）：休伯特·克里克莫尔的《中世纪抒情诗》。

来自法语的翻译：布鲁姆和切斯特斯编辑的《现代法国诗歌选集》，B. 沃利奇编辑的《法国诗集》(企鹅出版社)，C.F. 麦金太尔的《法国象征主义诗歌》，华莱士·福利的《中世纪法国诗歌》，安杰尔·弗洛里斯的《从奈瓦尔到瓦来里——法国诗歌英译合集》。

来自西班牙语的翻译：J.A. 克罗编辑的《从诞生到现在：西班牙诗歌选集》，J.M. 科恩编辑的《西班牙诗集》(企鹅出版社)。

来自意大利语的翻译：乔治·凯编辑的《意大利诗集》（企鹅出版社）。

来自德语的翻译：安杰尔·弗洛里斯编辑的《从荷尔德林到里尔克：德国诗歌选集》，伦纳德·福斯特编辑的《德国诗集》（企鹅出版社），戈德和昂加尔编辑的《19世纪德国诗选》。

来自爱尔兰语的翻译：布伦丹·肯内利编辑的《爱尔兰诗集》（企鹅出版社），弗兰克·奥康纳编辑、翻译的《国王、领主和平民》。

来自俄语的翻译：乔治·雷维编辑、翻译的《新俄国诗选》。

来自阿拉伯语的翻译：阿卜杜拉·乌达利编辑、翻译的《阿拉伯世界的现代诗歌选》。

来自中文的翻译：伯顿·沃森的《哥伦比亚中国诗选》，乔纳森·查维斯的《哥伦比亚中国元明清诗歌选集》，维克托·梅尔编辑的《哥伦比亚中国传统文学精选》，斯蒂芬·欧文的《中国文学精选》，柳无忌和罗郁正编辑的《葵晔集：中国诗歌三千年》。

来自日文的翻译：斯蒂芬·D. 卡特的《日本传统诗歌》，佐藤宏章和伯顿·沃森的《日本诗歌选》，唐纳德·基恩的《日本文学选集》。

来自印第安语的翻译：A.K. 拉马努金编辑的《印度现代诗歌选》（牛津大学出版社）。

来自非洲语言的翻译：杰拉尔德·穆尔和乌利·贝耶尔编辑的《非洲现代诗歌选》（企鹅出版社），斯泰拉和弗朗克编辑的《非洲妇女诗歌》。

加勒比诗歌：葆拉·伯内特编辑的《加勒比诗歌选》（企鹅出版社），伊恩·麦克唐纳和斯图尔特·布朗编辑的《加勒比诗选》。

非裔美国人诗作：亨利·刘易斯·盖茨编辑的《非裔美国文学选集》（诺顿图书出版公司），包括诗歌和散文。

美国本土诗歌：马戈·阿斯特罗夫编辑的《翼蛇》，葆拉·G. 艾伦编辑的《美国印第安文学，1900—1970年》。

口头诗学：杰尔姆·罗滕伯格编辑的《来自非洲、美洲、亚洲、欧洲和大洋洲的诗歌》（第二版）。

关于诗歌的书籍一般都没有什么用处，但是也有些例外。马克·范·多伦的《诗歌赏析》以三十首一流诗歌为例，共一百三十五页的尖锐、易懂、没有废话的评论。也可以阅读恰尔迪和威廉斯的《诗的意义》。

哲学：伯特兰·罗素的《西方哲学史》包含从希腊哲学到现在这一整个时期。杜兰特的《哲学的故事》仍然具有很强的可读性，尤其是在传记方面。大将出版社出版了五本有用的书：乔治·德·桑蒂利亚纳的《冒险的年代》、斯图尔特·汉普希尔的《理智的年代：17世纪》、以赛亚·伯林的《启蒙时期：19世纪》、莫顿·怀特的《分析的年代：20世纪》。

图书在版编目（CIP）数据

一生的读书计划 /（美）克里夫顿 · 费迪曼(Clifton Fadiman），（美）约翰 · S. 梅杰（John S. Major）著；马骏娥译. —南京：译林出版社，2018.2（2025.6重印）

书名原文：The New Lifetime Reading Plan: The Classic Guide to World Literature, Revised and Expanded

ISBN 978-7-5447-7205-1

I.①一… II.①克… ②约…③马… III.①推荐书目 – 世界 IV. ①Z835

中国版本图书馆 CIP 数据核字（2017）第 301972 号

著作权合同登记号　图字：10-2012-50 号

一生的读书计划〔美国〕克里夫顿 · 费迪曼　约翰 · S. 梅杰 / 著　马骏娥 / 译

责任编辑　陈绍敏
特约编辑　苏雪莹　王　锦
装帧设计　Metis 灵动视线
校　　对　刘文硕
责任印制　贺　伟

出版发行　译林出版社
地　　址　南京市湖南路 1 号 A 楼
邮　　箱　yilin@yilin.com
网　　址　www.yilin.com
市场热线　010-85376701
排　　版　Metis 灵动视线
印　　刷　北京天恒嘉业印刷有限公司
开　　本　960 毫米 ×640 毫米　1/16
印　　张　28
版　　次　2018 年 2 月第 1 版　2025 年 6 月第 5 次印刷
书　　号　ISBN 978-7-5447-7205-1
定　　价　49.80 元